高等职业教育工程机械类专业规划教材

现代公路施工机械
Xiandai Gonglu Shigong Jixie

刘厚菊　丁　乡　主　编
毛昆立　副主编
应立军[中南大学]　主　审

人民交通出版社

内 容 提 要

本书按照高速公路施工工序所需工程机械,采用项目引领,任务驱动的模式进行叙述,全书共分 7 个项目 27 个任务,使读者在了解和掌握工程机械相关知识的同时,了解和掌握高速公路的施工工艺,进一步掌握工程机械的应用技术。

本书为高等职业技术学院的工程机械运用与维护专业、工程机械技术服务与营销专业的教学用书,也可作为机械类其他专业或道路与桥梁专业的教学参考书,并可供工程技术人员参考。

图书在版编目(CIP)数据

现代公路施工机械/刘厚菊,丁乡主编. --北京:人民交通出版社,2014.1
高等职业教育工程机械类专业规划教材
ISBN 978-7-114-10866-2

Ⅰ.①现… Ⅱ.①刘… ②丁… Ⅲ.①道路施工—施工机械—高等职业教育—教材 Ⅳ.①U415.5

中国版本图书馆 CIP 数据核字(2013)第 208124 号

高等职业教育工程机械类专业规划教材

书　　名:	现代公路施工机械
著 作 者:	刘厚菊　丁　乡等
责任编辑:	丁润泽　贾秀珍
出版发行:	人民交通出版社
地　　址:	(100011)北京市朝阳区安定门外外馆斜街 3 号
网　　址:	http://www.ccpress.com.cn
销售电话:	(010) 59757973
总 经 销:	人民交通出版社发行部
经　　销:	各地新华书店
印　　刷:	北京鑫正大印刷有限公司
开　　本:	787×1092　1/16
印　　张:	16.75
字　　数:	390 千
版　　次:	2014 年 1 月　第 1 版
印　　次:	2020 年 12 月　第 3 次印刷
书　　号:	ISBN 978-7-114-10866-2
定　　价:	46.00 元

(有印刷、装订质量问题的图书由本社负责调换)

高等职业教育工程机械类专业
规划教材编审委员会

主任委员 张 铁(山东交通学院)

副主任委员
 沈 旭(南京交通职业技术学院)   邰 茜(河南交通职业技术学院)
 吕其惠(广东交通职业技术学院)   吴幼松(安徽交通职业技术学院)
 李文耀(山西交通职业技术学院)   贺玉斌(内蒙古大学)

委 员
 丁成业(南京交通职业技术学院)   王 健(内蒙古大学)
 王 俊(安徽交通职业技术学院)   王德进(新疆交通职业技术学院)
 田兴强(贵州交通职业技术学院)   代绍军(云南交通职业技术学院)
 孙珍娣(新疆交通职业技术学院)   闫佐廷(辽宁省交通高等专科学校)
 刘 波(辽宁省交通高等专科学校)   祁贵珍(内蒙古大学)
 吴明华(安徽交通职业技术学院)   杜艳霞(河南交通职业技术学院)
 吴 哲(辽宁省交通高等专科学校)   陈华卫(四川交通职业技术学院)
 李云聪(山西交通职业技术学院)   李光林(山东交通职业技术学院)
 张炳根(湖南交通职业技术学院)   杨 川(成都铁路学校)
 杨长征(河南交通职业技术学院)   赵 波(辽宁省交通高等专科学校)
 高贵宝(山东现代职业学院)   徐化娟(甘肃交通职业技术学院)
 徐永杰(鲁东大学)   罗江红(新疆交通职业技术学院)
 张宏春(江苏省交通技师学校)   田晓华(江苏省扬州技师学院)

特邀编审委员
 万汉驰(三一重工股份有限公司)   刘士杰(中交西安筑路机械有限公司)
 孔渭翔(徐工集团挖掘机械有限公司)   张立银(山推工程机械股份有限公司工程机械研究总院)
 王彦章(中国龙工挖掘机事业部)   李世坤(中交西安筑路机械有限公司)
 王国超(山东临工工程机械有限公司重机公司)   李太杰(西安达刚路面机械股份有限公司)
 孔德锋(济南力拓工程机械有限公司)   季旭涛(力士德工程机械股份有限公司)
 韦 耿(广西柳工机械股份有限公司挖掘机事业部)   赵家宏(福建晋工机械有限公司)
 田志成(国家工程机械质量监督检验中心)   姚录廷(青岛科泰重工机械有限公司)
 冯克敏(成都市新筑路桥机械股份有限公司)   顾少航(中联重科股份有限公司渭南分公司)
 任华杰(徐工集团筑路机械有限公司)   谢 耘(山东临工工程机械有限公司)
 吕 伟(广西玉柴重工有限公司)   禄君胜(山推工程机械股份有限公司)

秘书长 丁润铎(人民交通出版社)

总 序

中国高等职业教育在教育部的积极推动下,经过10年的"示范"建设,现已进入"标准化"建设阶段。

2012年,教育部正式颁布了《高等职业学校专业教学标准》,解决了我国高等职业教育教什么、怎么教、教到什么程度的问题,为培养目标和规格、组织实施教学、规范教学管理、加强专业建设、开发教材和学习资源提供了依据。

目前,国内开设工程机械类专业的高等职业学校,大部分是原交通运输行业的院校,现为交通职业学院,而且这些院校大都是教育部"示范"建设学校。人民交通出版社审时度势,利用行业优势,集合院校10年示范建设的成果,组织国内近20所开设工程机械类专业高等职业教育院校专业负责人和骨干教师,于2012年4月在北京举行"示范院校工程机械专业教学教材改革研讨会"。本次会议的主要议题是交流示范院校工程机械专业人才培养工学结合成果、研讨工程机械专业课改教材开发。会议宣布成立教材编审委员会,张铁教授为首届主任委员。会议确定了8种专业平台课程、5种专业核心课程及6种专业拓展课程的主编、副主编。

2012年7月,高等职业教育工程机械类专业教材大纲审定会在山东交通学院顺利召开。各位主编分别就教材编写思路、编写模式、大纲内容、样章内容和课时安排进行了说明。会议确定了14门课程大纲,并就20门课程的编写进度与出版时间进行商定。此外,会议代表商议,教材定稿审稿会将按照专业平台课程、专业核心课程、专业拓展课程择时召开。

本教材的编写,以教育部《高等职业学校专业教学标准》为依据,以培养职业能力为主线,任务驱动、项目引领、问题启智,教、学、做一体化,既突出岗位实际,又不失工程机械技术前沿,同时将国内外一流工程机械的代表产品及工法、绿色节能技术等融入其中,使本套教材更加贴近市场,更加适应"用得上,下得去,干得好"的高素质技能人才的培养。

本套教材适用于教育部《高等职业学校专业教育标准》中规定的"工程机械控制技术(520109)"、"工程机械运用与维护(520110)"、"公路机械化施工技术(520112)"、"高等级公路维护与管理(520102)"、"道路桥梁工程技术(520108)"等专业。

本套教材也可作为工程机械制造企业、工程施工企业、公路桥梁施工及养护企业等职工培训教材。

本套教材也是广大工程机械技术人员难得的技术读本。

本套教材是工程机械类专业广大高等职业示范院校教师、专家智慧和辛勤劳动的结晶。在此向所有参编者表示敬意和感谢。

高等职业教育工程机械类专业规划教材编审委员会

2013.1

前　言

从 20 世纪 90 年代开始，我国进入了公路建设快速发展时期，尤其是 1998 年实施积极的财政政策以来，公路建设投资数量之大、开工项目之多举世瞩目。从 1990 年到 2003 年的 14 年间，我国公路建设累计投资近 2 万亿元，其中仅 2003 年就达 3715 亿元，创历史新高。截至 2012 年年底，我国公路总里程达 423.75 万 km，而在 2012 年，我国新增公路里程达 13.11 万 km，其中高速公路里程 1.13 万 km。截至 2012 年年底，我国高速公路里程达 9.62 万 km。

近几十年来，随着我国公路建设的不断发展，尤其是高等级公路的快速发展，高速公路通车里程的不断延伸，对工程机械的需求在不断增加。为了使学生能满足社会市场和联合办学企业的需求，我们开设了现代工程机械这门课。随着高速公路建设的现代化和快速发展，促使工程机械性能在日新月异地发生着变化，高技术、高效率、智能化、多品种是现代工程机械的特点，现有教材已经不能满足教学和市场的需求。

高等职业教育是以适应社会需要为目标，以培养技术应用能力为主线来设计学生的知识、能力、素质结构和培养方案，强调理论教学和实践训练并重，毕业生具有直接上岗的工作能力。因此，为了适应高速公路快速建设、市场高速发展、工程机械技术的不断更新以及现代工程机械专业化教学的需求，我们组织具有多年实际工作经验和丰富教学经验的教师，收集国内外最新的工程机械资料，按照高速公路施工程序所需工程机械来编写本教材，让工程机械专业的学生在了解和掌握工程机械相关知识的同时，了解和掌握高速公路的施工工艺，进一步掌握工程机械的应用，从而提高学生的学习兴趣，扩大学生的知识面，拓宽学生的就业渠道。

教材的编写以提高学生学习兴趣的教学模式、转变完全以教师为中心的思路，打破了完全以概念和知识点的罗列为开局的传统写法，通过列举工程施工的实例激发学生的学习兴趣。教材的编写顺序按照雅泸高速公路施工程序和工程类别来划分工程机械类别。全书共分 7 个项目 27 个任务，采用项目引领、任务驱动的模式编写。因为现在工程施工中，装载机主要用于稳定土厂拌和混凝土搅拌站的上料，所以把装载机编在了稳定土施工机械一篇。项目 1 为修建高速公路，包含高速公路施工概述以及案例分析；项目 2 为填筑路基和开挖路堑，包含施工机械有推土机、挖掘机、平地机、路基施工压路机；项目 3 为稳定土底基层施工，包含稳定土路拌设备、装载机、稳定土厂拌设备；项目 4 为铺筑沥青混凝土路面，包含沥青加热和乳化设备、沥青洒布车、沥青混凝土拌和楼、沥青混凝土摊铺机、沥青路面压实的双钢轮压路机和轮胎压路机;项目5为铺筑水泥混凝土路面,包含水泥混凝土搅拌站(楼)、水泥混凝土搅拌运输车、水泥滑膜摊铺机;项目6为架设桥梁,包含桥下施工的压桩机械、钻孔机械、水泥混凝土泵送设备;桥上施工的运梁车、起重机械、架桥机;项目7为修建隧道,主要介绍盾构设备。

  本教材由湖南交通职业技术学院刘厚菊、芬兰阿尔托大学丁乡、湖南交通职业技术学院毛昆立、长沙理工大学李战慧、内蒙大学范利锋合作编写。其中项目1的任务1和2,项目6的任务19～22、24、25由刘厚菊编写;项目2的任务3和4,项目4的任务12、13,项目7的任务27由丁乡编写;项目2的任务5、6,项目3的任务7、8、9,项目4的任务14、15,项目5的任务16、17由毛昆立编写;项目5的任务18,项目6的任务23、26由李战慧编写;项目4的任务10、11由范利锋编写。

  为了编写本教材,编者利用业余时间,多次前往施工单位参观、学习,经过多渠道收集了大量资料,在此向提供资料和给予帮助的同学、朋友、同事表示衷心感谢。

  由于其他条件限制,加之编写水平有限,教材中存在的不足之处,敬请读者批评指正。

编者
2013年6月

目 录

项目1 修建高速公路 1
   任务1 了解修建高速公路的重要性 1
   任务2 掌握高速公路施工程序和所需施工机械 3

项目2 填筑路堤或开挖路堑 9
   任务3 认识推土机 10
   任务4 认识挖掘机 24
   任务5 认识平地机 35
   任务6 认识单钢轮振动压路机 43

项目3 稳定土底基层施工 50
   任务7 认识稳定土路拌设备 51
   任务8 认识装载机 57
   任务9 认识稳定土厂拌设备 64

项目4 铺筑沥青混凝土路面 73
   任务10 熟悉沥青的加热和乳化 74
   任务11 认识沥青洒布车 90
   任务12 认识沥青混凝土拌和楼 101
   任务13 认识沥青混凝土摊铺机 114
   任务14 认识双钢轮压路机 126
   任务15 认识轮胎压路机 131

项目5 铺筑水泥混凝土路面 141
   任务16 认识水泥混凝土搅拌站(楼) 141
   任务17 认识水泥混凝土搅拌运输车 146
   任务18 认识水泥滑模摊铺机 153

项目6 架设桥梁 165
   任务19 认识预制桩施工机械 168
   任务20 认识全套管钻孔机械 175
   任务21 认识旋挖钻机 178
   任务22 认识冲击钻机 188

  任务 23 认识混凝土输送泵 ································· 191
  任务 24 认识运梁车 ··· 209
  任务 25 认识架桥机 ··· 218
  任务 26 认识汽车起重机 ···································· 225

项目 7 修建隧道 ·· 237
  任务 27 认识盾构设备 ······································· 239

参考文献 ·· 255

项目 1

修建高速公路

任务 1　了解修建高速公路的重要性

1　任务引入

公路施工机械主要是用于修建公路,尤其是高等级公路。那为什么要修建公路或高等级公路?因此要了解修建公路以及高等级公路的重要性。

2　修建高速公路的重要性

公路的发展与社会经济发展是相辅相成的,社会的发展,经济的腾飞必须有完备的交通运输作为基础,而交通运输的进一步发展,又依赖于经济的支持和促进。新世纪以来,我国继续加大基础建设投资力度,公路建设获得了前所未有的大发展,使"全面紧张"的交通状况在近几年内得到根本转变,交通运输事业取得了一系列不平凡的成就。

2.1　交通运输事业取得的成就

(1)公路基础建设取得历史性突破。改革开放以来,我国公路建设发展迅速。2012年,我国新增公路里程13.11万km,其中,高速公路里程1.13万km。截至2012年年底,我国公路总里程达423.8万km,其中高速公路里程达9.56万km;全国公路桥梁达71.34万座、3662.78万m,比上年末增加2.40万座、313.34万m,其中,特大桥梁2688座、468.86万m,大桥61735座、1518.16万m;全国公路隧道为10022处、805.27万m,比上年末增加1500处、179.93万m,其中特长隧道441处、198.48万m,长隧道1944处、330.44万m。与此同时,在解决农村地区"出行难"方面,国家通过财政投资建设农村客运站,补贴跑农村运输的营运客车等方式,全国农村公路(含县道、乡道、村道)里程达367.84万km,比上年末增加11.44万km。全国通公路的乡(镇)占全国乡(镇)总数的99.97%,通公路的建制村占全国建制村总数的99.55%;其中,通硬化路面的乡(镇)占全国乡(镇)总数的97.43%,通硬化路面的建制村占全国建制村总数的86.46%,比上年末分别提高0.25%和2.42%。广大农民群众的出行条件和农村地区的物资运输条件得到明显改善。

(2)公路运输的能力迅速增长。近年来,伴随着我国公路建设的迅速发展,公路网络的不断完善,公路运输业成为服务范围最广,承担运量最大、运输组织最为灵活、运输产品最为多样的运输服务业。公路客货运输快速增长,服务国民经济能力显著增强。截至2012年年底,全年全国营业性客车完成公路客运量355.70亿人、旅客周转量18467.55亿人·km,比上年分别增长8.2%和10.2%。全国完成水路客运量2.58亿人、旅客周转量77.48亿人·km,分别增长4.9%和4.0%。全国营业性货运车辆完成货运量318.85亿t、货物周转量59534.86亿t·km,比上年分别增长13.1%和15.9%,平均运距186.72km,提高2.5%。

(3)运输市场秩序进一步规范。2012年,公路水路交通运输建设领域全年共发生生产安全事故41起,死亡99人,分别下降41.4%和17.5%。在公路运输市场管理方面,加强了行业监管和社会监督,市场秩序得到明显好转,守法诚信经营的意识明显增强,违法违规行为明显减少,规范有序的市场环境正在逐步形成。

(4)公路运输信息化水平明显提高。在公路运输信息化建设方面,各地普遍实行了政务公开,推广应用了公路运政管理信息系统、全球卫星定位和导航系统、行车记录仪、联网售票系统等先进设备,加快普及了联网售票、电子屏幕显示、货运信息配载和汽车维修、综合性能检测等电子技术,有效提高了公路运输行业的管理能力和服务水平。

在高速公路方面体现得更加明显。据日本1983年对某些产业中的自动装置、测量元件、数控设备、电子计算机、集成电路等5个行业的461个厂家调查,由于高速公路的建成,其原材料和零件有92%是汽车运输,成品运输中有94%是靠汽车。高速公路在全世界的飞速发展是有其自身原因的。公路运输本身具有机动灵活、适应性强、"门对门"服务、量大面广等特点,但普通公路也存在线型标准低、路面质量不高、车速低、混合交通相互干扰大、开放式管理造成侧向行人与非机动车等干扰、事故多、安全性差等缺点,而高速公路与普通公路相比,既有像设计指标量上的区别,又有像管理等质上的区别。

2.2 高速公路的特点

2.2.1 高速公路的特点

(1)高速公路对交通实施限制,供汽车专用行驶,而且对某些机动车(如农用车、装载危险品等特殊货物的车辆等)也作了限制。

(2)普通公路因中间无分隔带,逆向车辆在行驶中超车、占道现象严重。高速公路不仅在逆向车道中间设有较宽的中央分隔带,还对同向车道也严格划分,真正做到分道行驶,可提供宽敞的行驶环境。

(3)高速公路采用全封闭、全立交,路段两侧均设置禁入栅,交叉口全立交,避免横向穿越,使车速的提高和安全有了保证。

(4)高速公路除道路本身的设施质量较好外,还设有许多附属设施,如安全设施(防撞护栏、反光标志等)、监控设施、紧急电话和服务区等。这些高质量的设施为车辆快速、安全、舒适行驶提供了充分保障,使车辆运输距离变得越来越长。

2.2.2 高速公路的作用

(1)高速公路建设改善了我国高速公路网结构,促进了区际和区域各地区的经济联系,可有效拉动内需,刺激高速公路附近地区的经济繁荣和发展,对区域经济发展和空间格局演化具有重要作用。

(2)高速公路是一种极有效的融资手段,对拉动投资、加快经济增长具有促进作用;高速公路具有快速、便捷、安全、通行能力强等优点,能够加快人流、物流、信息流的运转,有效降低了生产运输成本,在更大空间上实现了资源有效配置,改善了投资环境,促进了沿线经济产业带的形成,为我国经济发展注入了强大的生机和活力;同时也为未来经济发展夯实基础,有利于创造稳定的经济增长点。

(3)高速公路的发展改善了城乡居民的生活、交通条件,高速公路有助于促进农村剩余劳动力更多地向外转移,也有助于农民走出城镇,把自己种植的粮食、蔬菜、瓜果等土特产卖出去,换取自己所需的日常生活和生产用品;有助于农民及时获取更多的市场信息,按照市场需求调整自己的种植结构和经营项目,有助于吸引城市居民走向农村,使农村的旅游业等第三产业得到发展,拓宽了农村致富渠道。

任务2　掌握高速公路施工程序和所需施工机械

1　任务的引入

为了使学生对工程机械有更进一步的了解和认识,教材结合四川雅(安)泸(沽湖)(雅西高速公路中的一段,泸沽湖——西昌段)(以下简称雅泸)高速公路为例,介绍高速公路建设包含的工程项目、施工程序,以及相应的施工机械等。

2　相关理论知识

2.1　雅泸高速公路介绍

雅泸高速公路(图1-2-1)是国家高速公路网首都放射线G5京昆高速公路(北京至昆明)四川省境内的一段,全长244km,概算总投资为163.77亿元。雅泸高速地处四川盆地与高原过渡带,最低海拔为620m,最高海拔为2450m,沿线山脉连绵起伏、沟壑纵横、山峦险峻、密林叠嶂。路线先后经过Ⅶ、Ⅷ、Ⅸ度地震高烈度区,穿越安宁河、鲜水河、大凉山等活动断层。路线经过多雨多雾区、泥巴山与拖乌山季节性冰冻区、煤矿采空区、花岗岩开采区、石棉尾矿区、泥石流、10余条大型断裂带等地质病害多发区、省级自然保护区和约60km的水库库区,地质结构在我国高速公路建设史上属最复杂。

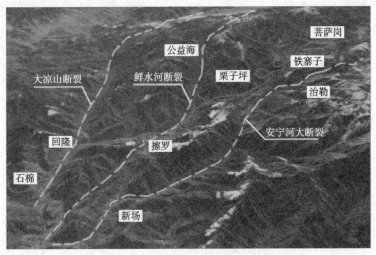

图1-2-1　雅泸高速原貌及地质状况图

雅泸高速公路起于已建成的成雅高速公路的雅安市对岩镇,经麂子岗、荥经、石滓场,穿越大相岭泥巴山特长隧道后跨越流沙河至汉源新县城(市营),沿大渡河(瀑布沟电站淹没区)上行至石棉县城,再沿南桠河升坡展线翻越菩萨岗、拖乌、彝海、曹古、冕宁,止于凉山州冕宁县泸沽镇,接已建成的泸黄高速公路(泸沽至西昌黄联关)。全路建造桥梁270座,隧道26座,其中特长桥12座,特长隧道4座。

作为交通运输部确定的"设计典型工程",雅泸高速公路从设计开始,就牢固地树立了精品意识。工程要连接先期建成通车的泸(沽)黄(联关)高速公路,而泸黄高速公路给雅泸高速公路预留的布线方案是从安宁河平原坝区通过。如果这条路线选择直接穿越安宁河平原良田,其设计最简单,工程难度最小,造价也最低;但占用的良田最多。为了保护安宁河平原的良田,在雅泸高速公路设计选线中,项目组决定另辟蹊径,寻找一条避开安宁河平原的新线,那就只能翻山越岭,穿越几十条泥石流沟。为了掌握沿线几十条泥石流沟的情况,对每一条泥石流沟,勘察设计人员都要从沟底徒步踏勘到源头。泥石流沟分布在深山峡谷,有的长达几十千米,地质踏勘工作异常艰巨。勘察设计人员经过爬山钻沟,终于找到了一条可避开良田的新线路。新线从已建成的泸黄高速公路连接处上跨108国道,从安宁河平原的东边翻越马鞍山,然后沿马鞍山山脚向北延伸(图1-2-2)。这将导致新线路设计长度增加25km,但少占基本农田400余亩。

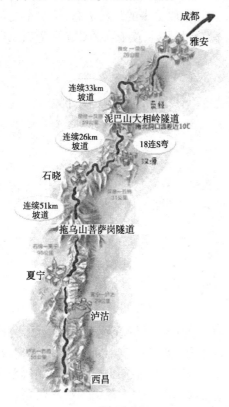

图 1-2-2

2.2 雅泸重点工程介绍

2.2.1 大相岭隧道

大相岭隧道位于荥经与泥巴山之间,如图1-2-3、图1-2-4所示。大相岭隧道单洞长10.007km、最大埋深1650m,创世界隧道埋深之最。此类隧道可采用凿岩台车或盾构设备施工。

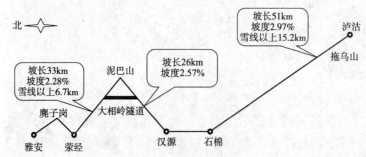

图1-2-3 大相岭隧道位置图

图 1-2-4　大相岭隧道实景

2.2.2　小半径双螺旋隧道

小半径双螺旋隧道位于石棉和泸沽之间，区间总长 124km，坡长 51km，高差 729m。如果按传统的缓冲坡度方法，驾驶员稍有不慎，就可能发生侧翻；如果直接修路通过，太陡峭，修盘山公路又会太长。为了克服高差，绕避活动断层和季节性冰冻带的不良地质，雅泸高速公路创造性地设计了世界公路史上首创的干海子和铁寨子两条小半径双螺旋隧道，如图 1-2-5、图 1-2-6 所示。两个隧道平面线形为单一圆曲形，其中左线曲线半径为 600m，右线曲线半径为 618m，左右线中线间距由 22m 渐变到 44m。干海子小半径螺旋隧道左线全长 1713m，右线全长 1798m，属于小半径螺旋爬坡隧道。汽车通过隧道时，近乎原地的跋涉，便能轻松爬升 300 多米。该隧道具有半径小、纵向连续上坡、线路长、左右洞间距小、进出口高程高差大、洞口地质条件差等工程建设特点。这类隧道施工可采用凿岩台车施工。

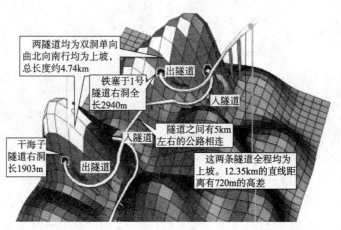

图 1-2-5　小半径双螺旋隧道位置图

2.2.3　菩萨岗隧道

雅泸高速公路不仅在设计上节约土地，而且在设计和施工中还十分注重对自然环境的保护。新线路需经过的拖乌山菩萨岗是安宁河的主要发源地，其间广泛分布的山间洼地（海子）是我国少有的高海拔湿地资源。如果直接在湿地上填筑路基，即使增加涵洞的比例，也会给湿地造成巨大破坏，还将影响整个安宁河平原农业的灌溉问题。经过专家反复论证，在穿越湿地的路段，通过路基填筑、以桥代路以及隧道通过 3 种方案的比较，最终选择隧道通过。为此，雅西高速公路设计中又增加了一条近3km长的菩萨岗隧道(图1-2-7)。这样虽然增加了工程造价,但保护了湿地资源。

图1-2-6 干海子螺旋隧道现场施工图

图1-2-7 菩萨岗隧道实景

2.2.4 腊八斤特大桥

位于荥经县境内1.1km长的腊八斤特大桥,采用左8(右7)×40m+105m+2×200m+105m+左5(右4)×40m预应力混凝土连续刚构主桥+简支T形梁引桥,其中10号桥墩高182.64m,为亚洲第一高墩特大桥,如图1-2-8所示。

2.2.5 干海子特大桥

干海子特大桥(图1-2-9)为钢管结构墩桁架连续梁桥,全长1811m,共设36跨,大桥纵坡分别为4%、2.6%、3.66%、2.84%,其为高烈度地震区大跨高桥,设计为连续50km长大纵坡,涉及水库库岸再造等难题,是具有相当科技含量的工程项目。此桥无论从施工技术难度还是桥型结构形式来看都堪称世界同类桥梁之最。

图1-2-8 腊八斤特大桥现场施工图

图1-2-9 干海子特大桥实景

2.2.6 铁寨子1号大桥

位于石棉县孟获村境内的铁寨子1号大桥(图1-2-10)采用70m空心高墩,为国内公路首创。

2.3 雅泸高速公路主要工程量及相应配套设备

2.3.1 清理现场

雅泸高速公路项目需要清理现场64952m^2,包括高速公路用地范围内原有构造物,要根据设计要求进行处理;应将填方路堤路基基底范围内的树根全部挖除并将坑穴填平夯实,取土坑范围内的树根也应全部挖除;应对路幅范围内、取土坑的原地面表层腐殖土、表土、草皮等进行清理,填方地段还应按设计要求整平压实;清除的表层土宜充分利用。该项工程需要配备推土机、平地机、挖掘机(配合施工的运输汽车)、路基压实压路机等,如图1-2-11、图1-2-12所示。

图1-2-10　铁寨子1号大桥实景

图1-2-11　推土机、平地机、路基压实压路机

2.3.2　开挖路堑

工程开挖路堑土石方总量为555771m³,包括弃土和填方用土。短距离弃方和填方可采用推土机完成,超过1km运距时,需要挖掘机与运输汽车配合完成,然后由平地机进行场地平整,由路基压实压路机压实,以提高路基密实度,从而保证路基质量,如图1-2-13所示。

图1-2-12　施工中的挖掘机

图1-2-13　推土机开挖路堑

2.3.3　填筑路基

利用土石混填的路基工程量约为1948m³,结构物台背回填工程量约为4080m³。在场地清理后的地面上,填筑前,应整平压实到规定要求,方可进行填方作业。当地面横坡不陡于1:10时,可直接填筑路堤;在稳定的斜坡上,横坡在1:10~1:5时,应将原地表土翻松,再进行填筑;地面横坡陡于1:5时,应将原地面挖成宽度不小于1m的台阶,台阶顶面做成2%~4%的内倾斜坡,再进行路堤填筑,但砂性土上则可不挖台阶,只需将原地表翻松。短距离取土填筑可依靠推土机完成(图1-2-14),超过1km时取土填筑可依靠挖掘机与自卸汽车配合完成,然后由平地机平整,压路机压实;如果填筑厚度过大,应该采取分层填筑、压实(图1-2-15)。

2.3.4　特殊路基处理

项目需清除塌方66964m³。清除路基塌方一般由

图1-2-14　推土机填筑路基施工

挖掘机配合自卸汽车完成,如图1-2-16所示。

图1-2-15 分层填筑、平整、碾压

图1-2-16 清理路基塌方

2.3.5 涵洞、通道工程

该项目的钢筋混凝土盖板涵设计为25.5m/1道。涵洞洞身、洞顶需要钢筋加工机械(切、弯、焊等)加工钢筋模,然后浇筑混凝土。

2.3.6 路基防护排水工程

路基防护排水工程包括MU7.5砂浆砌片石边沟、排水沟、截水沟、急流槽;MU7.5砂浆砌片石护坡、护脚、护面墙;C20片石混凝土挡墙。C25混凝土桩板墙挡土板;MU7.5砂浆砌片石弃土场边坡防护、排水;C30混凝土锚杆挡土墙。这项工程包括砌石、混凝土、钢筋混凝土、预制构件及安装等的施工,需要配备混凝土搅拌机或搅拌站、混凝土运输、泵送设备等机械。

2.3.7 桥梁工程

雅泸高速公路全线桥梁共270座。桥梁工程包括桥的下部施工和上部施工。下部工程包括挤孔桩和取土成孔桩,挤孔桩依靠静力压桩机(本工程受施工条件限制,不允许采用挤孔桩)等将预制桩压入地下完成;取土成孔桩包括钻孔—安放钢筋混凝土笼子—浇筑混凝土,钻孔依靠旋挖钻、螺旋钻、冲击钻等机械完成,混凝土浇筑依靠混凝土运输车和泵送设备完成。上部工程包括现浇梁和预制梁,现浇梁包括钢筋模制作、水泥混凝土生产和浇注工程;预制梁包括钢筋模制作、水泥混凝土生产、浇注、梁时效和静压试验、梁的运输和架设等工序。需要配备的主要施工机械有;水泥混凝土搅拌机(站)、混凝土运输车、混凝土泵送设备、运梁车、起重机、架桥机,以及桥面铺设沥青混凝土所需机械。

2.3.8 隧道工程

雅泸高速公路包含隧道12座,其中特长隧道4座。公路隧道一般在线路上遇到障碍(如高山、水域等)、修建地上线有困难或不合理的情况下采用。公路隧道需具备低线路纵坡、大曲线半径、短线路长度、良好运营条件、保证行车安全等条件。隧道分主体建筑物和附属建筑物,主体建筑物由洞身衬砌和洞门两部分组成;附属建筑物包括排水、通风、供电、通信、信号、照明、监控、报警等设施所需的建筑物以及避车洞和人行道等。隧道工程的主体建筑施工过程包括隧道掘进、衬砌。隧道掘进可以选择土石方施工机械与梭矿组合,结构最简单,成本最低,但效率也最低;可以选择凿岩台车施工;也可以选择盾构施工。隧道主体建筑物衬砌的结构包括整体式衬砌(模注混凝土衬砌)复合式衬砌、锚喷衬砌、拼装式衬砌、特殊条件下的衬砌等五种。隧道衬砌的基本作用是加固围堰并与围堰一起组成一个有足够安全度的隧道结构体系,共同承受各种荷载,保证隧道断面的使用净空,提供空气流通的光滑表面。隧道洞门和洞身是不可分割的整体,洞门有端墙式、翼墙式、柱式、环框式、遮光棚式等5种。

项目 2

填筑路堤或开挖路堑

概 述

路基施工包括填筑路堤和开挖路堑,即包括填方、挖方、修筑施工便道等。从项目1可以了解到:雅泸高速公路利用土石混填的路基工程量约1948m³,结构物台背回填工程量约4080m³;开挖路堑土石方工程总量为555771m³,包括弃土和填方用土。其中填方工序为:表面的基底处理(图2-0-1),分层填筑,分层平整、压实。为了保证乘车的舒适性,延长高速公路的使用寿命,必须提高路面的平整度和密实度,因此要对填筑和开挖的路基进行平整、压实,如图2-0-2所示;挖方工序为:挖(从原始施工线路的母体上去掉土石方)、装(堆集在刀片前面或装入铲斗)、运、卸、平整、压实。从经济的角度考虑,对于短距离弃土和填方用土,需要配备推土机(图2-0-3);对于长距离弃土和填方用土,则需要挖装、运输汽车配合施工(图2-0-4)。

图 2-0-1 清除填方路基的腐殖质层

图 2-0-2 分层填筑后的平整、压实

图 2-0-3 短距离挖方弃土

图 2-0-4 长距离取土填筑

综上所述，填筑路堤和开挖路堑需要配备推土机、铲运机、挖掘机、自卸汽车、平地机、压路机等。因为铲运机的使用局限性以及课时所限，所以该项目内容包括推土机、挖掘机、平地机、压路机这4类机械。

任务3　认识推土机

1　任务引入

在高速公路施工中，需要在原始基础上填高的路段，首先要进行腐殖质、树根、草皮等的清除，然后才能在此基础上进行填筑；在填筑路堤或开挖路堑工程中，对于500m左右的短距离弃土和填方用土，由推土机完成。由于施工过程中存在不同的设计路基，有的路基从山脚穿过，要求半挖半填（图2-3-1）；有的设计线路从山中穿过，进入山谷；或挖方紧接填方的路段，要求在山中或挖方地段开挖路堑，取土填筑山谷或填方路段（图2-3-2），这种短距离的取土，采用推土机或铲运机经济效益最高。推土机是公路施工的开路先锋，因此有必要了解推土机的相关理论知识。

图2-3-1　半挖半填路基

图2-3-2　由挖方向填方直线推移的路基

2　相关理论知识

2.1　推土机的总体结构及型号、参数

2.1.1　总体结构

推土机主要由基础车（包括发动机、操纵系统）、铲刀升降油缸、铲刀、推架、履带总成（履带、驱动轮、支重轮、引导轮、拖带轮，即俗称的四轮一带）、松土器（松土齿、升降油缸、倾斜油缸）等组成。

由于发动机功率不同，一般小型推土机不带松土器（图2-3-3）；大中型推土机带松土器，而且为了提高推土机效率，减小驱动轮磨损，采用驱动轮安装位置高置（图2-3-4）。发动机的动力经传动系统传到行走装置（履带总成），依靠履带与地面之间产生的附着牵引力向前或向侧面推移土石方，从而实现路堤的填筑和路堑的开挖。驾驶员通过操作系统可操纵铲刀、松土齿升降、倾斜，以适应不同的取土环境，提高作业效率。

2.1.2　型号及参数

图2-3-3为小型推土机，其型号为TY120，T表示推土机，Y表示工作装置液压操纵，120

表示发动机飞轮功率为93.4kW;图2-1-4为大型推土机,其型号为CAT D11,CAT表示卡特比勒公司生产的推土机,D表示推土机(Dozer),11表示发动机飞轮功率的大小。D11为卡特彼勒公司生产的最大的推土机,其飞轮功率为634kW。推土机型号因为生产厂家不同,编号也不相同,国产推土机的型号及其含义一般按表2-3-1方式编制。

图2-3-3 小型推土机总体结构

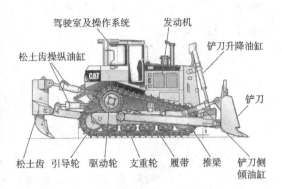

图2-3-4 大中型推土机总体结构

推土机型号及其含义　　　　　　　　　　表2-3-1

组别	型号	代号	代号含义	主要参数	
				名称	单位
推土机	履带式	T	机械操纵式推土机	功率	马力
		TY	液压操纵式推土机	功率	马力
		TSY	湿地液压操纵式推土机	功率	马力
		TMY	沙漠液压操纵式推土机	功率	马力
		TQY	全液压式推土机	功率	马力
	轮式	TL	轮胎式液压操纵式推土机	功率	马力

现在多数生产厂家把自己单位的特殊拼音代号加入,以区别于其他生产厂家,见表2-3-2。

不同生产厂家的推土机型号及其含义　　　　　　表2-3-2

组	生产厂家	代号	代号含义	主要参数
推土机	山东推土机总厂	SD16E	S-山东,D-推土机,E-变形机型	发动机功率,马力/10
	上海彭浦	PD220Y	P-彭浦,D-推土机,Y-液压驱动	发动机功率,马力
	三一重工	S(Q)Y160	S-三一,Q-全,Y-液压驱动	发动机功率,马力

2.2 工作装置组成及特点

在高速公路施工中,有直线推移土石方填筑路堤或开挖路堑;有半挖半填侧移土石方填方或弃方工程。这两种不同的施工工程,取土方式不一样,为了提高施工效率,需要采用不同形式的工作装置;另外,对于硬土、黏土、页岩、黏结砾石的预松作业以及层理发达的岩石,可用推土机的附属装置——松土装置(松土器)进行凿裂,用以替代传统的爆破施工方法,提高施工的安全性,降低施工成本。

2.2.1 直线推移土石方(简称直铲式)的推土装置

如图 2-3-4 所示,直铲式推土装置主要由铲刀(推土板)、推梁、上撑杆(侧倾油缸)、升降油缸、横拉杆等组成,其结构形式如图 2-3-5 所示。这类推土机铲刀始终与机身纵轴线(推土机行驶方向)垂直,铲刀在升降油缸作用下可上下动作,这样可以调整切入土壤的深度,从而调整切削阻力大小;也可在侧倾油缸作用下,左右倾斜(图 2-3-6、图 2-3-7),适合于挖边沟、在横坡上进行推铲作业、平整坡面,或对硬质土进行预松。

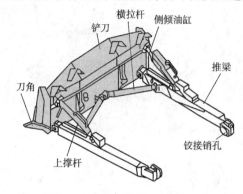

图 2-3-5 直铲式推土机推土装置结构形式　　图 2-3-6 铲刀左倾(侧倾油缸伸出)

2.2.2 半挖半填侧移土石方填筑(简称回转式推土机)的推土装置

回转式推土装置(图 2-3-8)主要由铲刀(推土板)、推梁、升降油缸、上撑杆、下撑杆等组成,其结构形式如图 2-3-9 所示。上、下撑杆在推梁上左右两侧各有几个铰接位置(图 2-3-10),改变上、下撑杆在推梁一侧(另一侧固定)的铰接位置或两侧铰接位置反向调整可改变铲刀与机身纵轴线之间的夹角,从而满足不同的施工需要。如图 2-3-11 所示,将上撑杆铰接点前移,下端铰接点后移,铲刀移至虚线位置,与机身纵轴线夹角发生变化,当推土机向前行驶时,铲刀上端切取土,然后沿铲刀身向下端移动,从而实现半挖半填、回填沟渠等的土石方推移作业。

图 2-3-7 铲刀右倾(侧倾油缸收回)　　图 2-3-8 回转式推土机推土装置组成图

当一侧上撑杆伸长,另一侧上撑杆缩短时,即可改变铲刀在垂直面内的侧倾角,铲刀则呈侧倾状态(图 2-3-6、图 2-3-7),同时调整两侧上撑杆的长度,可改变铲刀的切削角。

直铲作业是推土机最常用的作业方法。固定式直铲铲刀较回转式直铲铲刀自重小,使用经济性好,坚固耐用,承载能力强,一般在小型推土机和承受重载作业的大型履

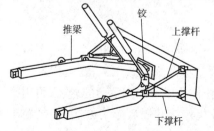

图 2-3-9 回转式推土机推土装置结构形式

带推土机上采用。

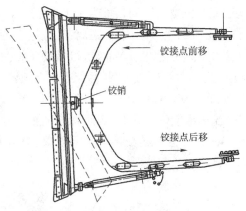

图 2-3-10 上下撑杆可变的铰接位置　　　　图 2-3-11 铲刀绕铰销转动

2.2.3 铲刀组成及结构形式

推土机是依靠拖拉机的牵引动力,利用不同的工作装置来完成物料切削和推运作业的,因此,工作装置是其重要组成部分。不同功率及同功率不同用途的推土机的工作装置多样化,可灵活选用,主要品种有铲刀、松土器、绞车等。

(1) 组成

铲刀主要由曲面板和可卸式刀片组成(图 2-3-12)。曲面板由矩形钢板制成,由于直铲主要用于中、短距离的推运作业,所以其铲刀制成特殊曲线形状,其上部呈弧线,下部为向后倾斜的平面,下缘与停机面形成一定的铲土角(约60°)。这样铲刀在切削过程中,切下的土层沿铲刀的下部平面上升,从上部弧线部分向前翻滚(图 2-3-13),既可减小切削阻力,又易使铲刀前积满土。上部弧线通常采用抛物线或渐开线曲面作为铲刀的积土面,这类积土面的物料灌入性好,可提高物料的积聚能力和铲刀的容量,降低能量消耗。因抛物线曲面与圆弧曲面的形状及其积土特性十分相似,而圆弧曲面的工艺性好,容易加工,故现代铲刀多采用圆弧曲面。

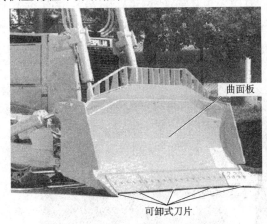

图 2-3-12 铲刀的组成　　　　图 2-3-13 铲刀作业

(2) 结构形式

① 铲刀按横向结构外形可分为:直倾铲、SU 铲、U 铲、六向铲、环卫铲、电厂型铲、沙漠型铲、湿地铲岩石铲、万向铲等。

直倾铲(straight blade)(图 2-3-14):铲刀纵向结构外形呈完全圆弧形,利于土屑的向上滑移和向前翻落。铲刀横向结构外形为直线形,直线形属于窄型推土板,宽高比较小,比切力大(即切削刃单位宽度上的顶推力大),但铲刀前的积土容易从两侧流失,切土和推运距离过长会降低推土机的生产率,在短距离铲土、运土、回填和平整工作中,由于切削力大,具有绝对优势。另外,直倾铲配有倾斜油缸,可借助倾斜油缸的液压对两侧刀角的入土深度进行微调,方便作业调整,小斜坡作业时更为合适。直倾铲为标准型推土机的标准配置。

U形铲(Universal blade)(图2-3-15):最大的特点是推土板横向结构形式呈U形,具有超强的集土、运土能力。因此,运距稍长的推土作业、松散物料的堆集作业宜采用U形推土板,它有效地减少了土粒或物料的侧漏现象,提高了铲刀的充盈程度,因而可以提高推土机的作业效率。

图2-3-14 直倾铲刀结构形式　　　　图2-3-15 U形铲刀结构形式

半U形铲(Semi-universal blade)(图2-3-16):介于直倾铲和U形铲之间。

角铲(Angel blade)(图2-3-17):角铲(即回转式推土机铲刀)比直倾铲推土板宽,且高度减少较多,铲刀容量有所减少。另外,角铲的安装方式与直倾铲完全不同,它主要通过弓形推梁、上、下撑杆等与主机相连。这种连接结构,可以使铲刀无论横向还是纵向都可以进行机械调整。一方面,角铲可以依据土质状况改变铲刀切入角从而改变切入力;另一方面,横向倾斜作业,使土的倾斜阻力小,侧向输送速度快。由于角铲推土板较宽,可以用来平整场地。因此角铲在地形复杂,工况多样的作业环境中占有优势,横向倾斜特征使其还可以在除雪作业中发挥其特长。

图2-3-16 半U形铲结构形式　　　　图2-3-17 角铲铲刀结构形式

六向铲(Power blade/Tilt blade)(PAT):为中小型推土机配备,主要用于修建高尔夫球场。

环卫铲(图2-3-18):属于专用型铲,是在直倾铲的基础上增加隔栅,利于垃圾、树屑等集积,在垃圾堆积、填埋及山林开路中广泛应用。

推耙铲:属于推耙机专用型铲,适用于港口轮船散料的堆积。

②铲刀的断面形状结构有开式、半开式、闭式3种,如图2-3-19所示。

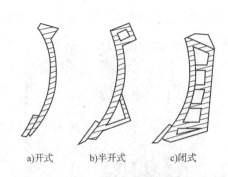

图2-3-18　环卫铲铲刀结构形式　　　　图2-3-19　铲刀断面结构形式

小型推土机推土板采用结构简单的开式推土板;大型推土机作业条件恶劣,为保证足够的强度和刚度,采用闭式推土板。闭式推土板为封闭的箱形结构,其背面和端面均用钢板焊接而成,用以加强推土板的刚度。

2.2.4　松土装置(简称松土器)

松土装置是大、中型推土机的附属工作装置,它安装在推土机的尾部,有单齿和多齿之分,如图2-3-20、图2-3-21所示。

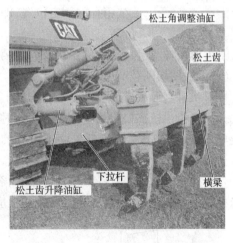

图2-3-20　单齿松土装置组成　　　　图2-3-21　多齿松土装置(松土角可调)

单齿松土器(Giant ripper)开挖力大,既能松散硬土、冻土层,又可开挖软石、风化岩石和有裂隙的岩层,还可拔除树根,为推土作业扫除障碍。多齿松土器(Multi ripper)主要用来预松薄层硬土和冻土层,用以提高推土机等的作业效率。松土角有不可调和可调两种,不可调松土角的松土装置组成如图2-3-22所示;可调松土角的松土装置组成如图2-3-23所示,用松土角调整油缸代替图2-3-22中的上拉杆即可。当松土角调整油缸伸缩时,松土角发生改变。松土角不可调的松土装置杆件受力比较均衡,整体结构强度较高,松土时齿尖镶块前面磨损小,可延长齿尖镶块的使用寿命;但齿尖镶块后面易磨损,磨损后的切削面更锋利,也有利于降低切削阻力。这种松土装置在一般土质条件下具有良好的凿入性能，但不能满足凿裂坚硬岩层时需要不断改变切削角度的要求，所以其使用范围受到一定限制。在实际使用中，不同的土质、不同的地质岩层，或者相同土质的不同结构和密实度，都有不同的最佳凿入角和松土切削角，因此作业时，应根据不同的作业对象选择不同的凿入角，根据不同的作业时间适时调整松土切削角，以调整松土阻力，改善松土装置的牵引切削性能，从而提高松土装置的效率。为此，现代大多数推土机的松土器基本采用松土角可调式松土装置。

 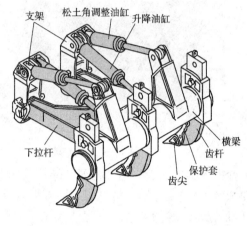

图 2-3-22　松土角不可调松土装置　　　　图 2-3-23　松土角可调松土装置

松土装置悬挂在推土机后部的支撑架上，松土齿销轴固定在横梁松土齿架的齿套内，松土齿杆上设有多个销孔，改变销孔的固定位置，即可改变松土齿杆的工作长度，调节松土齿的切入深度。

松土齿由齿杆、护齿套、齿尖镶块及固定销组成，如图 2-3-24 所示。齿杆是主要的受力杆件，承受着巨大的切削载荷。

齿杆形状有直形和弯形两种基本结构（图 2-3-25～图 2-3-28），其中弯形齿杆又有曲齿和折齿之分。直齿齿杆在松裂致密分层的土体时，具有良好的剥离表层的能力，同时具有凿裂块状和板状岩层的效能；弯齿齿杆提高了齿杆的抗弯阻力，裂土阻力较小，适合松裂非均质土。松土齿护板用以保护齿杆，防止齿杆剧烈磨损，延长齿杆的使用寿命。松土齿的齿尖镶块和护套板是直接松土、裂土的零件，工作条件恶劣，容易磨损，使用寿命短，需经常更换。齿尖镶块和护套板应采用高强度耐磨性材料，在结构上应尽可能拆装方便，连接可靠。

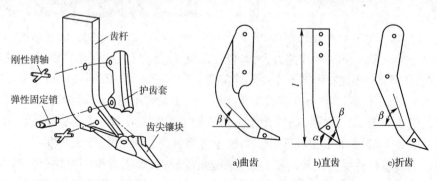

图 2-3-24　松土齿的构造　　　　图 2-3-25　齿杆形式

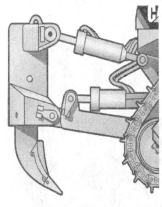 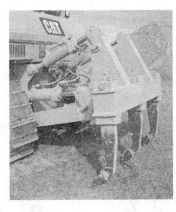 

图 2-3-26　卡特 D8R 直齿杆　　　图 2-3-27　卡特 D7R 折齿齿杆　　　图 2-3-28　卡特 D5N 曲齿杆

2.3　行走装置的组成及特点

履带式行走机械的全部重力经支重轮压在履带的接地段上，附着质量等于整机质量，履带与地面之间的摩擦力和切入土体的履齿所受的土体剪切变形抵抗力构成，因此附着性能好。

2.3.1　普通行走装置组成

普通行走装置基本构造如图 2-3-29 所示。它由驱动轮、履带、支重轮、导向轮、托带轮、台车架等组成。这种行走装置结构简单，但整机离地间隙小，通过性下降，驱动轮易磨损；另外支重轮全部安装在台车架上（图 2-3-30），不能单个更换支重轮，必须单边履带的支重轮整副更换，这样加大了施工单位的成本投入。

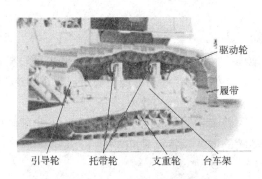 

图 2-3-29　普通履带的组成　　　　　　图 2-3-30　支重轮安装形式

2.3.2　高置式驱动轮和终传动行走装置（支重轮安装在台车加上）

高置式驱动轮和终传动行走装置是在普通行走装置的基础上经过改进设计的。其基本构造如图 2-3-31 所示，由驱动轮、履带、支重轮、导向轮、托带轮、台车架、张紧油缸（履带张紧装置）等组成。这种行走装置的驱动轮仅传递力矩驱动履带，使机械行走，不受地面石块与崎岖不平引起的附加力与冲击力的作用；驱动轮与台车架分离改善了台车架的浮动性；驱动轮因少受工地灰尘与污泥的影响而使用寿命延长；同时加大了整机的离地间隙，从而改善了整机的通过性。而这种行走装置的结构相对复杂。

2.3.3　高置式驱动轮和终传动行走装置（支重轮铰接在台车架上）

这种行走装置基本构造如图 2-3-32 所示。它由驱动轮、履带、支重轮、导向轮、台车架、张紧油缸（履带张紧装置）等组成。与前面两种行走装置比较，它没有托带轮，除了具备 2.3.2

所述行走装置的特点外,每两个支重轮一组通过铰销与台车架相连,两个支重轮可以绕铰销转动(图2-3-33),因此这种结构的支重轮可以单个更换。

图2-3-31　行走装置组成图

图2-3-32　支重轮铰接行走装置组成

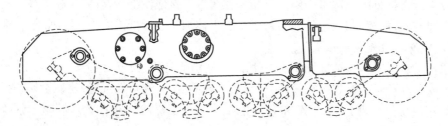

图2-3-33　支重轮铰接在台车架上

2.4　传动系统组成及特点

推土机完成土石方推移是依靠履带与地面之间的附着牵引力驱动履带并带动整机前进实现的,发动机动力通过机械传动、液力机械传动、液压传动将动力传至履带。目前,均采用液力机械传动,因为液压传动一旦泵或马达泄漏,会降低推土机的效率。

推土机是依靠履带与地面的摩擦力——附着牵引力完成土石方推移的,因此了解附着牵引力的产生——发动机动力传递到履带驱动轮的方式及特点是必要的。

(1)TY180推土机传动系统组成及特点

TY180推土机采用机械传动,其传动系统的组成如图2-3-34所示。其传动路线为:发动机—分动器—主离合器—齿轮变速器—中央传动—转向离合器—最终传动—驱动轮。其特点是传动可靠,制造简单,传动效率高,维修简单方便;但这种传动方式对外载荷的自动适应性差,易导致发动机熄火,且操作费力,国内中小型推土机还较多采用,国外已基本淘汰。

主离合器的功用是换挡时切断发动机动力,并对传动系起过载保护作用;变速器通过变换排挡使机械前进倒退行驶并获取合适的行驶速度;中央传动是一对圆锥齿轮,用来改变传动轴的旋转方向,并将动力传给两侧履带;转向离合器和制动器用来实现推土机转向、控制转向半径大小和减速停车;最终传动用来进一步减速增矩,以保证推土机有合适的行驶速度和牵引力。

(2)液力机械传动推土机传动系统组成及特点

以TY220推土机为例,介绍液力机械传动推土机传动系统组成及特点。TY220推土机的传动系统组成如图2-3-35所示。传动路线为：发动机—分动器—液力变矩器—动力换挡变速器—中央传动—转向离合器—最终传动—驱动轮。其传动特点是无级变速，对外载荷的适应性强，不易导致发动机熄火，可带载换挡，减少了换挡频率，操纵轻便灵活，作业效率高；但液力变矩器在使用过程中易发热，会导致效率下降，且结构复杂，制造精度高、成本高，维修成本高。目前，中型以上推土机基本采用这种传动方式。图2-3-36为卡特比勒D5N推土机的传动系统组成，其传动路线为：发动机—液力变矩器—动力换挡变速器—转向离合器—最终传动—链轮—履带。

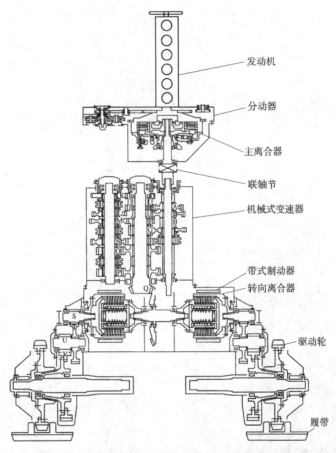

图2-3-34　机械传动的传动系统组成

（3）全液压传动推土机传动系统组成及特点

下面以TQ230推土机为例，介绍全液压传动推土机传动系统组成及特点。推土机的工作装置和行走均采用液压驱动，故称为全液压推土机。TQ230推土机的传动系统组成如图2-3-37所示。传动路线为：发动机—泵—马达—减速机（带制动器）—最终传动—驱动轮。它的传动特点是：结构紧凑，质量轻，操纵轻便，可实现原地转向，转向轨迹圆滑，行走速度无级调节，对外界荷载的适应性好，作业效率高。由于泵和马达使推土机成本加大，且泵和马达一旦泄漏会导致效率迅速下降，因此大功率推土机则无法应用。

直接采用动力电网电力驱动或电动机驱动的电传动推土机，工作可靠，结构简单，不污染环境；但因受电力和电缆的限制，一般只在露天矿山开采和井下作业中使用，这里不作介绍。

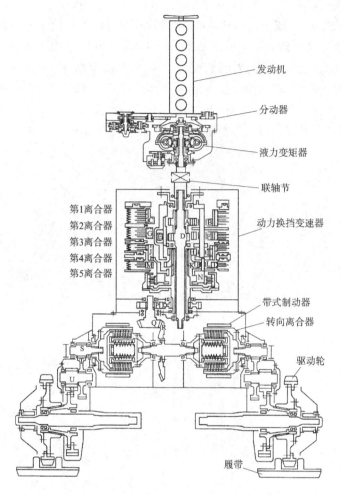

图 2-3-35 液力传动的传动系统组成

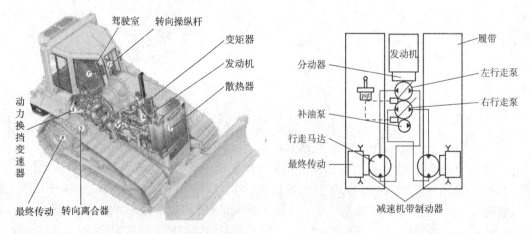

图 2-3-36 卡特彼勒 D5N 推土机传动系统组成图

图 2-3-37 全液压传动的传动路线图

2.5 工作装置的操纵原理

推土机要在路堤填筑和路堑开挖工程中,完成土石方推移,必须进行铲土、运土、卸土、返回4个过程。铲土过程中,铲刀在升降油缸作用下切入土体,使铲刀前堆满土;推土机前进,将切下的土移送到相应的地点,提起铲刀;然后返回到取土场,重复这样的过程,从而完成土石方推移。不同类型的推土机操纵方式略有差异。下面以相对复杂的 D155 操纵系统(图 2-3-38)为例,介绍推土机工作装置的操纵系统原理。

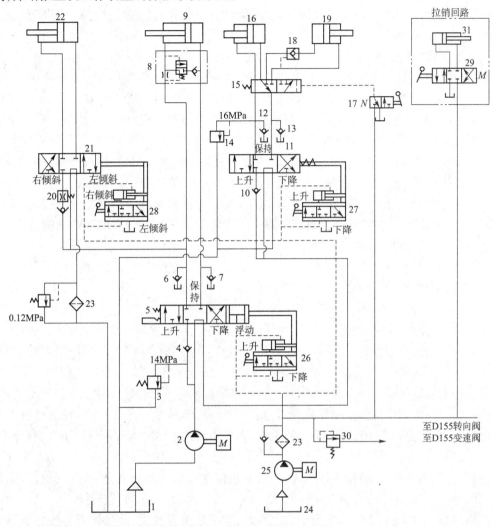

图 2-3-38 D155 推土机液压操纵系统

1、24-油箱;2-油泵;3-主溢流阀;4、10-单向阀;5-铲刀升降控制阀;6、7-吸入阀(补油阀);8-快速下降阀;9-铲刀升降油缸;11-松土器升降控制阀;12、13-补油单向阀;14-过载保护;15-选择阀;16-松土器升降油缸;17-先导阀;18-锁紧阀;19-松土器倾斜油缸;20-单向节流阀;21-铲刀倾斜油缸换向阀;22-铲刀倾斜油缸;23-滤油器;25-先导泵;26-铲刀升降先导伺服阀;27-松土器升降先导伺服阀;28-铲刀倾斜油缸先导伺服阀;29-拉销换向阀;30-(变矩器、变速器)溢流阀;31-拉销油缸

该系统由铲刀升降、铲刀倾斜、松土器升降、松土器倾斜回路、先导油路组成。只有当先导油路正常工作,优先提供先导油的情况下,主油路才能正常工作。先导泵 25 输出的液压油经泵出口的滤清器(滤清器堵塞时经旁通阀)为先导阀 26、28、27、17、拉销回路提供低压油。

铲刀升降回路包括油泵 2、铲刀升降(四位五通)控制阀 5、铲刀升降先导伺服阀 26,铲刀快速下降阀 8(大型推土机特有)。启动发动机,油泵 2 输出液压油,操纵先导伺服阀 26,使控制阀 5 处于左位时,铲刀上升;操纵先导伺服阀 26,使铲刀升降控制 5 处于保持位置时,铲刀可停留在某一位置;同样可使铲刀下降或浮动,铲刀处于浮动状态时,可随地面不平上下波动,便于仿形推土,但会加大峰谷之间的距离,还可以在推土机倒行时进行拖平作业。采用先导伺服阀,可减轻驾驶员的疲劳强度,提高推土机作业效率。因为大型推土机最大上升高度可达2m以上,因铲刀在下降过程中空载,为了提高推土机的效率,缩短下降过程的时间,所以大型推土机在铲刀升降回路中设计有快速下降阀8。当铲刀下降阻力较大时,液压力使快速下降阀8处于上位工作,此时升降油缸两腔接通,升降油缸差动连接,从而加速铲刀下降。铲刀的加速下降,可能导致升降油缸无杆腔供油不足,形成真空,溢出气体,产生气穴,严重时导致气蚀。气蚀不仅缩短油缸使用寿命,而且降低推土机效率。为了避免气蚀的产生,在铲刀升降回路中设有补油阀7,当铲刀下降过快,形成真空时,补油阀7向升降油缸9的无杆腔补油。

铲刀倾斜回路包括泵2、铲刀升降控制阀5及其先导伺服阀26、单向节流阀20、铲刀倾斜先导伺服阀28、铲刀倾斜阀21、铲刀倾斜油缸22。由原理图分析可知,在铲刀上升或下降过程中才可以倾斜铲刀,同样操纵先导伺服阀28左位工作时,铲刀向右倾斜;操纵先导伺服阀28右位工作时,铲刀向左倾斜,单向节流阀20限制倾斜油缸的倾斜速度,当倾斜油缸右倾时,铲刀在自重作用下,可能导致倾斜油缸无杆腔供油不足,形成真空,导致气穴,产生气蚀,为了避免产生气蚀,在进油路上安装由补油阀6,一旦倾斜油缸右倾过快,补油阀6则从油箱吸油向倾斜油缸22补油。滤清器23过滤回油路上的液压油杂志,与23并联了旁通阀,一旦滤清器堵塞,回油则经旁通阀回油箱。

松土器工作回路包括泵2、升降控制阀11、升降先导伺服阀27、补油单向阀12和13、过载保护阀14、选择阀15、松土器升降油缸16、松土器倾斜油缸19、锁紧阀18。松土器工作过程中,首先要调整好松土角,然后操纵升降油缸控制松土深度。松土角的调整:操纵先导阀17处于右位不动,再操纵先导伺服阀27处于左位或右位工作,则松土器倾斜油缸伸出或收回,从而减小或增大松土器的切削角,改变松土器的切削阻力,以适应不同的土壤和切削深度。当松土器倾斜油缸伸出过快时,补油单向阀12向系统补油,以避免出现真空,导致气蚀的产生。为了防止松土角在松土过程中发生改变,回路中设有锁紧阀18。松土深度的控制:铲刀不工作时,液压油经铲刀升降阀中位到松土器升降阀,操纵先导阀17处于左位工作,再操纵松土器升降先导伺服阀27左位工作,升降阀11左位工作,则液压油进入松土器升降油缸16的有杆腔,松土器提升;操纵先导伺服阀27右位工作时,升降阀11右位工作,则液压油进入松土器升降油缸无杆腔,松土器下降,一旦松土器下降过快,可能使液压系统形成真空,产生气蚀,为了避免此现象的发生,在回路中设有补油单向阀13,此时,补油单向阀13向系统补油。

因为,只有当推土机无法用铲刀切取土体时,才用松土器凿裂,所以铲刀与松土器不同时作业,因此系统中采用一个泵2向铲刀工作回路和松土器工作回路供油。

3 任务实施

3.1 准备工作

准备1~2台推土机(条件不具备的情况下,准备大量推土机图片和推土机工作视频),仔细阅读推土机的使用说明书、操作手册及教材。

3.2 实施过程

(1)教师对照推土机或推土机图片讲解推土机的总体结构及其特点。
(2)教师操作推土机或推土机工作视频实现铲、运、卸、返回过程以及推土机直铲、侧铲、斜铲的铲刀动作,并讲解其原理。

(3)学生分组对照推土机或根据图片、视频熟悉教师讲解的内容。

(4)教师通过提问检验学生的掌握情况。

3.3 实施过程中的注意事项

(1)注意个人安全。

(2)保持设备的清洁和完好。

(3)注意观察铲、运、卸、返回过程以及直铲、侧铲、斜铲过程。

4 知识拓展

4.1 轮胎式推土机

轮胎式推土机(图2-3-39)具有行进速度快、机动性好、行走机构结构简单、耗用金属材料少、自行转移不损坏路面等优点,特别适应于城市道路、机场、码头等散装物料的堆积工程。

现代轮胎式推土机采用超低压宽基轮胎,全轮驱动,同时采用大功率发动机,极大提高了附着牵引性能和越野通过性能。轮胎上装保护链或垫式履带,也可用于农田改造和国防工程施工。

4.2 差速转向推土机

卡特比勒D8R推土机(图2-3-40)采用差速转向技术。差速转向时,提高一侧履带的速度,同时相应降低另一侧履带的速度,并同时为两条履带输出动力,保证履带克服负载的能力,缩短转向的时间,提高作业效率。

图2-3-39 轮胎式推土机

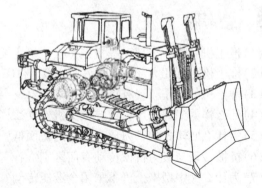

图2-3-40 差速转向推土机

4.3 可变推土机(图2-3-41)

地震发生之后,如何冲破障碍最快到达灾害现场并展开救援是工程机械设计师绞尽脑汁思考的问题。"全地形突击救援车"很好地解决了这个难题。这是一款颇似"变形金刚"的全能救援车,不仅可变成推土机、吊车、挖掘机,到达目的地后还能变成简易医院。

可变推土机以8轮驱动的底盘为车辆的基础,并给予强劲的动力;外部装载装甲板,以保护车辆和驾乘人员的行车安全;配备夜视系统,以实现全地形行驶以及全天候、不间断作业。为了防止意外情况的发生,车辆装配有基本的机械施工工具,车前配有可伸缩的V字形开路铲,车辆上部装备有可伸缩的360°吊挖两用机械臂。车辆的底盘设计为U结构,中间装载一个自行急救医疗站,并配备发电机组和燃料维持电力供应。

为了及时救治伤员,该医疗站的运行很简便,不需要任何的辅助机械,能通过车槽内的齿轮自行起降、打开,及时给予当地的医疗人员甚至普通的人员使用。通过救援车自身清理出一块平地后,该医疗站能自动从两边迅速打开6个面积为114m²的充气帐篷供医疗人员进行伤员医治。站内能同时进行3台基本的手术,并装有急救药品和急救设备,能开展震后的防疫消毒工作。

4.4 推土机可做拖式铲运机的牵引车用

铲运机是一种在比较松散的土石方推移工程施工中能综合完成挖土、运土、卸土、填筑、整平的最有效的施工机械。

图2-3-42为拖式铲运机铲斗,前面加牵引车(推土机或拖拉机)牵引,即构成拖式铲运机。

图2-3-41 可变推土机结构形式

图2-3-42 拖式铲运机铲斗

5 思考题

(1)推土机属哪一类型工程机械?推土机主要用于哪些方面的施工?
(2)推土机由哪几大部分组成?TY160和TQ230的含义是什么?
(3)推土机的工作装置有哪些主要部件?
(4)什么样的工程选用直铲式推土机?什么样的工程选用回转式推土机?
(5)为什么回转式的铲刀比直铲式的宽而低?
(6)机械传动与液力机械传动有何区别?各有何特点?
(7)为什么大中型推土机不采用全液压传动?
(8)铲刀与松土器是否同时工作?为什么?
(9)锁紧阀的作用是什么?
(10)单向补油阀的作用是什么?

任务4 认识挖掘机

1 任务引入

在雅泸高速公路施工中,受地理环境的影响,势必存在路堑和桥梁基坑的开挖、路堤的填筑等工程项目。如果弃土场和取土场运距超过1km,必须依靠挖掘机与自卸汽车配合使用,才能提高施工效率。因此,了解和掌握挖掘机的相关知识是必要的。

2 相关理论知识

2.1 挖掘机的总体结构及型号

挖掘机的工作装置操纵方式有:液压操纵和钢丝绳操纵。液压操纵又有正铲、反铲和抓铲;钢丝绳操纵又称拉铲,也有正拉和反拉两种方式。

挖掘机的行走方式有履带式、轮胎式和汽车式。

2.1.1 反铲挖掘机的总体结构

图2-4-1为反铲挖掘机的总体结构示意图。反铲挖掘机指铲斗向着机身方向挖掘,主要由底盘、履带式行走系统、动力传动系统、工作装置、回转装置、操纵系统等组成。工作装置包括动臂和动臂油缸、斗杆和斗杆油缸、铲斗和铲斗油缸等。反铲可通过翻转铲斗卸载,主要挖掘停机面以下的土石方。

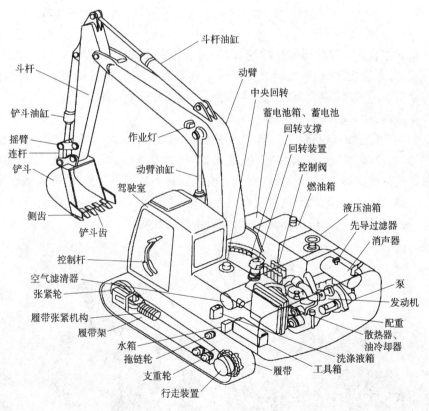

图2-4-1 反铲挖掘机总体结构图

2.1.2 正铲挖掘机的总体结构

图2-4-2为正铲挖掘机的总体结构示意图。正铲挖掘机指铲斗背离机身方向挖掘,主要由底盘、履带式行走系统、动力传动系统、工作装置、回转装置、操纵系统等组成。工作装置包括动臂和动臂油缸、斗杆和斗杆油缸、铲斗和斗底开闭油缸等。正铲只能通过开启斗底卸载,主要挖掘停机面以上的土石方。

2.1.3 抓铲挖掘机的总体结构

抓铲挖掘机是模拟人手设计的一种挖掘机械,如图2-4-3所示。抓斗油缸的伸缩实现抓斗的卸载和抓取动作,主要用于土石方开挖、沟底以及水渠开挖、公路建设等工程,还可以用于对固体物质(岩石、混凝土、各类管道等)进行精抓取和放置、松懈货品的装卸等多项任务。

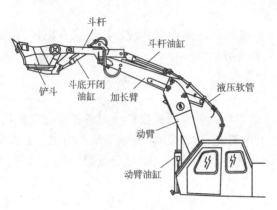

图2-4-2 正铲挖掘机总体结构　　　图2-4-3 抓铲挖掘机的总体结构

2.1.4 拉铲挖掘机的总体结构

拉铲是指工作装置靠钢丝绳操作的挖掘机,分正拉和反拉。图2-4-4为正拉挖掘机的总体结构,主要由行走系统、传动系统、操作系统、工作装置(卷扬、钢丝绳及其滑轮组、撑杆、摇臂、铲斗)等组成,主要挖掘停机面以上的土石方,只能依靠开启斗底卸土。

2.1.5 轮胎式挖掘机的总体结构

如图2-4-5所示轮胎式挖掘机,与履带式挖掘机的区别是底盘。其底盘构造如图2-4-6所示,主要由车架、转向前桥、驱动后桥、支腿、变速器、差速器、轮边减速器等组成。轮胎式挖掘机是在以满足挖掘机挖掘为目的的特制底盘上安装回转和挖掘机装置,挖掘时依靠支腿承重;采用多轮胎,以提高挖掘时的稳定性和提高行走时的附着牵引力;其轴距和轮距较大,以防止挖掘时侧翻;轮胎式挖掘机以挖掘作业为主,其行走速度相对汽车式较慢。

图2-4-4 正拉挖掘机总体结构　　　图2-4-5 轮胎式挖掘机结构图

2.1.6 汽车式挖掘机

汽车式挖掘机如图2-4-7所示,是在汽车底盘的基础上加装的挖掘装置。这种结构的挖掘机行走速度快,主要用于森林采伐等轻载作业。

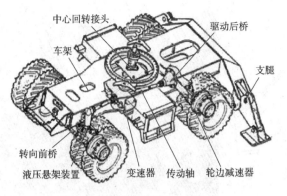
图 2-4-6 轮胎式挖掘机底盘结构

图 2-4-7 汽车式挖掘机

2.1.7 型号

挖掘机的型号比较杂，不同的生产厂家，型号各不相同。国内挖掘机多数遵循表 2-4-1 所示的编写方法。

汽车式挖掘机　　　　　　　　　　　　　　　　表 2-4-1

类	组	型	特性代号	代号	代号及含义	主要参数
挖掘机	单斗挖掘机 W	履带式	D(电) Y(液) B(臂) S(隧)	W WD WY WB WS	机械单斗挖掘机 电动单斗挖掘机 液压单斗挖掘机 长臂单斗挖掘机 隧洞单斗挖掘机	整机质量(t)
		轮胎式 L	D(电) Y(液)	WL WLD WLY	轮胎式机械单斗挖掘机 轮胎式电动单斗挖掘机 轮胎式液压单斗挖掘机	

国外主要挖掘机厂家型号如表 2-4-2 所示。

表 2-4-2

型　号	生 产 国	备　　注
PC200	日本小松	P-小松；C-履带式挖掘机；W-轮式挖掘机；200-整机质量 20t
CAT320	美国卡特彼勒	CAT-卡特；3-挖掘机；20-整机质量 20t
EC360LC	瑞典沃尔沃	E-挖掘机；C(W)-履带(轮式)；360-整机质量 36t；LC-加长履带
HD820	日本加藤	HD-加藤；8-斗容量 0.8mL；20-整机质量 20t

2.2 工作装置的组成及特点

因为液压操作的反铲挖掘机最常见，所以这里仅介绍液压操作的反铲挖掘机工作装置的组成及特点。如图 2-4-8 所示，反铲挖掘机主要由动臂和动臂油缸、斗杆和斗杆油缸、铲斗和铲斗油缸、连杆、摇臂等组成。为了扩大挖掘机的挖掘范围，动臂可以加长(图 2-4-9)；也可以是组合式动臂(图 2-4-10)，包含上动臂和下动臂。

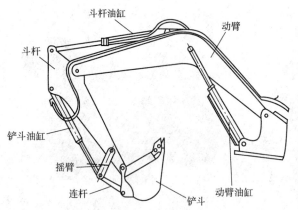
图2-4-8 反铲挖掘机的组成

图2-4-9 加长动臂挖掘机

铲斗是挖掘机的易损件,为了延长它的使用寿命,提高施工效率,对于不同的施工环境,可以使用不同类型的铲斗,如图2-4-11所示。标准型铲斗适用于一般土方工程开挖;加强型铲斗适用于石方工程开挖;平整型铲斗铲斗适用于平整场地;清理型铲斗适合清理开挖的沟渠;快速接头可实现正铲、反铲的快速转换或更换其他工作装置。

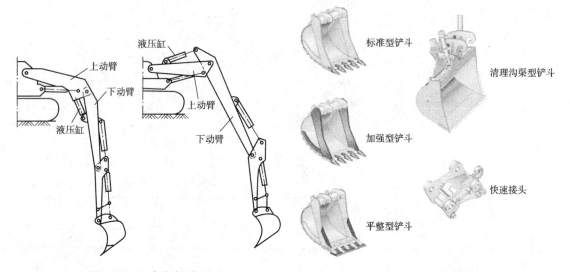

图2-4-10 组合动臂挖掘机　　　　　　　　图2-4-11 铲斗类型

铲斗容量有堆装斗容量和平装斗容量,如图2-4-12所示。

另外,挖掘机还可以更换破碎锤等工作装置。破碎锤可完成旧路面等的破碎作业,如图2-4-13所示。

破碎锤工作原理(图2-4-14):液压油进入冲击头内部后,换向阀将油液轮流通入活塞的上、下油腔,利用两腔油液压差的作用使活塞在缸体内做高速往复直线运动,并冲击钢钎,从而破碎水泥路面或面板。

挖掘机的工作装置可更换为液压剪,进行高空解体作业,如图2-4-15所示。

2.3　回转装置的组成及特点

回转装置是挖掘机的重要组成部分。挖掘机主要与自卸汽车配合,完成土石方的转移,因此铲斗完成取土后,需要通过回转装置带动铲斗,然后向自卸车车厢卸土。回转装置主要由液压马达、行星减速机、制动器、中央回转接头、润滑油杯、回转大齿圈等组成,如图2-4-16所示。

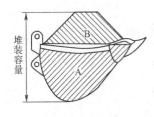

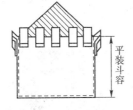

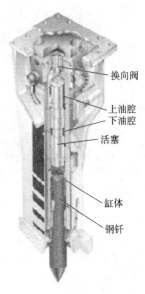

图2-4-12 铲斗容量类型　　图2-4-13 破碎锤　　图2-4-14 破碎锤工作原理

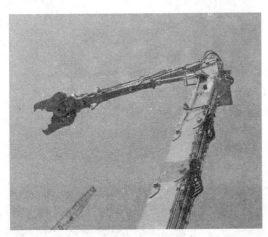

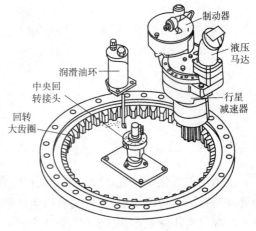

图2-4-15 液压剪　　　　　　图2-4-16 回转装置组成

回转驱动装置结构如图2-4-17所示。行星减速机结构如图2-4-18所示。

回转制动的实施和释放:当电磁换向阀断电时,回转制动液回油箱,此时弹簧力使主从动片结合,从而实施制动,如图2-4-19所示;当磁换向阀通电时,压力油产生的作用力推活塞克服弹簧力,使主从动片分离,从而释放制动,如图2-4-20所示。

2.4　挖掘机的传动系统组成及特点

挖掘机的传动方式有机械传动、液力机械传动、液压传动、电传动、全液压传动带功率优化系统。机械传动结构复杂,质量大,传动冲击振动大,现在小型挖掘机中使用;液力机械传动冲击振动小,车速随外载荷变化自动调节,但传动系统复杂,布置困难,挖掘机上较少采用;液压传动能实现无级调速,操作简单省力,但发动机功率受负载影响大,能量利用率仅为20%;采用电子功率优化系统可以对发动机和泵进行综合控制,达到明显的节能效果。

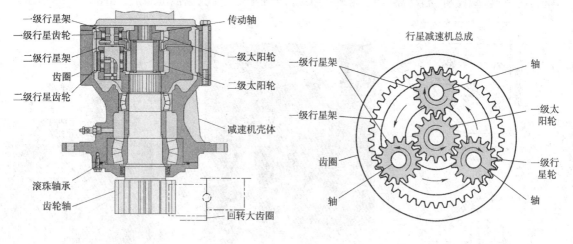

图 2-4-17　回转驱动结构　　　　　图 2-4-18　行星减速机结构

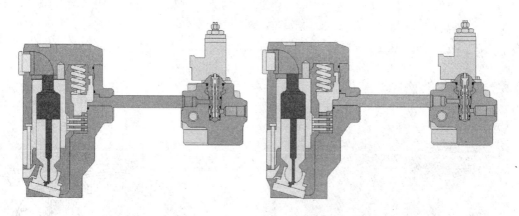

图 2-4-19　回转制动实施　　　　　图 2-4-20　回转制动释放

电子功率优化系统根据发动机负荷的变化自动调节液压泵所吸收的功率,使柴油机转速始终保持在额定转速附近,使发动机以全功率投入工作。这样既充分利用了柴油机的功率,提高了挖掘机的作业效率,又防止了柴油机因过载而熄火。下面以 CAT320 挖掘机为例,介绍这种电子功率优化系统的组成及原理,如图 2-4-21 所示。

该系统由柱塞泵斜盘倾角调节装置、电比例减压阀、发动机及泵控制器、发动机转速传感器、反馈传感器、监视器、发动机转速旋钮等组成。ECM 将"发动机转速旋钮"的信号转换为脉冲宽度调制(PWM)信号,然后通过 CAT DATE LINK 将该信号发送给发动机 ECM。发动机转速旋钮分为 10 个位置,旋钮位置显示在监视器面板的字符显示屏上,空载时每个旋钮对应的发动机转速如表 2-4-3 所示。

发动机有 3 种工作模式:全功率模式、经济模式和轻载模式。

经济模式:此功能允许驾驶员选择"全功率模式"或者"经济模式"。当监视器显示"ON"时,ECM 处于经济模式;当监视器显示"OFF"时,ECM 处于全功率模式。

轻载模式:为改善每小时的燃油消耗率并降低噪声,当机器处于空载或轻载条件下,轻载模式将发动机转速和泵转矩限制为一个数值,该数值与低于"发动机转速旋钮"的一个值相当。

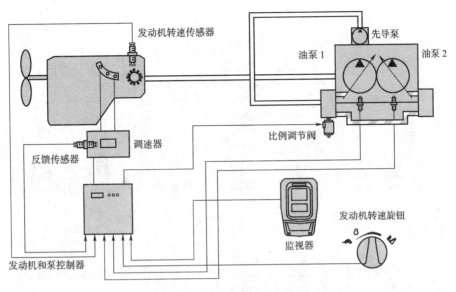

图 2-4-21 发动机电子功率优化系统

空载时旋钮位置与发动机转速对应表 表2-4-3

旋钮位置	发动机转速(r/min)	液压转矩(%)	旋钮位置	发动机转速(r/min)	液压转矩(%)
1	900	25	6	1750	85
2	1100	40	7	1850	92
3	1300	61	8	2000	92
4	1450	69	9	2125	92
5	1600	79	10	2265	1000

2.5 挖掘机液压系统的组成及原理

以 CAT320 挖掘机为例介绍其液压系统的组成及特点,如图 2-4-22 所示。CAT320 挖掘机液压系统包括动臂操作液压回路,铲斗操作液压回路,左、右行走液压回路,回转液压回路,斗杆操作液压回路和先导操作系统等。主要液压元件有:双主泵、先导泵、先导操纵阀、多路换向阀(包括 10 个主换向阀,从上到下依次为:斗杆换向阀 1、动臂换向阀 2、铲斗换向阀 3、备用换向阀 4、右行走换向阀 5、合流阀 6、左行走换向阀 7、回转换向阀 8、斗杆换向阀 9、动臂换向阀 10,以下用数字代替)、先导操作系统包括行走先导阀(左),动臂、斗杆、铲斗、回转先导操作阀(右)。主油路为双泵双回路液压系统。挖掘时,左泵输出的液压油为左行走、回转和斗杆操作提供压力油,右泵为右行走、铲斗、动臂、斗杆操作提供压力油。当挖掘完成后,铲斗需从挖掘位置转到卸载位置卸载,此时只有回转动作,可通过合流阀实现双泵合流,以提高挖掘机的施工效率。

2.5.1 动臂操作回路

操作先导操作手柄,使 10 号换向阀左位工作或 2 号换向阀右位工作时,动臂上升,插装阀可实现动臂快速上升;操作先导操作手柄,使 10 号换向阀右位工作或 2 号换向阀左位工作时,动臂下降,靠近 2 号换向阀的二位二通液动换向阀可实现回油的再利用,从而实现动臂快速下降。此时插装阀可限制动臂的而下降速度,防止撞击缸体,因此实际中插装阀又称为防漂阀。

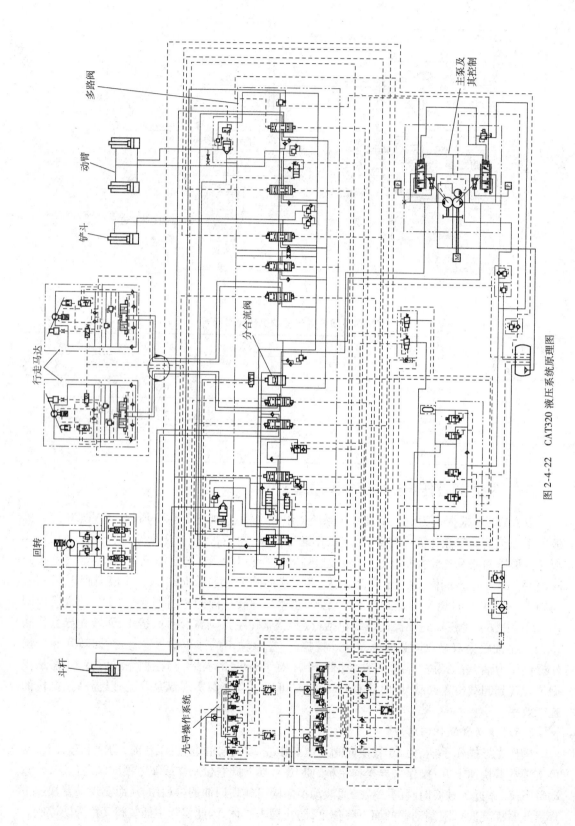

图 2-4-22 CAT320 液压系统原理图

2.5.2 行走液压回路

操作行走控制杆,使5号和7号换向阀处于左位(或右位)工作时,则实现挖掘机前进(或后退)。

2.5.3 铲斗液压回路

操作先导手柄,使3号换向阀处于左位工作时,实现挖掘动作;操作先导手柄,使3号换向阀处于右位工作时,实现卸载动作;双向过载保护阀对铲斗油缸实现过载保护;补油单向阀防止意外产生真空时补油。

2.5.4 回转液压回路

回转回路主要由左泵(主泵)、回转换向阀、回转控制阀、双向缓冲补油阀、回转马达等组成。左泵输出的液压油经回转换向阀到达回转控制阀,操作回转控制阀,可实现挖掘机上部机构的回转和停止。当操作回转控制阀左位工作时,来自换向阀的高压油直接回油箱,上部机构停止转动;当操作回转控制阀右位工作时,来自换向阀的高压油驱动回转马达,实现挖掘机上部机构回转。回转控制阀右位时,挖掘机停车卸载,对液压系统会造成冲击,此时由双向缓冲阀缓冲;系统在停车或意外情况下产生真空时,由单向补油阀补油,避免气蚀产生。

2.5.5 斗杆操作回路

操作先导手柄,使1号换向阀或9号换向阀右位工作时,斗杆油缸活塞杆伸出;操作先导操作手柄,使1号换向阀或9号换向阀左位工作时,斗杆油缸活塞杆收回;9号和10号之间的液动换向构成斗杆再生阀,当二位二通阀下位工作,二位五通阀上位工作时,斗杆快速收回;否则,斗杆收回速度较慢。

2.5.6 先导操作

如图2-4-23所示,图a)为先导操作原理图,图b)为先导操作手柄结构图。手柄向前(或向后)分别操纵两个换向阀阀芯,阀芯移动即可为主阀提供控制阀芯移动的先导油。

2.5.7 挖掘机的工作范围

挖掘机的动作范围如图2-4-24所示。

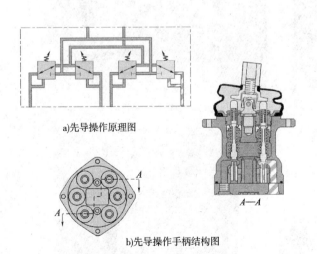

图2-4-23 先导操作原理图和先导操作手柄结构图

a)先导操作原理图
b)先导操作手柄结构图

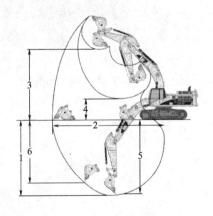

图2-4-24 挖掘机工作范围
1-最大挖掘深度;2-最大水平到距离;3-最大装载高度;4-最小装载高度;5-最大深度;6-最大垂直墙挖掘深度

3 任务实施

3.1 准备工作

准备1~2台挖掘机(条件不具备的情况下,准备大量挖掘机图片和挖掘机工作视频),仔细阅读挖掘机的使用说明书、操作手册及教材。

3.2 实施过程

(1)教师对照挖掘机或挖掘机图片讲解挖掘机的总体结构及其特点。
(2)教师操作挖掘机或挖掘机工作视频实现挖、回转、卸、返回过程,并讲解其原理。
(3)学生分组对照挖掘机或根据图片、视频熟悉教师讲解的内容。
(4)教师通过提问检验学生的掌握情况。

3.3 实施过程中的注意事项

(1)注意个人安全。
(2)保持设备的清洁和完好。
(3)注意观察挖、回转、卸、返回过程。

4 知识拓展

4.1 多用途挖掘机(图2-4-25~图2-4-28)

图2-4-25 水陆两用挖掘机

图2-4-26 林用型挖掘机

图2-4-27 金属回收型挖掘机

图2-4-28 边坡压实型挖掘机

4.2 多斗挖掘机

多斗挖掘机如图2-4-29所示,用于开挖沟渠、运河、整修边坡和矿场的剥离、开采以及料场作业。因为连续作业,其生产率高,工程单价低,挖掘面成型整齐;但挖掘力较小,斗链易磨损,适用于土质单一、硬度较低的大量土方挖掘。

5 思考题

(1)简述全液压挖掘机的组成及特点。
(2)简述挖掘机正铲、反铲工作装置的主要区别及特点。
(3)为满足挖掘机正常工作,对其液压控制系统有何要求?
(4)为什么采用电子功率优化系统?
(5)CAT320有几种工作模式?为什么要设置多种工作模式?
(6)分析CAT320怎样实现动臂快速收回?斗杆怎样实现快速收回?
(7)为什么CAT320动臂和斗杆伸出时不采用快速?

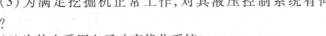

图2-4-29 多斗挖掘机

任务5 认识平地机

1 任务引入

平地机是一种装有以铲土刮刀为主,配有其他多种辅助作业装置,进行土切削、刮送和平整作业的工程机械。

其主要使用范围是平整和铺平其他机械(如推土机、铲运机等)所铺填的土体;修整基础的横断面和修刷边坡、开挖路槽和边沟以及平整大面积场地(机场、广场等)。此外,它还可以用来摊铺路面材料(如稳定土材料),修整养护土路,清除杂草和积雪等。

平地机由于其铲刀安装位置与推土机不同,因此它主要用于基础、边坡的精平整,而推土机则用于土体的推运和粗平整。

2 相关理论知识

2.1 平地机总体结构与型号

平地机一般由发动机,前、后车架,传动系,行走装置,转向系统,制动系统,工作装置,操作系统等组成,如图2-5-1所示。

液力机械式传动的液压平地机的型号为:PY + 主参数(发动机功率,单位马力❶),例如PY180是指功率为132kW(180马力)的液力机械式平地机。

2.2 平地机工作装置、操纵系统

平地机机的工作装置主要有刮土装置、松土器、推土板。图2-5-2为卡特平地机工作装置

---

❶ 1 马力 = 735.499W。

总体布置图(前端未装推土板)。

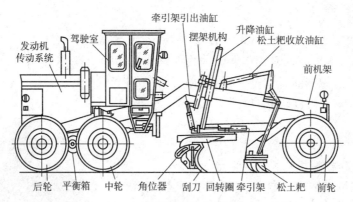

图 2-5-1 平地机总体结构

图 2-5-2 卡特平地机工作装置总体布置图

2.2.1 刮土工作装置

刮土工作装置见图 2-5-3,主要由刮刀、回转圈、回转驱动装置、牵引架、角位器及几个液压缸等组成。牵引架的前端与机架铰接,可在任意方向转动和摆动。回转圈支承在牵引架上,在回转驱动装置的驱动下绕牵引架转动,并带动刮刀回转。回转圈支承装置实物见图 2-5-4。目前,大部分平地机采用这种支承装置,回转圈通过 4 块支承垫块悬挂在牵引架下方,轴向间隙通过增减垫板的数量来调整,径向间隙通过 4 个调整螺母来调整。刮刀背面上的 2 条滑轨支

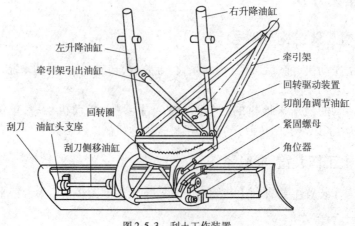

图 2-5-3 刮土工作装置

承在两侧角位器的滑轨上,可以在刮刀侧移油缸的推动下侧向滑动。角位器与回转耳板下端铰接,上端用紧固螺母固定,松开螺母时角位器可以摆动,并带动刮刀改变切削角(铲土角)。刮刀安装示意图见图2-5-5。

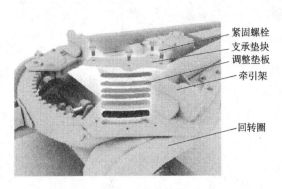

图2-5-4 回转圈支承装置

图2-5-5 刮刀安装示意图

刮土工作装置的操纵系统可以控制刮刀如下6种动作:
(1)刮刀左侧提升与下降。
(2)刮刀右侧提升与下降。
(3)刮刀回转。
(4)刮刀随回转圈一起侧移,即牵引架引出。
(5)刮刀相对于回转圈左移或右移。
(6)刮刀切削角的改变。

其中,动作(1)、(2)、(4)、(5)由液压缸控制,动作(3)采用液压马达或液压缸控制,而动作(6)可由液压缸调节,随后用螺母锁定。

平地机刮土工作装置位于其前轮和中轮之间,因此对地面的不平整度有缩小作用,提高了平整精度;另外,由于平地机采用了可摆动前桥和可摆动后桥平衡箱,提高了平地机对路面的适应能力,进而提高了平地机的平整性能。

2.2.2 推土板

推土板是平地机的主要辅助作业装置之一,可以移除树根、岩石等杂物。装载在车架前端的顶推板上,其宽度大于前轮外侧宽度。

铲刀的升降机构有单连杆和双连杆两种。双连杆机构近似平行四边形机构,铲刀升降时,可以保持铲刀角不变;单连杆机构较简单。

2.2.3 松土器

安装于平地机尾部,与推土机的松土器相似。平整硬土时,可以放下先松土器,先松土,再平整。

双连杆式松土器近似于平行四边形机构,见图2-5-6a)。其优点是松土齿在不同的切土深度时松土角基本不变(40°~50°),这对松土有利。此外,双连杆同时承载,改善了松土齿架的受力情况。

单连杆式松土器见图2-5-6b)。由于其连杆长度有限,松土齿在不同的切土深度时松土角度变化较大。其优点是结构简单。

作业装置全部采用液压操纵,操作手在驾驶室内能进行所有作业装置的操纵,见图2-5-7。通过操纵工作装置,平地机可以完成以下4种基本作业方式。

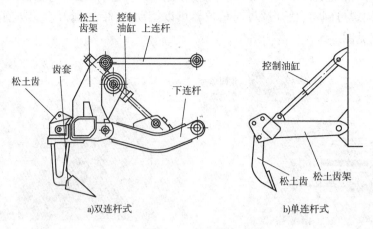

图 2-5-6 松土器

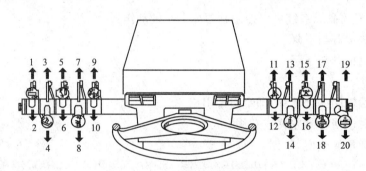

图 2-5-7 平地机工作装置操纵示意图

1-铲刀左侧下降;2-铲刀左侧提升;3-铲刀向左摆动;4-铲刀向右摆动;5-车轮铰接向左转向;6-车轮铰接向右转向;7-后松土器下降;8-后松土器提升;9-车轮向左倾斜;10-车轮向右倾斜;11-推土板下降;12-推土板提升;13-铲土角增大;14-铲土角减小;15-铲刀逆时针回转;16-铲刀顺时针回转;17-铲刀向左引出;18-铲刀向右引出;19-铲刀右侧下降;20-铲刀右侧提升

（1）刮土直移:适用于不平整度较小的场地,最后阶段的平整或铺散材料,见图2-5-8。

（2）刮土侧移:适用于移土填堤、整修路型时的移土、平整场地、回填沟渠、铺散料和路拌路面材料,见图2-5-9。

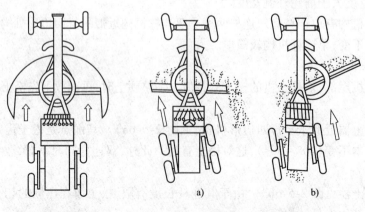

图 2-5-8 刮土直移　　　图 2-5-9 刮土侧移

（3）刮刀刀角铲土侧移:适用于挖边沟、填路堤,见图2-5-10。

（4）机外倾斜刮土:适用于修刷路堑边坡、路堤边坡以及边沟边坡,见图2-5-11。

图 2-5-10 刮刀刀角铲土侧移　　　　　图 2-5-11 机外倾斜刮土

2.3 平地机传动系统

目前,平地机一般采用中后轮(后桥平衡箱)驱动,前轮转向。

2.3.1 平地机后桥平衡箱

发动机输出的动力通过液力变矩器输入给多挡位变速器;从变速器输出轴输出,经过万向节传动轴输入驱动桥的中央传动;通过差速器的左右半轴,将动力分别传递给左右行星减速装置。该行星减速装置的内齿圈固定,太阳轮输入,行星架输出。动力输入给左右平衡箱,通过重型滚子链轮减速增矩,再经车轮轴驱动左右驱动轮。驱动轮可随地面起伏迫使左右平衡箱作上下摆动,均衡前后驱动轮的载荷,延长驱动轮的寿命,提高平地机的平整性能和附着牵引性能。后桥平衡箱传动原理见图 2-5-12,实物见图 2-5-13。

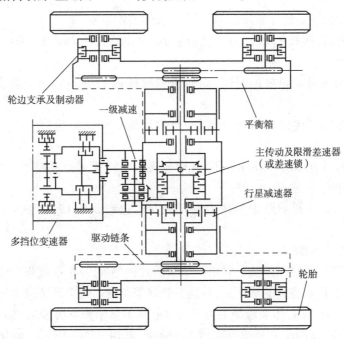

图 2-5-12 后桥平衡箱传动原理图

2.3.2 平地机前桥

平地机前桥一般为转向桥,不带驱动。前轮安装在转向节上,通过转向油缸可以使转向节绕竖销转动,实现车轮的偏转转向。另外,通过前轮倾斜油缸可以使转向节支承绕纵销转动,从而实现前轮在垂直平面内的左右倾斜。这样不仅可以提高平地机在斜坡上作业时的稳定性,还可改善前轮的受力状况。前轮安装示意图见图 2-5-14。

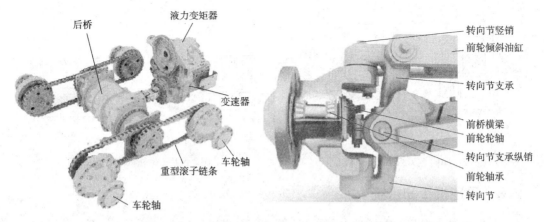

图 2-5-13 后桥平衡箱实物图　　　　图 2-5-14 前轮安装示意图

2.4 PY180 平地机液压操纵系统

PY180 平地机液压原理见图 2-5-15。其液压系统主要可分成制动系统、作业(刮刀操作)系统和转向系统 3 部分。

2.4.1 行车制动(脚制动)的液压系统

脚制动为液压泵蓄能器制动系统,制动器为湿式多片制动器,作业于平地机的 4 个后轮上。

在发动机运转时,作业液压系统的双联泵 1、从油箱 4 吸油。

泵输出的油经过限压阀 9,通过两个蓄能器 11 时使其在压力低于 133bar[1] 时增压,而在 150bar 时断油。

蓄能器 11 的充油只需很短的时间,而后进油阀就使油流向另一五联多路阀执行其他操作。

蓄能器 11 的充油是优先进行的,所以一旦发动机启动就能为制动系统提供所需的压力油。

当制动阀 10 的压力降到 100bar 以下,此时仪表盘上的指示灯就亮了。该指示灯是由制动电源开关来控制的。

踏下制动阀 10,蓄能器回路中的压力油就流向轮边制动器 12,由制动灯开关使制动灯接通。

2.4.2 作业液压系统

该系统为双泵双回路液压系统。它由一个封闭式油箱 4、一个双联齿轮泵 1、两个五联多路换向阀 14、15 和各作业装置的液压缸、马达及管路等组成。每个系统都有各自的液压泵,但液压油是来自同一个油箱 4,作业液压油由一个双联泵 1 从油箱 4 吸油泵出,分别送给两个回路。在这两个回路中,油的流量是相同的,当多路换向阀 14、15 在中位时,液压油经回油道、回油滤清器 6 回到油箱。

当搬动一个或两个操纵杆时,液压油打开多路换向阀内的单向阀进入响应的液压缸或液压马达。单向阀的作用是限制工作装置的油倒流到油箱 4,以保证液压系统的正常工作。

---

[1] $1bar = 10^5 Pa$。

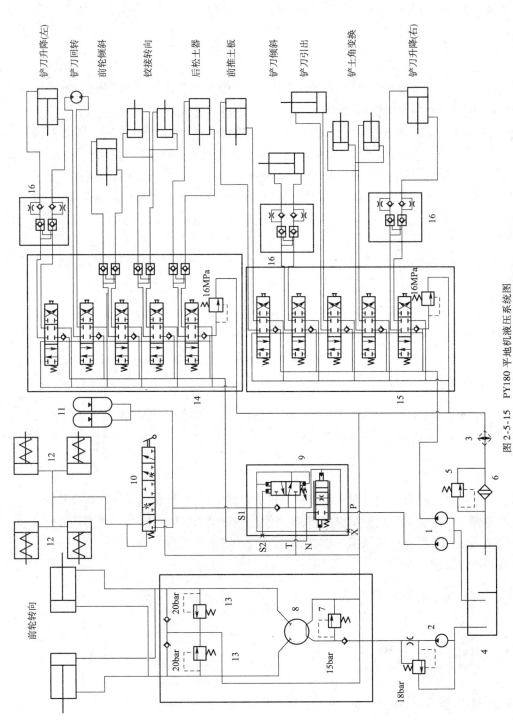

图 2-5-15 PY180 平地机液压系统图

1-作业双联泵;2-转向泵;3-回油冷却器;4-封闭式油箱;5-滤清器阀;6-回油滤清器;7-转向安全阀;8-液压转向器;9-蓄能器限压阀;10-制动阀;11-蓄能器;12-制动器;13-安全阀;14-左操纵阀;15-右操纵阀;16-双向液压锁

安装在铲刀倾斜、两个铲刀升降回路上的双向液压锁16,能防止由于设备本身重力和负载造成的位移,保证了行车安全和铲刀作业的精度。左右两个升降油缸由于由两个等流量的回路供油,因此,两个升降油缸的升降基本是同步和同速,所以提高了平地机的作业性能。

系统压力由多路换向阀14、15内的溢流阀控制。压力值为160bar。

2.4.3 转向系统

液压转向器8所需的油是由转向泵从油箱4吸出并输送的。当转动转向盘时,油进入两个转向油缸,从而使两个前轮转向。两个前轮用一根普通拉杆连接。

安全阀7将转向系统的油压限制在150bar,从而保护转向系统。两个安全阀13保护液压转向系统不至于超压,例如由于道路颠簸所造成的超压可以从前轮传向转向系统。

从转向器到油箱的回路,要经过冷却器3。油箱4本身是密封的,并在油箱阀的控制下处于0.7bar的低压力下工作,油箱的压力有助于油泵的吸油,并防止了产生气蚀的危险,同时又限制了异物进入油箱而污染液压系统。当油泵从油箱内吸出油液时,进气阀可以控制进入油箱的空气量。

当回油滤清器6堵塞而油不能通过的,滤清器阀5使油从旁路越过滤清器而排除了滤清元件的阻碍作用。系统中设有微型测量接头,能将压力表安装在系统的各个不同位置,方便压力的调整。

3 任务实施

3.1 准备工作

准备1~2台平地机(条件不具备的情况下,准备大量平地机图片和平地机工作视频)、仔细阅读平地机的使用说明书,操作手册及教材。

3.2 实施过程

(1)教师对照平地机或平地机图片讲解平地机的总体结构、碾压轮的总体结构及其特点。
(2)教师操作平地机或平地机工作视频,实现平地机振动、静压和转向,并讲解其原理。
(3)学生分组对照平地机或根据图片、视频熟悉教师讲解的内容。
(4)教师通过提问检验学生的掌握情况。

3.3 实施过程中的注意事项

(1)注意个人安全。
(2)保持设备的清洁和完好。
(3)注意观察平地机振动、静压和转向动作。

4 知识拓展

目前,一些用于高标准作业的平地机配置了找平装置。平地机找平装置专业生产厂家主要有美国拓普康激光系统公司等。该公司是由拓普康于1995年全资收购了美国著名的施工机械找平控制产品制造公司AGTEK后,将AGTEK的超声波找平控制产品与拓普康的激光类产品进行了重组,在美国加利福尼亚硅谷组建了美国拓普康激光系统公司(Topcon Lasersystem Inc。),专业从事施工机械的自动找平控制产品制造。目前,拓普康激光系统公司拥有激光扫平仪找平控制系统、GPS(全球卫星定位系统)三维自动找平控制系统、LPS(激光定位系统)、3D-MC(全站仪三维坐标控制系统)、声纳技术找平控制系统,广泛应用于平地机、推土机、摊铺机及路面铣刨机等工程机械上。图2-5-16为装配了激光找平装置的平地机在作业。

图2-5-16 配置了激光找平装置的平地机作业图

5 思考题

(1)简述平地机在路基施工中的作用。
(2)平地机与推土机在铲刀布置位置上有何区别?各有何优点?
(3)PY180平地机刮土装置有哪几种动作?如何通过液压系统实现?
(4)简述PY180平地机如何保证其行车制动可靠性。

任务6 认识单钢轮振动压路机

1 任务引入

在筑路过程中,路基压实效果是直接影响工程质量的重要因素。因此,必须采用专用的压实机械对路基进行压实,以提高它们的强度、不透水性和密实度,防止因受雨水侵蚀而产生沉陷破坏。

为了使铺筑材料颗粒之间处于较紧的状态和增加它们之间的内聚力,可以采取静力和振动作用的方法使其变得更为密实。这种密实过程对提高各种筑路材料的使用强度有着实质性的影响。对大多数筑路材料来说,它们都可以通过压实机械的压实作用来完成这种密实过程。其中,振动压实是利用机械的自重和激振器产生的激振力,迫使被压实材料做垂直强迫振动,急剧减小土颗粒间的内摩擦力,达到压实的目的。另外,振动压实可根据不同的路基材料和厚度,合理选择振动频率和振幅,提高压实效果,减少压实遍数。振动压路机的压实深度和压实生产率均高于静力作用式压路机,在相同条件下,振动压实的最佳压实深度可达500mm,是一种理想的压实设备。

振动压路机有单钢轮和双钢轮之分。在路基压实中,一般采用单钢轮振动压路机。单钢轮压路机靠轮胎驱动行走,钢轮碾压。当然有些单钢轮振动压路机的钢轮也带行走驱动。单钢轮振动压路机具有压实效果好,生产率高,适应能力强,使用范围广等优点,采用振动压实较之静力压实均匀,密实度高。

目前,光轮式单钢轮振动压路机已被广泛应用于非黏性土、石料填方的压实作业。

2 相关理论知识

2.1 单钢轮压路机总体结构与型号

单钢轮压路机主要由动力系统、后车架总成、后桥总成、液压系统、中心铰接架、前车架总成、振动轮总成、操纵系统总成、驾驶室总成、覆盖件总成、空调系统、电气系统组成(图2-6-1)。

单钢轮振动压路机的型号为：YZ + 主参数（已加载或最大工作质量）。国产 YZ18C 型号各字母和数字含义如图 2-6-2 所示。

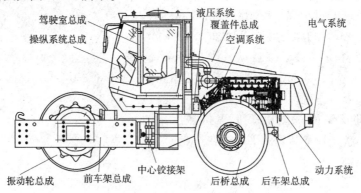

图 2-6-1　单钢轮振动压路机总体结构

2.2　单钢轮压路机的工作装置

三一 YZ18C 振动压路机（图 2-6-3）采用全液压驱动，前轮为碾压轮兼行走，后轮为行走驱动轮胎。碾压轮的结构如图 2-6-4 所示。

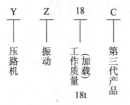

图 2-6-2　单钢轮振动压路机型号

图 2-6-3　三一 YZ18C 单钢轮振动压路机外观

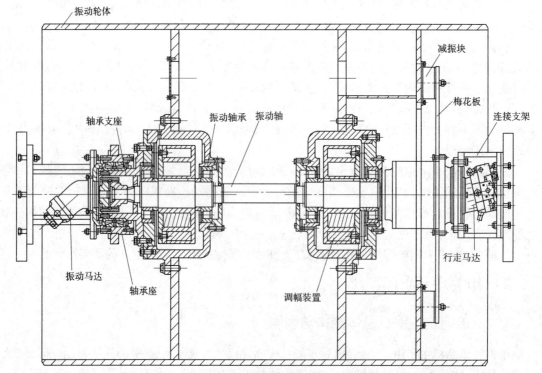

图 2-6-4　三一 YZ18C 单钢轮振动压路机碾压轮结构图

发动机驱动行走泵和振动泵,行走泵给后桥(图2-6-5)驱动马达和碾压轮驱动马达供油,使机械行走;振动泵驱动振动轴马达,振动轴(图2-6-6)的偏心质量在马达的高速驱动下产生离心力,从而使振动轮振动。

图2-6-5　YZ18C后桥　　　　　　　图2-6-6　YZ18C振动轴

YZ18C振动压路机振动轮总成由振动轮体、轴承支座、振动轴、调幅装置(结构见图2-6-7,原理见图2-6-8)、减振块、振动轮驱动马达、振动轴承、振动马达、轴承座、梅花板、左右连接支架等组成。偏心轴一端与振动马达相连,机械的振动是通过振动马达带动偏心轴高速旋转而产生的,对被压实材料产生按余弦规律交变的激振力(图2-6-9)。

a)调幅装置外壳　　b)固定偏心块　　c)活动偏心块　　d)调幅装置

图2-6-7　三一YZ18C单钢轮振动压路机调幅装置实物图

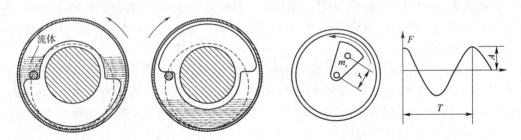

图2-6-8　调幅装置原理　　　　　　图2-6-9　激振力示意图

YZ18C型压路机的调幅装置封闭腔内有硅油、活动偏心块、固定偏心块、挡销。固定偏心块的偏心质量与偏心轴的偏心质量重合(图2-6-7)。当液压马达驱动振动轴逆时针方向转动时,偏心块、偏心振动轴的偏心质量和硅油叠加在同一方向,此时偏心质量最大,偏心矩最大,产生的激振力最大;当液压马达驱动振动轴顺时针方向转动时,偏心块的偏心质量与偏心振动轴的偏心质量和硅油布置在振动轴的相反方向,此时偏心质量最小,偏心矩最小,产生的激振力最小。硅油可流动且密度大,可随振动马达旋转方向的变化而改变硅油和活动偏心块在调幅装置内的相对位置,从而达到调整振动轴的偏心质量和偏心矩的目的。硅油价格低廉,黏度大,具有良好的阻尼吸振作用,能够衰减因偏心块旋转方向改变而引起的惯性冲击和振动,从而减轻了冲击载荷;另外硅油的用量加减很方便,可以更好地优化振幅的大小。

振动轴承是振动轮上最关键的部件。因为振动轴承承受振动轴振动时产生较大的不定向激振力作用,发热大,易烧坏。为了延长轴承的使用使命,轴承的装配使用专门的夹具,轴承的冷却采用油道强制润滑机构并在轴承外加装散热器,保证轴承得到充分的润滑和冷却,从而延长轴承的使用寿命。

2.3 单钢轮振动压路机的传动系统

2.3.1 机械传动的压路机

机械传动振动压路机有分动器、变速器等,采用后轮驱动,爬坡度小,成本低,一般为全液压振动压路机同类机型价格的一半。例如 YZ10B 即采用这种传动方式,传动路线见图2-6-10。

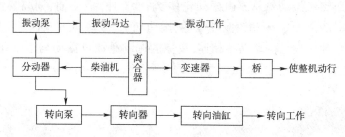

图 2-6-10 机械式振动压路机传动路线图

2.3.2 全液压传动的压路机

全液压振动压路机无变速器,采用静液传动,无级变速,双轮或单轮驱动,传动效率高,压实效果好,制动、驱动性能可靠,整机爬坡在 45% 以上,操纵轻便,但成本高。

YZ18C 压路机采用全液压驱动,即行走、振动和转向均采用液压传动(图 2-6-11)。

(1)行驶液压系统

行驶液压系统采用斜盘式轴向柱塞泵加两个斜轴式柱塞马达并联组成的闭式回路。为了保证闭式回路的正常工作,系统还集成了多功能阀(高压溢流阀、单向补油阀)、压力切断阀、补油溢流阀和冲洗阀。

多功能阀:包括高压溢流阀和单向补油阀。高压溢流阀的功能是当系统油路压力高于该溢流阀的设定压力时溢流,以保护系统中的元件,高压溢流阀的设定压力为 $400 \times 10^5 Pa$。单向补油阀的功能是向系统低压侧补油,以弥补因冲洗阀的冲洗放出的液压油和系统泄漏损失的液压油,避免泵吸空,产生负压。

压力切断阀:当高压溢流阀持续动作时,压力切断阀将改变排量的伺服油缸向减小排量方向移动,避免高压溢流阀长时间溢流而导致油温升高。压力切断阀的设定压力为 $380 \times 10^5 Pa$。

补油溢流阀:维持系统的补油压力,补油溢流阀的设定压力为 $24 \times 10^5 Pa$。

冲洗阀:将主油路低压侧的部分液压油流入油箱,进行冷却和过滤,然后由单向补油阀补回油路。冲洗阀和单向补油阀一起维持主油路液压油的交换。

压路机工作时,通过改变驱动泵手动伺服手柄的角度来控制泵斜盘的摆角,改变泵的输出流量的方向,以改变压路机的行驶速度和方向;变量柱塞马达通过外加的控制阀来控制斜轴摆角,使马达在最小排量和最大排量之间切换,使压路机具有两挡无级可调的行驶速度,以适应行驶、压实等不同工况的要求。

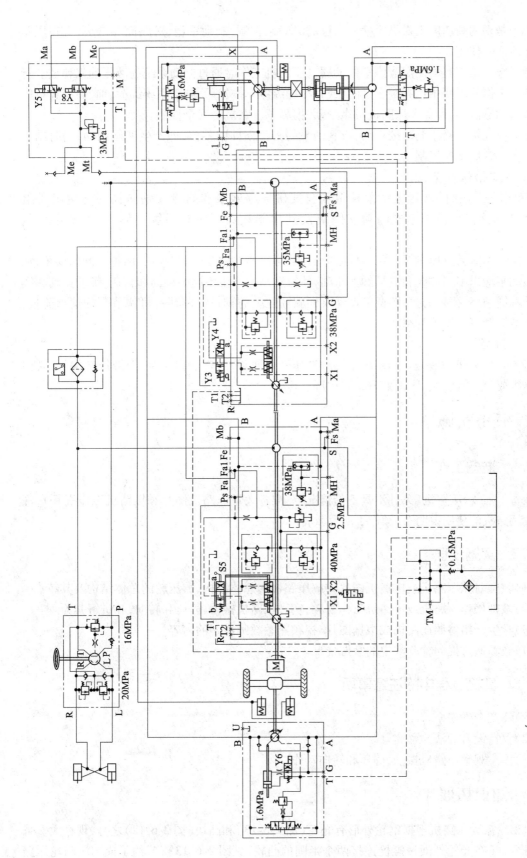

图 2-6-11 YZ18C 液压系统原理

行驶制动的减速度由操纵手柄回中位的时间来控制,制动平稳,对路面冲击小,常在压路机作业换向时使用。

行星减速器中有常闭湿式停车制动器。压路机工作时通过制动系统的液压油来释放。行驶手柄由工作装置回中位并稍稍延时,或直接操纵停车按钮后,制动系统卸荷,前、后减速机内的盘式制动器制动,确保了压路机可靠制动,提高了压路机的安全性能。

任何情况按下紧急制动按钮后,行驶油泵的斜盘立即回零位,即产生液压制动,同时制动系统卸荷,前、后减速机制动。

(2)振动液压系统

YZ18C 压路机的液压振动系统由斜盘式轴向柱塞泵和斜盘式轴向柱塞马达串联组成的闭式回路。系统中集成的功能阀块及其功能和液压驱动系统类似,在此不再重复叙述。

系统工作时通过操纵振动泵的伺服电磁阀,可以使振动泵的斜盘具有两种不同的摆角,从而使振动泵输出不同方向和流量的液压油,使振动马达产生不同的旋向和转速,带动振动轮实现两种不同频率、振幅的振动,调节振动泵伺服油缸上的排量限制螺钉可调节泵的输出流量,从而调节振动轮的振动频率。

(3)转向系统

YZ18C 压路机的液压转向系统是一种液压开式回路,由转向齿轮泵、全液压转向器、转向油缸等组成,系统最大工作压力 160×10^5 Pa。

3 任务实施

3.1 准备工作

准备 1~2 台压路机(条件不具备的情况下,准备大量压路机图片和压路机工作视频),仔细阅读压路机的使用说明书,操作手册及教材。

3.2 实施过程

(1)教师对照压路机或压路机图片讲解压路机的总体结构、碾压轮的总体结构及其特点。
(2)教师操作压路机或压路机工作视频,实现压路机振动、静压和转向,并讲解其原理。
(3)学生分组对照压路机或根据图片、视频熟悉教师讲解的内容。
(4)教师通过提问检验学生的掌握情况。

3.3 实施过程中的注意事项

(1)注意个人安全。
(2)保持设备的清洁和完好。
(3)注意观察压路机振动、静压和转向动作。

4 知识拓展

单钢轮振动压路机根据钢轮外形有光轮(图2-6-13)和凸块(图2-6-12)之分,现在大多采用两机合一(在光轮外通过螺栓连接两个半圆的凸轮,见图2-6-13),节约了成本。凸轮压路机主要用于碾压黏性土,扩大了振动压路机的适用范围。

图 2-6-12　单钢轮凸块振动压路机

图 2-6-13　凸块、光轮合一

5　思考题

(1) 简述单钢轮振动压路机在路基压实中的作用。
(2) 振动压路机与静力压路机相比有何优点?
(3) 单钢轮振动压路机动力传递路线是怎样的?
(4) 简述单钢轮振动压路机正反转调幅原理。
(5) YZ18C 如何实现制动?

项目 3
稳定土底基层施工

概 述

稳定土层是由石灰、水泥、粉煤灰等结合料与土、砂砾或其他集料,经拌和、摊铺、压实而成的。雅泸高速公路稳定土层分为两层:一层是灰土层,另一层是二灰碎石层。灰土层是将泥土按照一定比例铺平,压实到一定密实度,然后在压实层上按试验的灰土比例撒一层粉状石灰。

灰土层采用压路机、路拌机等施工,就地取材,现场拌和(图3-0-1)。二灰碎石层材料为土、碎石、石灰、粉煤灰、水等材料,依靠厂拌集中拌和施工。

二灰碎石层施工工序为:稳定土厂拌材料的生产(图3-0-2)、稳定土混合料的运输和摊铺(图3-0-3);为了提高底基层的密实度,还要对摊铺好的稳定土进行压实(图3-0-4)。

图3-0-1 稳定土底基层路拌法施工

图3-0-2 稳定土厂拌材料的生产

图3-0-3 稳定土混合料的运输和摊铺

图3-0-4 稳定土底基层压实

综上所述,稳定土底基层的修筑需要配备稳定土路拌设备、装载机、稳定土厂拌设备、稳定土摊铺机、振动压路机、轮胎压路机等。稳定土摊铺机和沥青混凝土摊铺机结构原理相似,不再单独介绍;另外,振动压路机、轮胎压路机分别在项目2和项目4中介绍,所以这部分我们只介绍稳定土路拌设备、装载机、稳定土厂拌设备这3类机械。

任务7 认识稳定土路拌设备

1 任务引入

为了提高施工效率,节约施工成本,一般灰土层采用路拌法施工。路拌法施工是依靠路拌机将经过碾压的土翻松,与稳定剂(如石灰、水泥、沥青、乳化沥青或其他化学剂等)拌和均匀,然后用压实机械压实,以提高路基的稳定性、强度、密实度;也可用于土体拌和及旧路面翻新的破碎作业。

路拌法施工设备少,成本低,效率高,有厂拌法不可取代的优点。在高速公路中,路拌法可以用于拌和灰土层;在中低等级公路中,拌和基层或面层;拌和土体;处理软化路基;拌和机安装铣刨转子后,可以铣刨旧沥青路面,完成就地破碎再生作业。

2 相关理论知识

2.1 稳定土拌和机的主要类型

(1)按行走装置分:履带式、轮胎式、复合式(履带与轮胎结合)。

履带式稳定土拌和机由于机动性不好,所以目前很少生产。现代稳定土拌和机以轮胎式为主,其轮胎多为宽基低压的越野型轮胎,以满足机械在松软土上行驶作业时对附着牵引性能的要求。国内某些拌和机的前轮为载货汽车轮胎,混合花纹,降压使用;后轮安装越野型轮胎,胎面为牵引花纹,胎内气压0.28MPa。各种行走方式见图3-7-1。

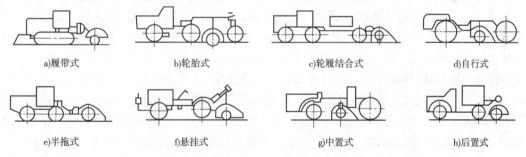

图3-7-1 稳定土拌和机行走方式

(2)按转子和行走机构驱动方式分:机械驱动、机械液压驱动、液压驱动。

由于液压技术日趋完善,液压传动具有结构设计布置简单等优点,稳定土拌和机目前以全液压传动为多见。

(3)按转子的安装位置分:前置、中置、后置。

前置转子式稳定土拌和机拌和过的作业面残留有轮迹,仅见于早期生产的稳定土拌和机。中置转子式稳定土拌和机没有上述缺陷,且整机结构比较紧凑,但维护转子和更换搅拌刀具时不够方便。其实物图见图3-7-2。后置转子式稳定土拌和机的转子维护和搅拌刀具的更换较为方便,也不会在拌和过的表面留有作业轮迹,但是这种布置形式需要在拌和机的前方增设配重,因而增加了整机长度和行驶转弯半径,其实物图见图3-7-3。目前常见的转子布置形式是中置和后置转子式拌和机。

（4）按转子转动方向分：正转与反转。
正转与反转转子工作原理见图3-7-4。

图3-7-2　中置转子式拌和机

图3-7-3　后置转子式拌和机

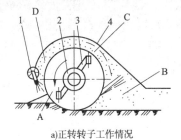

a)正转转子工作情况　　　　b)反转转子工作情况

图3-7-4　正、反转转子工作示意图
1-稳定剂喷嘴；2-转子轴；3-刀臂；4-罩壳；A～D-工作区

正转转子：转子转动方向同机械前进时车轮转动方向相同，拌和转子从上向下削切土层。转子的切削反力的水平分力与拌和机前进方向一致，减少了行进阻力，有助于拌和机的行走。但是，当遇到地下有较大的拌和障碍物时，切削阻力增加很快，会对转子形成冲击载荷。

转子正转时，高速旋转的刀具从土层上切下一块很薄的月牙形土屑，并把它抛向罩壳，这就是切削破碎过程。抛出的土体以一定的力量碰撞罩壳壁，随后向四下飞散开，其中一部分土颗粒被粉碎。也有部分土颗粒再次与刀具相碰，或互相碰撞，这一过程被称为二次破碎。也有部分与罩壳碰撞后飞散开的土颗粒和沉落下来的土颗粒被刀具带起，并抛向转子上部的罩壳壁B区内，其中有部分土颗粒逐渐向前，置于A区并形成前长条土堆；位于A区的土将再次受到转子刀具的冲击、切削。以上的过程反复进行多次，土颗粒被破碎得很细，并与稳定剂均匀拌和，最后大部分土颗粒因失去速度而沉落在地面上。此时，土体因疏松而体积增大，并在罩壳后壁下面C区形成圆形土堆，经罩壳拖板下缘刮平、整型，形成一条具有一定厚度且表面平坦的稳定土层带。

反转转子：转子转动方向同机械前进时车轮转动方向相反，转子由下向上翻起土体进行切削，其切削阻力比正转方式小。在破坏旧的沥青混凝土路面或翻修硬的基层作业中，切削阻力很大，这时采用反转方式为合理。由下向上翻时，切层由薄变厚，阻力平稳增加，这样可以减少冲击载荷，使得工作比正转转子平稳些。从反转转子受力分析中可以看出，转子切削阻力的水平分力与拌和机行进方向相反，因而整机消耗功率较大。

在反转状态，转子刀具从沟底向上切削土体，并交将切下来的土沿机械前进方向向前抛，在转子前面形成前长条形土堆，在同一作业状态下，长条土堆的尺寸将基本保持不变，并沿处理路段连续延伸。被切下来的土体有相当大的一部分被抛入C区，另一部分被向上抛并撞击前壁，和罩壳相碰的土颗粒将向下飞散，而且和刀具相碰的土颗粒将沿转子旋转方向被向罩壳的后壁抛去。可以看出，被处理的土基本上都被拌刀从转子上方抛到C区，经罩壳拖板下缘的刮平、整型，形成稳定土层带。

从上述的工作原理分析可知,整个拌和过程是切削和拌和两个阶段,但这两个阶段不是绝对分开的,而是互相交织在一起,并往往是同时发生的。

2.2 稳定土拌和机的总体构造与型号

2.2.1 稳定土拌和机的总体构造

稳定土拌和机的部件结构与作业装置的构造及安装部位可以有不同的形式,但稳定土拌和机均由基础车和作业装置两个基本部分组成。

基础车由发动机和底盘组成。底盘作为拌和作业装置的安装基础,它由传动系统、行走驱动桥、转向桥、操纵机构、电气、液压系统、驾驶室、翻滚保护架以及主机架等部分构成。各个部分均安装于主机架上。总体结构见图3-7-5。

稳定土拌和机的主要工作装置是转子装置。它由转子、转子架、罩壳、转子升降油缸、罩壳后尾门启闭油缸等组成。

2.2.2 稳定土拌和机型号

图3-7-6中产品机型为WBZ21,型号中各字母与数字意义如下:

W为稳定土;B为拌和;Z为中置式(H为后置式);主参数为拌和宽度(2.1m)。

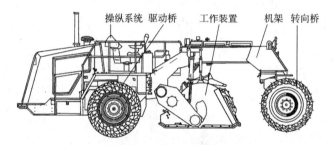

图3-7-5 稳定土拌和机整体结构图

图3-7-6 WBZ21型拌和机

2.3 稳定土拌和机工作装置结构

工作装置主要由翻转架、转子和转子罩3大部分组成,见图3-7-7。其中翻转架由左右对称的两结构转臂、支承轴、举升转轴组成,用以支承工作转子,并绕支承轴通过液压油缸推拉转轴实现升降,控制拌和深度和提升工作转子。工作转子有刀臂结构式和刀盘结构式两种。刀

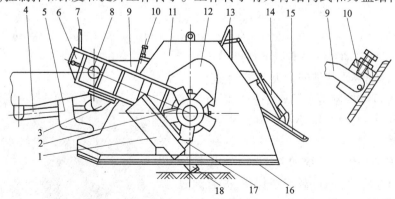

图3-7-7 稳定土拌和机工作装置

1-开沟器;2-液压马达;3-举升梁;4-举升油缸;5-限位板;6-纵臂;7-深度指示器;8-上横梁;9-牵引杆;10-调节螺钉;11-罩壳;12-封土板;13-尾门开度指示器;14-尾门油缸;15-尾门;16-履板;17-壁缺口;18-转子

图 3-7-8 刀臂结构式转子

臂结构式见图 3-7-8 以及图 3-7-9b)。刀盘结构式由厚壁无缝钢管、刀盘、刀座、刀库、拌刀及平衡块组成，见图 3-7-9a)。

2.4 稳定土拌和机实例

RS425 稳定土拌和机是由美国特雷克斯公司生产的产品。该型机器发动机采用卡特 C-13 型，额定功率 310kW。拌和转子直径 1.27m，宽度 2.44m。切削宽度 2.483m，切削深度最大可达 406mm。该机外观见图 3-7-10。

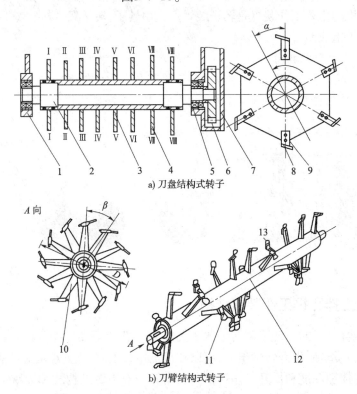

a) 刀盘结构式转子

b) 刀臂结构式转子

图 3-7-9 转子结构形式

1-转子动臂；2-转子轴头；3、12-转子轴；4-刀盘；5-轴承；6-链轮；7-动臂侧板；8、13-刀片；9-固定螺栓；10-刀臂；11-刀头

该机转子机械驱动系统具有以下特点：

（1）采用直接驱动，其破碎力大、生产率高。

（2）操作者可以控制转子传动系统的切断或接入。动力切断或接入通过发动机上离合装置实现，并且可以调整切削速度。

（3）通过安装在传动系统和差速器上的摩擦型力矩限制器实现转子传动过载二级保护，并且通过负载敏感控制检测发动机转速变化，控制行走速度，从而保证转子输入功率。

（4）转子传动可实现高低速度切换。

图 3-7-10 RS425 稳定土拌和机

该机可实现四轮转向和四轮驱动,并可实现蟹行。

压缩空气系统采用两个41.71L的储气罐,通过安装在发动机上的空压机以及安全阀产生和控制压力气体。该机前轮驱动轴上安装了重载、气压操作制动装置。该制动装置既能满足行车制动,也可实现停车制动和紧急制动。其制动系统配置见图3-7-11。

RS425液压操纵系统原理见图3-7-12。液压泵采用变量泵,将发动机动力转化为液压能,驱动各操纵油缸。转子操纵系统油缸主要有前门开闭油缸、后门开闭油缸、尾部托板油缸、转子升降油缸、高低速度切换油缸。转向系统油缸有转向油缸、后轮转向油缸。

该机前门开闭油缸、后门开闭油缸、尾部托板油缸的换向阀构成多路阀组,简化了油路;通过电磁铁通断电,控制前、后检修门的启闭,控制尾部托板和转子装置的升降;通过链条张紧油缸可以调整转子链传动机构链条张紧度。前轮转向采用转向盘和液压转向器随动控制,双向液压锁在不转向时,可以锁定前轮转向油缸。后轮转向油缸通过电磁换向阀控制,可以实现全轮转向和蟹行。即前后轮转向方向相反时可实现小转弯半径;前后轮转向方向相同时,实现蟹行。该机通过高低速切换油缸和相应的电磁换向阀,可实现转子驱动速度高低切换。由于高低速切换油缸和链条张紧油缸操作力很小,因此可通过两个减压阀进行减压。

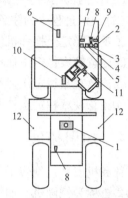

图3-7-11　RS425气压系统元件布置图

1-储气罐;2-空气调节器;3-润滑泵;4-紧急制动阀;5-行车制动阀;6-空压机控制阀;7-离合器阀;8-快速切断阀;9-制动中间阀;10-制动阀;11-汽缸;12-自动润滑装置

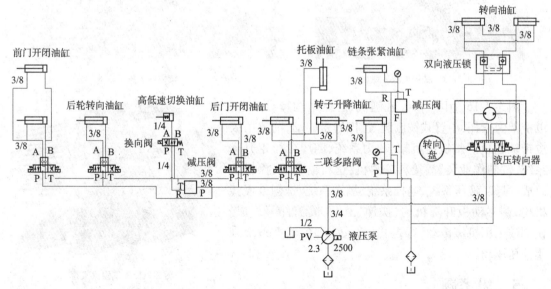

图3-7-12　RS425液压操纵系统原理图

3　任务实施

3.1　准备工作

施工现场参观各种稳定土拌和机,准备好拌和机的使用说明书和操作手册。

3.2 认识过程

(1)从外观上认识稳定土拌和机组成。
(2)从内部结构上了解装稳定土拌和机各部分结构原理。
(3)认识过程中的注意事项：
①观察稳定土拌和机使用步骤。
②注意观察稳定土拌和机工作装置类型、布置方式。
③注意观察稳定土拌和机转子和行走机构驱动方式。
④注意观察稳定土拌和机日常维护，包括刀头更换、仪表观察等。

4 知识拓展

拌和机安装铣刨转子与皮带输送装置后可以铣刨旧沥青路面，完成就地破碎再生作业，这种设备也称为铣刨机。如图3-7-13所示为铣刨机正在对待修复沥青路面上的废旧沥青混凝土进行回收。

图3-7-14为铣刨转子切削沥青混凝土原理示意图。

图3-7-13 铣刨机施工现场

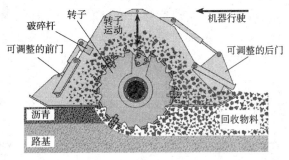
图3-7-14 铣刨转子切削原理

图3-7-15为国产2m铣刨机，总体结构特点如下：以机架为依托，中置式铣刨装置，四履带驱动，前置两级皮带输送机。整机由机架、动力系统、四履带行走升降系统、铣刨作业装置、接料输料机、送料输料机、操纵台总成、吊架、液压系统、电控系统、洒水系统、铣刨鼓慢转机构、侧浮动板升降机构、扶梯、凉棚、覆盖件等组成。铣刨鼓采用机械传动，行走、输料系统和各辅助系统采用液压驱动。

图3-7-15 铣刨机实物图

5 思考题

(1)稳定土拌和机在公路稳定土底基层施工中有何作用？
(2)稳定土拌和机有哪些类型？整机主要由哪几部分组成？
(3)如何区分拌和机正转与反转转子？各有何优缺点？
(4)稳定土拌和机工作装置由哪几部分组成？转子有哪几种结构形式？
(5)简述稳定土拌和机使用步骤。

任务8 认识装载机

1 任务引入

在雅泸高速公路施工中,路面稳定土基层的二灰碎石稳定土需要由厂拌设备拌和。厂拌设备生产过程中,各种不同规格的粒料依靠装载机装入各料斗,如图3-8-1所示。

除用于公路工程用拌和设备上料以外,装载机用于铁路、建筑、水电、港口、矿山等建设工程的土石方施工,可以铲装土、砂石、石灰、煤炭等散状物料,也可对矿石、硬土等进行轻度铲挖作业;换装不同的辅助工作装置还可进行推土、起重和其他物料如木材的装卸作业。在道路、特别是在高等级公路施工中,装载机用于路基工程的填挖、稳定土料场、沥青混合料和水泥混凝土料场的集料与装料等作

图3-8-1 装载机用于稳定土厂拌生产

业;此外,还可进行推运土料、刮平地面和牵引其他机械等作业。由于装载机具有作业速度快、效率高、机动性好、操作轻便等优点,因此它成为工程建设中土石方施工的主要机种之一和搅拌设备生产必不可少的配套设备。

2 相关理论知识

2.1 装载机的总体结构及型号

2.1.1 总体结构

装载机由发动机、底盘、工作装置、电器系统、液压系统5部分组成,见图3-8-2。底盘是传动系统、行走系统、转向系统、制动系统、车架和驾驶室等的总称。根据行走装置其可以分为轮胎式、履带式两种:轮胎式装载机是以轮胎式专用底盘为基础车,配置工作装置及其操纵系统构成;履带式装载机则是以专用底盘或工业履带式拖拉机为基础车,装上工作装置及操纵系统构成。

2.1.2 型号及参数

图3-8-3为国产大型装载机,其型号为ZL50F,Z表示装载机,L表示行走装置为轮胎式,50表示该装载机的堆装斗容量为5t,F表示该产品的改进次数序号。装载机型号除了采用上述国家标准统一命名外,有些厂家也有各自的产品型号命名方式,见表3-8-1。

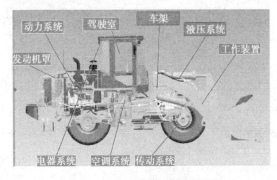

图3-8-2 轮式装载机总体结构图

图3-8-3 ZL50F装载机

国产装载机型号示例　　　　表 3-8-1

组	生产厂家	代号示例	代号含义	主 要 参 数
装载机	柳工	CLG856	CLG-中国柳工,8-装载机 5-斗容量5t,6-改进次数序号	额定载质量5t,额定功率160kW
	厦工	XG955	XG-厦工,9-装载机 5-载重量5t,5-改进次数序号	额定载质量5t,额定功率160kW

2.2 装载机工作装置组成及特点

工作装置是工程机械中直接完成生产任务的部分,是根据各种工程机械为具体工作要求而设计的。装载机的铲掘和装卸物料作业是通过其工作装置的运动来实现的。轮胎式装载机的工作装置一般采用反转六连杆转斗机构,包括:铲斗、动臂、连杆、摇臂、动臂油缸及转斗油缸。履带式装载机的工作装置一般采用正转八连杆转斗机构,包括铲斗、动臂、摇臂、拉杆、弯臂、转斗油缸和动臂油缸。

2.2.1 反转六连杆转斗机构

装载机工作装置由铲斗、动臂、拉杆、摇臂和转斗油缸、动臂油缸等组成(图3-8-4),整个工作装置铰接在前车架上。铲斗通过拉杆和摇臂与转斗油缸铰接,用以装卸物料。动臂与前车架、动臂油缸铰接,用以升降铲斗。铲斗的翻转和动臂的升降均采用液压操纵。

动臂为双板结构,后端支承于前车架上,前端连着铲斗,中部与动臂油缸连接。当动臂油缸伸缩时,动臂绕其后端销转动,实现铲斗提升或下降。摇臂中部和动臂铰接,当转斗油缸伸缩时使摇臂绕其中间支承点转动,通过拉杆连接使铲斗上转或下转。

铲斗随不同作业环境及不同作业对象按斗口分为多种不同结构形式。图3-8-5a)为带斗齿的平口斗,图3-8-5b)为带斗齿的V形斗,还有不带斗齿的平口斗及V形斗。带斗齿的平口斗一般用于铲装比较坚硬的物料,不带斗齿的平口斗一般用来铲装松散物料及平整场地等。V形铲斗一般用于铲装矿石、岩石等较难插入的坚硬物料。

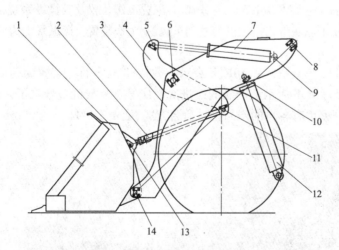

图 3-8-4　轮式装载机工作装置结构

1-铲斗;2-拉杆;3-动臂;4-摇臂;5-摇臂转斗缸销;6-中摇臂销;7-转斗油缸;8-动臂上铰销;9-转斗缸前车架销;10-动臂铰销;11-摇臂拉杆销;12-动臂油缸;13-铲斗拉杆销;14-动臂下铰销(动臂铲斗销)

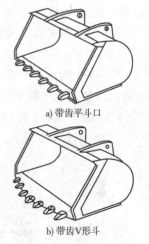

a) 带齿平斗口

b) 带齿V形斗

图 3-8-5　轮式装载机铲斗

当前采用反转六连杆转斗机构的装载机能满足下列要求：

(1)动臂处于任一作业位置,在转斗油缸作用下,铲斗能绕动臂下铰点上下翻转,翻转的幅度范围大,其极限位置由设在动臂上的挡块限位。

(2)动臂提升在最高位置时,在转斗油缸作用下铲斗底与水平面的夹角(称为卸载角)可达45°以上,并能利用铲斗撞击限位块,使铲斗卸料干净。

(3)当铲斗处于收斗位置时(斗上翻),动臂在提升过程中,铲斗底面与水平面夹角的变化控制在较小范围内,保证铲斗中物料不会因铲斗倾斜而掉落。

(4)当动臂在任一作业位置,铲斗卸料后,放下动臂至铲掘位置时,利用已调节好的自动放平装置,铲斗能自动放平,以减轻驾驶员劳动强度,提高劳动生产率。

(5)整机插入力强,具有较大的掘起力。

(6)结构强度大,能承受较繁重的工作荷载。

(7)斗齿磨损后,维修更换方便。

2.2.2 正转八连杆转斗机构

履带式装载机的工作装置一般采用正转八连杆转斗机构,包括铲斗、动臂、摇臂、拉杆、弯臂、转斗油缸和动臂油缸。履带式装载机实物图见图3-8-6。履带式装载机正转八连杆机构工作装置见图3-8-7。由于履带式装载机主要用于矿山开采,一般很少用于公路、桥梁施工,其工作装置在此不做详细介绍。

图3-8-6 履带式装载机

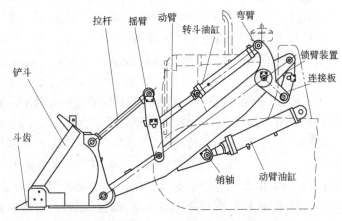

图3-8-7 正转八连杆机构工作装置结构

2.3 ZL50轮式装载机传动系统的组成及特点

传动系统是发动机与车轮之间的动力传递装置。对于轮式装载机,如图3-8-8所示,动力从发动机传递到液力变矩器,再经过齿轮传递到变速器,变速器通过万向传动装置将动力分别传递到前、后驱动桥,然后驱动车轮行走。这种传动方式称之为液力机械式传动,是大中型装载机普遍采用的一种传动方式。传动系统性能高低决定了装载机的铲掘力、工作效率和操纵性能。目前,装载机传动方式有如下几种。

机械传动:结构简单、制造容易、成本低,仅小型机用。

液力机械传动:传动系冲击振动小,车速随外载自动调节;采用动力换挡变速器,齿轮常啮合,能在行驶中换挡,换挡平稳,冲击小,操纵轻便(图3-8-8);大中型装载机普遍采用。

液压传动:无级调速,操作简单,启动性能差,液压元件寿命较短,价格昂贵;仅小型机用。

电传动:无级调速,工作可靠;有些矿用超大型装载机采用。

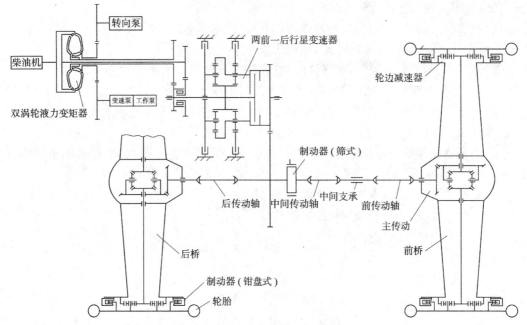

图 3-8-8　ZL50 装载机传动简图(不带三合一机构)

  轮式装载机的传动系统广泛采用液力变矩器进行传动。液力变矩器使车辆具有增大牵引力、降低传动系统中的动载荷以及能进行无级变速等优良性能。其中固定的导轮给涡轮施加一个反作用力矩,使得液力变矩器涡轮的输出转矩可以超过发动机通过泵轮所输入的转矩若干倍。经过液力变矩器变矩后,动力通过齿轮传递给变速器。另外,装载机的行走与工作装置动力要匹配,互不干涉;如果采用全液压传动,相互之间会受影响,所以采用液力机械传动。

  目前,ZL50 系列等中大型装载机一般采用四元件双涡轮变矩器(图 3-8-9),利用两级涡轮分别传出动力,与超越离合器结合使用形成自动变速(超越离合器内部原理见图 3-8-10),既可使高效率范围宽(指小传动比时),又可得到较大的变矩系数 $K=4.75$,一般三元件的变矩器 $K=2.5\sim3.5$),实际作用相当于增加一个两挡自动变速器,随外负荷变化自动换挡(不需要驾驶员操纵)。因此它弥补了变速器挡位数少的不足,变速器二进一退也能满足需要。假设齿轮 A 与齿轮 B 都为顺时针方向转动,高速轻载时,二级涡轮被动齿轮的转速高于一级涡轮被

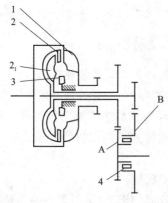

图 3-8-9　双涡轮变矩器原理图
1-泵轮;2-一级涡轮;2_1-二级涡轮;3-导轮;4-超越离合器(自由轮);A-超越离合器内环齿轮(一级涡轮被动齿轮);B-超越离合器外环齿轮(二级涡轮被动齿轮)

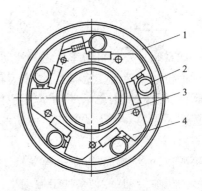

图 3-8-10　超越离合器原理示意图
1-外环;2-滚动体;3-内环;4-凸轮盘

动齿轮的转速,也即内环齿轮A(内环3与凸轮盘4固定连接)速度大于外环齿轮B速度,外环1相对于内环3逆时针方向转动,从而滚动体2被弹簧顶出,进入凸轮盘4与外环1之间楔形空间的大端,自由轮脱开,一级涡轮空转,二级涡轮单独传递动力。阻力增大,则齿轮A连同二级涡轮转速下降,处于低速重载状态。当二级涡轮被动齿轮A的转速下降到低于一级涡轮被动齿轮B的转速时,滚动体受到摩擦力作用,压缩弹簧,被带至凸轮盘4与外环1之间楔形空间的小端,自由轮结合,A、B两齿轮形成一体,一级涡轮和二级涡轮一起传递动力,变矩系数增大。

带三合一机构的装载机中,在拖启动传动齿轮内也装有一个超越离合器。其工作原理与上述液力变矩器中离合器相同,但其作用是防止拖启动时发动机动力反传给三合一机构,作用类似于柴油机启动马达中的超越离合器。

2.4 轮式装载机液压操纵系统的组成及特点

ZL80G装载机液压操纵系统由工作装置液压系统和转向液压系统组成(图3-8-11)。

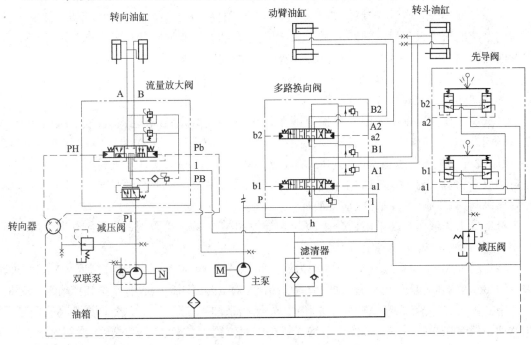

图3-8-11 ZL80G型装载机液压系统原理图

ZL80G轮式装载机转向系统采用了流量放大系统。该液压系统为转向优先系统。转向泵优先向转向系统供油,保证装载机转向的灵活、可靠、轻便。而转方向盘处于中位时,转向泵通过流量放大阀中的优先阀与工作液压系统合流,使这一部分的能源得到有效利用。

该转向液压系统主要由转向器、流量放大阀、转向泵、减压阀及转向油缸等组成。流量放大阀为负载反馈阀,其内部组成主要有优先阀、液控换向阀、过载补油阀以及溢流阀。

优先阀:当转向液压系统与工作液压系统采用泵合流供油时,优先阀可根据转向负载的反馈压力变化,改变合流油口的开度,优先向转向液压系统,以保证车辆转向的可靠性。

液控换向阀:为三位七通滑阀,由转向器先导油路控制滑阀阀芯位置,将泵来油连通,实现向转向油缸供油。

过载补油阀:当转向油缸受到外力冲击时,转向油缸压力急剧升高,流量放大阀阀出口A、B至进油口P的压力损失升高,超过调定值,转向油缸一腔卸荷,另一腔由单向阀补油,避免压力冲击及气穴的产生。

溢流阀:当转向系统压力超过溢流阀调定值时,溢流阀打开。转向泵多余流量可通过合流口供给工作液压系统。

具体工作原理如下:

当转向盘不动时,转向器的阀芯处在中位,转向泵来油经流量放大阀的P口进入优先阀。此时,优先阀的阀芯在弹簧作用下处在右位,进入优先阀的液压油通往正处在中位的液控换向阀,由于油口封闭,泵来油受阻,优先阀阀芯右端的控制油路与油箱连通;同时从泵来油中分出的一小油路作用在优先阀阀芯的左端,油压克服弹簧力使优先阀阀芯向右移动,转向泵来油通过优先阀PB口实现与工作液压系统合流。

当转向盘处在转向位置时,转向器的来油将流量放大阀中的液控换向阀推离中位。优先阀阀芯右端的控制油路就能连通转向泵的压力油。在油压及弹簧作用下优先阀阀芯向左移动,使转向泵出油优先向转向油缸供油,保证转向系统有充足的流量。此时转向负载的反馈压力作用在优先阀阀芯右端,控制阀芯位置及转向泵来油在转向系统及工作系统间的油量分配。当转向系统的压力大于溢流阀调定值,优先阀阀芯右端的控制油路通过溢流阀到油箱卸荷,优先阀向右移动,转向泵来油经优先阀及工作系统分配阀回油箱。

本系统直接从转向泵取油作为先导油路,为了使转向先导油路压力不高于2.5MPa,在转向泵和转向器进口之间设置了减压阀。该阀为先导式减压阀。

ZL80G工作液压系统采用先导操纵液压系统。采用先导操纵阀控制主分配阀中铲斗及动臂滑阀的动作,使操纵轻便、灵活,减轻了驾驶员的劳动强度。工作装置中设置了两个电磁阀,运用接近开关等电传感器控制它们,将电液技术结合在一起,实现了动臂举升高度限位、铲斗自动放平功能,提高了整机的工作效率。该液压系统主要由以下部件组成:齿轮泵、分配阀、先导操纵阀、减压阀、转斗油缸、动臂油缸。

ZL80G工作液压系统采用的分配阀为先导控制整体双联式滑阀,主要由转斗滑阀、动臂滑阀、过载补油阀、安全阀等组成。

转斗及动臂滑阀:转斗及动臂滑阀均为液控阀,由先导阀控制。其中转斗滑阀为三位六通滑阀,有中位、前倾和后倾三个位置。动臂滑阀为四位六通滑阀,有中位、提升、下降和浮动四个位置。

中立位置:当先导阀操纵杆处于中位时,先导阀来油无法通往转斗及动臂滑阀的两端,转斗及动臂滑阀在阀芯两端弹簧作用下均保持在中间位置。泵来油在通过转斗滑阀后进入动臂滑阀,并与油箱连通回油,达到中位低压卸荷的目的。转斗及动臂油缸大小腔油路均封闭,各油缸停止在一定的位置上。

工作位置:当先导阀处于工作位置时,先导阀来油进入滑阀阀芯某一端,油压克服滑阀阀芯另一端弹簧作用力。滑阀阀芯在先导压力油作用下向工作位置移动,泵来油经过进油口P打开单向阀,经油道从工作口A_1或B_1进入油缸工作腔油口,推动油缸活塞运动。油缸另一腔回油经工作口B_1或A_1,经油道从T口流回油箱。

浮动位置:当先导阀动臂操纵杆从下降位置继续往前推时,分配阀b2口的先导来油压力增大,进一步克服a2端弹簧作用力,将分配阀动臂滑阀阀芯从下降位置移动到浮动位置。分配阀工作口A_1、A_2、B_1、B_2均与回油口T相通,使动臂油缸大、小腔都与油箱接通,工作装置在自重作用下浮动下降。此时动臂油缸小腔还可通过载补油阀补油。

过载补油阀:当铲斗遇到外来冲击载荷或其他机构产生干涉使转斗油缸某一腔压力骤然升高时,过载补油阀可起到安全阀的作用,并可向油缸另一腔补油。

安全阀:用于限定系统最高工作压力,避免由于液压负载功率过大造成的发动机过载。

3 任务实施

3.1 准备工作

准备1~2台装载机,备好装载机的使用说明书和操作手册。

3.2 认识过程

(1)从外观上观察装载机的特征(总体结构、铭牌上型号及含义、工作装置的组成、特点及操纵方式、传动系统的组成及特点)。

(2)从内部结构上了解装载机的传动方式、工作装置的操纵原理。

3.3 认识过程中的注意事项

(1)注意观察反转六连杆机构的特点,观察第一代和改进型装载机在工作装置上的区别。

(2)注意观察装载机传动系统的动力传递路线。

(3)注意观察装载机的工作装置操作手柄挡位,液压系统工作时各个油缸的动作顺序;观察装载机自动放平功能;

(4)注意观察装载机在循环作业时一个工作周期内的各个作业工况。

4 知识拓展

4.1 侧卸式装载机

侧卸式装载机(图3-8-12),与普通的轮式装载机不同之处是其装载斗朝一侧倾斜,侧面卸载,卸载时不需要掉头、作业效率高;但结构复杂,侧面稳定性较差,可以用于狭窄环境作业。

4.2 滑移装载机

滑移装载机如图3-8-13所示,其用途及特点主要有以下几个方面。

(1)由于其最小转向半径尚不足同等级铰接装载机的一半,特别适用于如城市基础设施、道路或建筑工地、厂房车间、仓库、码头、轮船甲板甚至船舱内等狭窄场地的作业。

图3-8-12 侧卸式装载机

图3-8-13 滑移装载机

(2）采用全轮驱动，不设轮间差速器，有利于在起伏不平的场地上进行作业。

(3）在作业现场瞬息间即可更换或挂接不同的工作装置（一般仅需数分钟），从而可分别进行铲运、堆垛、起重、挖掘、钻孔、破碎、抓取、推扒、松土、开沟、道路清扫和路面压实等作业。

(4）用于大型工程机械的后勤保障、场地清理及工程收尾等作业。

(5）可以作为移动式泵站使用，为手持式液压镐等液压机具提供动力源。

4.3 地下装载机

地下装载机如图3-8-14所示，用于井下狭窄巷道。其基本构造与露天装载机相似，但对发动机排污、消声、整机高度、工作装置与操作系统布局有特殊要求。

图3-8-14 地下装载机

5 思考题

(1）装载机在公路稳定土底基层施工中有何作用？
(2）装载机由哪几大部分组成？ZL50和CLG855的含义是什么？
(3）轮胎式和履带式装载机的工作装置各有哪些主要部件？
(4）如果在矿井下要进行装载作业，应选用什么类型的装载机？
(5）大中型轮式装载机一般采用何种传动形式？有何特点？
(6）双涡轮液力变矩器中的超越离合器有何作用？
(7）转斗滑阀和动臂滑阀之间采用何种油路连接形式？为什么？
(8）简述单向安全补油阀的作用。

任务9 认识稳定土厂拌设备

1 任务引入

稳定土厂拌设备是路面工程机械的主要机种之一，是专用于拌制各种以水硬性材料为结合剂的稳定混合料的搅拌机组，就是将土、碎石、砾石或碎砾石、水泥、石灰、粉煤灰、水等材料按施工配合比在固定地点进行均匀拌和的专用生产设备。由于混合料的拌制是在固定场地集中进行，使厂拌设备能够方便地具有材料级配准确、拌和均匀、节省材料、便于计算机自动控制统计打印各种数据等优点，因而广泛用于公路和城市道路的基层、底基层施工，也适用于其他货场、停车场、机场等需要稳定材料的工程。其作为当前高等级公路修筑中的一种高效能稳定土基层修筑机械，在路基工程施工中所占的比例份额呈越来越大的趋势。图3-9-1为国产稳定土厂拌设备。

图3-9-1 稳定土厂拌设备

2 相关理论知识

2.1 稳定土厂拌工艺过程

稳定土厂拌设备可以拌制水泥稳定土、石灰稳定土、石灰工业废渣稳定土。这里的水泥稳定土和石灰稳定土都是一个广义的名称,它既包括各种稳定细粒土(如塑性指数不同的各种黏性土、砂和石屑等),也包括各种稳定中粒土和粗粒土(如砂砾土、碎石土、级配砂砾、级配碎石等)。厂拌设备拌制各类稳定土时的工艺流程基本相同。以拌制水泥稳定碎石底基层稳定材料为例,其生产工艺流程如图3-9-2所示,图3-9-3为实物图。

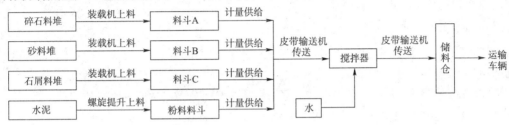

图 3-9-2 水泥碎石稳定土生产工艺流程图

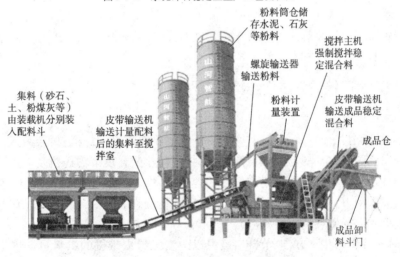

图 3-9-3 稳定土厂拌设备实物图

稳定土厂拌设备工作原理如下:首先,将各种选定物料如石灰、碎砂石、土粒、粉煤灰等用装载机装入配料斗,经皮带给料机计量给出,送至皮带集料机。同时,将稳定剂如石灰、水泥等经气送等各种途径送进粉料存仓,由螺旋输送机输入计量料斗,再使用粉料给料机计量给出,送至皮带集料机。各种集料、粉料由集料机送至拌和机拌和。在拌和机物料入口设有液体喷头,根据混合前各种物料的含水量情况,加入适量的水。拌制好的成品料稳定土经皮带被送至混合料寸仓暂存,适当时候向自卸车卸料。

2.2 稳定土厂拌设备分类

根据设备的生产率大小、拌制工艺、物料称重方式以及设备布局与机动性,目前市场上的稳定土厂拌设备可按如下分类。

(1)根据生产率大小分:小型(小于200t/h)、中型(200~400t/h)、大型(400~600t/h)和

特大型(大于600t/h)。

(2)根据拌制工艺不同分:非强制跌落式、强制间歇式、强制连续式。强制连续式分单卧轴和双卧轴两种。在众多的形式中,双卧轴强制搅拌式是最常用的搅拌形式。

(3)根据设备的计量方式分:容积式计量和称重式计量两种。容积式计量是用调节配料机斗门的开启高度和调节皮带机转速的方法来改变配料的容积量,此为静态计量,不具备反馈和修正功能。其级配精度受物料在出料单元中的填充系数的影响较大,故级配精度较低,一般为±3%~±5%。称重式计量又称为电子秤动态计量,是在容积式计量的基础上,用电子传感器测出物料单位时间内通过的质量信号,并根据质量信号调节皮带机的转速。这种方式用质量作为计量和显示单位,因此计量精度高于容积式,可达±1%~±2%。称重式计量器形式很多,有电子皮带秤、减量秤、冲击秤、核子秤等,最为常用的为电子皮带秤和减量秤。

(4)根据设备的布局及机动性分:移动式和可搬式两种结构形式。移动式厂拌设备是将全部装置安装在一个专用的拖式底盘上,形成一个较大型的半挂车,可以及时转移施工地点。设备从运输状态转到工作状态时只需很短的时间即可完成,且不需专门预制混凝土基础。这种厂拌设备一般是中、小型生产能力的设备,多用于工程分散、频繁移动的公路施工工程。可搬式厂拌设备是我国目前采用最多的一种布局方式,这种设备将各功能单元独立设置,各自装车运输实现工地转移,再依靠吊装机具将各单元安装、固定安装在预制的混凝土基础上组合成工作状态,一般不需要搬迁,形成一个稳定材料生产工厂。这种形式具有造价低、维护保养方便等特点,适用于城市道路施工或工程量大且集中的施工工程。图3-9-4为可搬式厂拌设备配料机组装运图。

2.3 稳定土厂拌设备主要结构及工作原理

2.3.1 配料机组

配料机组一般由几个料斗和对应的配料机、水平集料皮带输送机、机架组成,见图3-9-5。每个配料机都是一个完整独立的部分,由料斗、料斗配料皮带输送机及驱动装置组成。

配料机上口周边装有挡板,以增加料斗的容量;斗壁上装有仓壁振动起,以消除物料结拱现象;可以调整振动力的大小,实际使用时根据实际情况对料斗进行间歇振动;上口装有倾斜的栅网,以防止大粒径矿料装入料斗。

出料闸门安装在料斗下方,调节开启度可以改变配料皮带机的供料量。皮带装有张紧装置,用于调节皮带输送机正常张紧度和修正偏跑量。

图3-9-4 可搬式厂拌设备配料机组装运

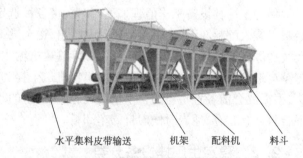

图3-9-5 配料机组结构示意图

2.3.2 集料皮带输送机和成品料皮带输送机

集料皮带输送机是将配料机组供给的集料送到搅拌器中,成品料皮带输送机用于将搅拌器拌制好的成品料连续输送到储料仓中。集料皮带输送机与成品料皮带输送机分别见

图3-9-6、图3-9-7。输送机主要由以下部件组成。

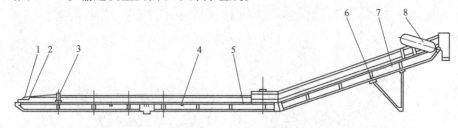

图3-9-6 稳定土厂拌设备集料皮带输送机
1-自清洗改向滚筒;2-张紧总成;3-上托辊;4-下托辊;5-机架;6-支撑;7-罩;8-驱动总成

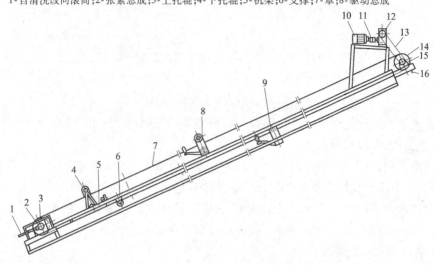

图3-9-7 稳定土厂拌设备成品料皮带输送机
1-拉紧螺杆;2-从动滚筒轴承座;3-从动滚筒;4-槽型托辊;5-空段清扫器;6-下平托辊;7-输送带;8-槽型调心托辊;9-调心下平托辊;10-电机;11-联轴器;12-减速机;13-链条;14-主动滚筒;15-主动滚筒轴承座;16-弹簧清扫器

（1）输送带

输送带可以水平方向或倾斜方向输送物料,具有很高的生产率。其既是承重件又是牵引构件,依靠皮带与滚筒之间的摩擦力平稳地进行驱动。

输送带是一条无端的皮带,有织物芯胶带和钢绳芯胶带两种,一般采用织物芯胶带(图3-9-8)。织物层数和皮带宽度之间的关系见表3-9-1。织物芯胶带有机械接头和硫化接头。机械接头对带芯有损伤,强度低,使用寿命短,并且接头经过滚筒对滚筒有损害。硫化接头(图3-9-9),一般在现场采用专用设备连接。

带宽 B 与织物衬垫层数 i 表3-9-1

B(mm)	500	650	800	1000	1200	1400
i	3~4	4~5	4~6	5~8	5~10	6~12

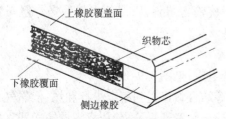

图3-9-8 橡胶输送带断面结构

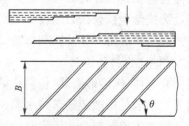

图3-9-9 织物芯胶带端头硫化连接

（2）支撑托辊

其一般做成定轴式,采用轴向迷宫式密封,润滑采用锂基脂。各种常用支撑托辊见图3-9-10。

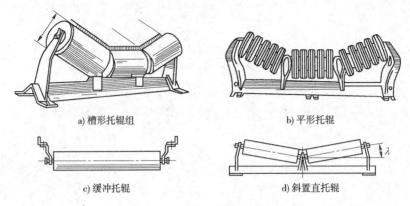

a) 槽形托辊组　　b) 平形托辊　　c) 缓冲托辊　　d) 斜置直托辊

图3-9-10 皮带输送机常用托辊

平带输送机在运行过程中易产生跑偏。造成跑偏的原因有：张力沿带宽分布不均；物料偏心堆积；机架变形，托辊轴承损坏。

为了消除跑偏,可以在皮带输送机上每隔10个托辊安装一个调心托辊。其工作原理是跑偏时,可调心三节槽形托辊组的两个侧托辊朝皮带运行方向前倾一定角度(3°~5°)。由于输送带和偏斜拖滚之间产生一相对滑动的速度,托辊与皮带之间就有轴向的摩擦力存在。当皮带偏跑时,一侧的摩擦力大于另一侧的,促使皮带回复到原来的位置。

（3）张紧装置和清扫装置

张紧装置的作用如下。

①保证皮带再驱动滚筒的绕出段有足够的张力,使所需的牵引力得以传递,防止皮带打滑；

②保证输送机各点的皮带张力不低于一定值,以防止皮带在托辊之间过分松弛而引起撒料和增加运动阻力；

③补偿皮带的塑性伸长和过渡工况下弹性伸长的变化；

④为输送机重新接头提供必要的行程。

一般采用固定式张紧,结构简单,工作可靠,但需要人工及时调整。偏跑时的调整方法：往哪边偏跑旋紧哪边皮带。

清扫刮板：将黏附在皮带上的物料清除掉。

2.3.3 粉料配给系统

粉料配给系统包括粉料储仓、螺旋输送机和粉料给料计量装置。

粉料储仓有立式和卧式两种。立式储仓占地面积小、容量大、出料顺畅,适合与固定厂拌设备使用。卧式储仓在仓底必须设一个水平螺旋输送装置,以保证出料顺畅。但安装和转移方便,上料容易,广泛用于移动式和可搬式设备。

（1）立式储仓给料系统

其主要有仓体、螺旋输送器、粉料计量装置组成,见图3-9-11。

进料方式一般是用散装罐车将水泥、石灰等结合料运送到稳定土拌和场,依靠气力将粉料经粉料输入管送入粉料料仓。工作时,粉料由计量装置计量给出,依靠螺旋输送器直接送入搅拌器中,或者计量装置给出的粉料送往集料皮带机,由集料皮带机连同集料一起送往搅拌器中。

螺旋输送装置分水平和垂直两种。

水平螺旋输送器只能在同一高度输送物料。它的壳体为半圆形的开口向上的料槽,物料由于重力紧贴料槽,当螺旋旋转时,物料和料槽之间的摩擦力阻止物料跟着旋转,因而物料可以前进。

垂直螺旋输送器可以在垂直方向和倾斜方向输送物料。它的壳体是圆柱形管子,物料由于重力所产生的侧压力和离心力的作用而与管壁贴紧,当螺旋旋转时,管壁与物料之间的摩擦力阻止物料跟着螺旋轴同步旋转,从而实现物料的上升移动。

粉料计量采用容积式和称重式两种。

容积式采用叶轮给料器,主要由叶轮、壳体、接料口、出料口和动力驱动装置组成,如图3-9-12所示,通过改变叶轮的旋转速度来调节给料量。给料器具有一定程度的气密性,适合于有一定流动性的粉状、小块状物料的气力运输。其上部与加料斗连接,下部与输料管连接。均压管的作用是提高叶轮格腔的充盈程度,将高压气体引出。防卡挡片是为了防止叶片和轮撬之间被异物卡死。

秤重式采用螺旋秤、减量秤等方式,连续称量并反馈、控制给料器的转速,以调节粉料输出量。

（2）卧式储仓给料系统

卧式储仓给料系统结构见图3-9-13,粉料可以由罐车泵送装置打入,也可以由皮带机或装载机、人工装入。

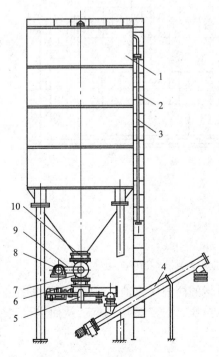

图3-9-11 立式储仓供料系统
1-料仓;2-爬梯;3-粉料输入管;4-螺旋送料机;5-螺旋电子秤;
6-连接管;7-叶轮给料器;8-减速机;9-V形皮带;10-闸门

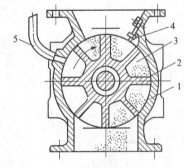

图3-9-12 叶轮给料机工作原理图
1-壳体;2-叶轮;3-叶轮格腔;4-防卡挡板;5-均压管

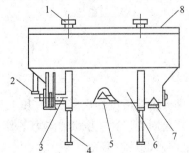

图3-9-13 卧式储仓
1-除尘罩;2-进料口;3-减速机;4-支腿;5-螺旋轴;
6-仓体;7-出料口;8-活动上盖

2.3.4 搅拌器

双卧轴强制连续搅拌器具有适应性强、体积小、效率高、生产能力大等优点,是稳定土厂拌设备搅拌器常用的结构。

该装置主要由两根平行的搅拌轴、搅拌臂、搅拌桨叶、壳体、衬板、进料口、出料口以及动力驱动装置组成。壳体做成 W 形或双圆弧底板。搅拌器内部结构见图 3-9-14。驱动装置以及整体布置见图 3-9-15。

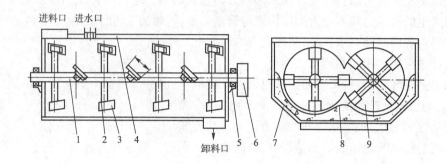

图 3-9-14 搅拌器结构示意图
1-搅拌轴;2-搅拌臂;3-搅拌桨叶;4-盖板;5-轴承;6-驱动系统;7-壳体;8-保护层;9-有效搅拌区

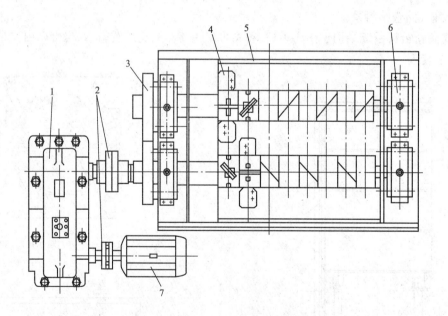

图 3-9-15 搅拌器结构示意图
1-减速器;2-联轴器;3-齿轮;4-桨片总成;5-衬板;6-油杆;7-电机

进入搅拌机内的集料、粉料和水在相互作用反转的两根搅拌轴上双螺旋桨叶的搅拌下,受到桨叶周向力、径向力和轴向力的作用,以便产生挤压、摩擦、剪切、对流,从而进行剧烈的拌和,以便向出料口推移。

2.3.5 供水系统

供水系统由水泵、水箱、三通、供水阀、回水阀、流量计、喷嘴或喷孔和管路组成。其结构见图 3-9-16。

三通分别连接水泵、供水阀和回水阀。

供水阀用于直接接通或切断向搅拌器内供给的水。供水阀后串联一个流量计。考虑到运输和摊铺过程中的水分蒸发,设计流量略大于碾压时的含水量。

控制系统有手动调节和自动调节两种。手动调节通过预设后,根据设计情况再进行精确调整。

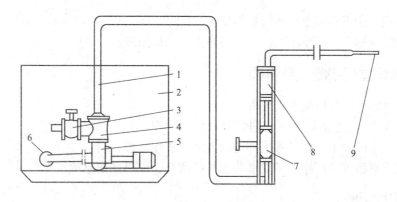

图 3-9-16 稳定土厂拌设备的供水系统
1-出水管;2-水箱;3-回水阀;4-三通;5-水泵;6-旋塞阀;7-供水阀;8-流量计;9-喷水管

2.3.6 成品料仓

成品料仓的作用是将在运输交替或短时间内无运输车辆时,为使厂拌设备连续工作而将成品料暂时存储起来。其结构见图 3-9-17a)。

成品料仓的结构形式有:直接安装在搅拌器底部;直接悬挂在皮带输送机上;带有固定支脚,安装在水泥基础上等。

斗门的开启可以采用启动控制,也可以采用液压控制。其原理见图 3-9-17b)。

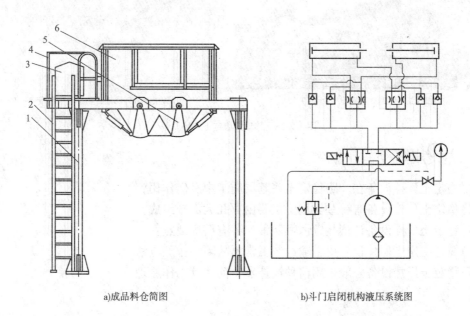

a)成品料仓简图　　　　　　　　b)斗门启闭机构液压系统图

图 3-9-17 稳定土厂拌设备成品料仓简图和斗门启闭机构液压系统图
1-立柱;2-爬梯;3-液压装置;4-栏杆;5-斗门;6-仓体

3 任务实施

3.1 施工现场参观稳定土厂拌设备

3.2 认识过程

(1)从外观上认识稳定土厂拌设备组成。
(2)从内部结构上了解稳定土厂拌设备各部分结构原理。

3.3 认识过程中的注意事项

(1)观察稳定土厂拌设备生产流程。
(2)注意观察稳定土厂拌设备各种物料的配料原理。
(3)注意观察稳定土厂拌设备搅拌器的类型与工作原理。
(4)注意观察稳定土厂拌设备供水装置与成品料仓斗门操作原理。

4 知识拓展

移动式稳定土厂拌设备是一个拖挂单元,集中了集料、计量、输送、搅拌、提升、储料等多种作业于一体,结构紧凑,计量准确,搅拌质量好,整体性能好,一拉即走,一停就用,在点多线长的公路工程施工中,机动灵活。实物见图3-9-18。

a)WBSY系列移动式稳定土厂拌设备　　　　b)WBSY系列移动式稳定土厂拌设备

图3-9-18　移动式稳定土厂拌设备

5 思考题

(1)稳定土厂拌设备在公路稳定土底基层施工中有何作用?
(2)稳定土厂拌设备有哪些类型?主要由哪几大部分组成?
(3)稳定土厂拌设备计量装置由哪两种?各有何优缺点?
(4)简述稳定土厂拌设备皮带输送装置常见故障与排除方法。
(5)稳定土厂拌设备一般采用何种搅拌器?简述其工作原理。

项目 4

铺筑沥青混凝土路面

概　述

沥青混凝土路面是指用沥青混凝土作面层的路面。沥青混凝土是经人工选配具有一定级配组成的矿料(如碎石或轧碎砾石、石屑或砂、矿粉等)与一定比例的路用沥青材料,在严格控制条件下拌制而成的混合料。将沥青混凝土混合料摊铺在路面基层上,经过整型、压实后形成板块结构面层,该面层具有很高的强度和密实度,在常温下具有一定的塑性、不透水性和水稳性,能够抵御较大的自然和交通载荷。其使用寿命长、耐久性好,是高等级公路的优质柔性路面。

在铺筑沥青混凝土路面时,需进行热态沥青、乳化沥青的运送和喷洒。通常采用沥青洒布机作为热沥青、乳化沥青的运输工具。沥青洒布机已成为公路、城市道路、机场和港口等工程中必不可少的机械。

沥青混凝土混合料通常需要将沥青加热到 140~160℃,保证沥青具有一定的流动性,同时砂石等集料需烘干加热到 160~200℃,保证集料被沥青良好的裹敷和黏结。为实现上述需求,一般采用沥青混凝土拌和机将沥青、集料(砂石)和填充料(石灰)加热拌匀。

拌和好的沥青混凝土混合料均匀摊铺在路面基层上,为保证在摊铺时应具有良好的和易性和均匀性,大多采用沥青混凝土摊铺机,不但可以保证路面质量,且可加快施工速度;然后进行整平、压实,实现筑路材料的密实性,增加其内聚力,以提高路面材料和整体构筑物的工程质量。铺筑沥青混凝土路面的流程见图 4-0-1。

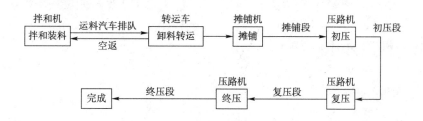

图 4-0-1　铺筑沥青混凝土路面流程

综上所述,铺筑沥青混凝土路面需要配备沥青加热和乳化设备、沥青洒布机、沥青混凝土拌和机、沥青混凝土摊铺机、沥青混凝土转运车和压实机械等。

任务10　熟悉沥青的加热和乳化

1　任务引入

沥青是一种对温度非常敏感的有机胶结材料,只有将其加热到一定温度后,才能有较好的流动性,才能与松散的砂石材料混合在一起,达到包覆、渗透,形成薄膜的效果,碾压成型后起到黏结作用。加热温度低了,是无法达到这样的效果的,并且给沥青混合料的摊铺和碾压成型均造成困难,达不到要求的强度和平整度,影响工程质量。因此,沥青从生产、储运到使用始终离不开加热,加热直接影响到沥青的质量和使用性能。沥青作为高分子碳氢化合物的衍生物,对温度很敏感,在高于180℃的情况下沥青中的沥青质分解为游离碳。碳化物和沥青质的析出严重影响了沥青的延展度和黏结性,使沥青的性质和使用性能变坏。沥青加热温度是影响其性质与性能的重要因素,所以要严格的控制加热温度和加热时间。沥青温度过高,局部温度过高,加热时间太长都会程度不同地影响沥青的使用性能,从而影响工程质量。沥青的加热方式和加热设备(图4-10-1)对于沥青加热后的性能起到了至关重要的影响。理想的加热方式和加热设备可有效保证沥青的性能。

乳化沥青是将沥青采用机械搅拌和化学稳定的方法进行乳化,并扩散到水中而液化成常温下黏度很低、流动性很好的一种道路建筑材料,可以常温使用,且可以和冷的和潮湿的石料一起使用。当乳化沥青破乳凝固时,可还原为连续的沥青并且水分完全排除掉,道路材料的最终强度才能形成。乳化沥青比热沥青更为安全、节能和环保,这种工艺避免了高温操作、加热和有害排放。其主要用于道路的升级与养护,如石屑封层;还有多种独特的、其他沥青材料不可替代的应用,如冷拌料、稀浆封层。乳化沥青亦可用于新建道路施工,如黏层油、透层油等。沥青乳化设备如图4-10-2所示。

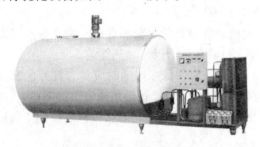

图4-10-1　沥青加热设备

图4-10-2　沥青乳化设备

2　相关理论知识

2.1　沥青的加热设备

2.1.1　沥青加热方式

沥青加热设备的作用是对沥青储仓或储罐中的固态沥青进行加热,使其熔化、脱水并达到要求的拌和温度,供沥青混凝土搅拌站使用。沥青的加热方式主要由以下几种。

(1)明火直接加热

明火直接加热是一种最原始的普通加热方法,一般可分为外部直接加热(锅熬式)和内部直接加热(火管式)两种形式。

明火外部加热就是在炉灶上安放一上方下圆形状的沥青锅。燃料在炉灶内燃烧加热沥青,只能单锅间断加热。该方法虽然加热设备简单、操作容易,但其产量小、加热慢、耗能高和热效率低,同时工人劳动强度高、难以保证沥青质量,严重污染环境和生产效率极低,是一种极其落后的加热方式。

明火内部加热是利用燃气火管加热,主要用于沥青加热锅(罐),把沥青加热到抽吸温度、脱水、工作温度等,也用于沥青运输车或洒布机加热用。其火管直径为 0.5~0.6m(沥青罐用)或 0.12~0.15m(洒布机用)。这种加热方式较外部加热要好,尤其是经技术不断改进后,提高了热效率、加热速度和产量,沥青的质量和生产安全性也相应的得到了提高;但这种加热方式局部温度过高,沥青易老化,目前已不建议使用。

(2)水加热

水加热就是用水作热载体对沥青进行加热的方法,通常有中压水和水蒸气加热两种形式。这种方法是用锅炉将水加热到一定温度和压力的中压水或水蒸气,通过管道系统,从加热容器内的沥青中通过来进行加热,从而加热容器内的沥青。

当采用中压水加热时,对水施加一定压力,使其温度升高而不汽化,可对沥青进行多次加热,能够保证沥青的质量和充分利用设备,投资少,成本低,生产安全。蒸气加热式主要用于固定储仓主油室沥青加热,也用于局部加热。蒸气压力 0.6~1.2MPa,一般为 ϕ32~38mm 蒸气管加热,或 ϕ50.2~76.2mm 蒸气管加热。水蒸气加热方式只有在较高的压力下才能获得高温,热效率低。这两种水加热方式与其他沥青加热方式相比,加热设备庞大,严重制约了在生产中的广泛应用。

(3)导热油加热

导热油加热是采用导热油作为载热体的加热方法,是有机载热体加热的一种形式。导热油是一种导热性能良好的化学物质,在一种专用加热炉内加热导热油,然后用油泵将热导热油输送到待加热沥青加热罐内,通过热传导进行热交换加热沥青。经过热交换后的导热油再输送回加热炉中加热再输出去,成为一个封闭的加热、放热循环系统。

导热油加热沥青的方法与其他加热沥青的方法相比较,全系统在常压下工作,设备不受压,运行安全可靠,工艺流程简单方便,生产效率高,加热成本低,劳动强度低,环境污染小。近年来,该种加热方式在我国得到普遍推广应用。其缺点是一次性投资较大且每次加热需整套运行,运行维护费用高。

(4)电力式加热

电力式加热由镍铬电阻绕在石棉水泥管上形成,或由软钢制成管、内插电阻丝制成,或制成金属片式加热器;主要用于局部加热或维持工作温度加热,能耗较高,易造成沥青老化。

(5)红外辐射加热

红外辐射加热是根据沥青物质吸收光辐射的物理特性进行加热的方法。当电能通过某些特殊物质会产生红外线辐射,用这种热辐射去激化沥青分子,使沥青分子运动加剧,从而达到对沥青加热的目的。这种加热方式加热速度快,质量好,通常使用电源,一般与明火预热或太阳能预热配套使用;但其成本较高,大范围推广受到限制。

(6)太阳能加热

太阳能加热是通过某种装置将太阳光辐射转化为热能,用以加热沥青的方法。此种加热方式利用太阳能进行加热沥青,节能效果好,环境污染小;但一次性投资较大,且对天气的依赖较大,只适合日照时间长、干旱少雨的地区。

2.1.2 沥青加热设备的总体构造

虽然沥青的加热方式不同,但沥青加热系统的总体结构大致相同。沥青加热系统主要由加热炉、沥青脱水罐、沥青加热罐、输送管道、控制阀等组成,如图4-10-3所示。

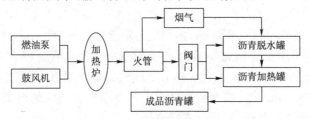

图 4-10-3　沥青加热系统的总体结构

加热炉主要用于燃料的燃烧,将燃料转化为热能,以便后续设备使用。燃油泵是以燃油为燃料,对燃料进行加压雾化使其与空气充分混合,形成足以燃烧的油气混合气,并且经点火装置点燃,释放热量。火管主要是燃烧后热气的通道。由于燃料燃烧使其温度增高,为了更合理地利用热量,可以将火管设置到沥青脱水罐中,对沥青进行加热或保温。由于沥青的工作温度一般比较高,因此在沥青流动管道和沥青加热罐周围都进行保温处理,以提高其保温性能,降低散热量。常用的保温材料有膨胀珍珠岩、玻璃丝或岩棉纤维板等,导热性比较差,可以减少热量的散失。沥青脱水罐主要用来除去沥青中渗入的水分,防止沥青的加热质量及物化性能下降。在脱水过程中,脱水温度应控制在100~120℃范围内进行,并通过搅拌,使水蒸气迅速蒸发、排放,完成脱水过程。沥青加热罐是沥青加热的最后工序,也是最重要的程序。由于沥青在高温下存放时间过长,会改变和影响沥青的物化性能,从而影响沥青路面工程的施工质量,因此必须严格控制加热和存放时间,尽可能快地使沥青加热到所要求的温度。

(1)沥青明火加热器

沥青明火加热器是用来将沥青脱水并加热到工作温度的独立装置。它有间歇式和连续式两种类型。前者只用一只沥青泵输送已加热的沥青,而后者附有一只辅助沥青泵将沥青不断地循环加热,并蒸发掉所含水分。

①连续作用火管式沥青明火加热器

连续作用火管式沥青明火加热器是在具有保温层的沥青储罐底部装有U形火管,火管一端与火箱相连,火箱后端可安装燃烧器,或烧煤或烧煤粉的燃烧装置。为使罐内已加热好的沥青输出和循环加热,在罐外的一端设置有沥青输出泵和循环泵及混合器,罐体上部还设置有分气装置、蒸发室及排气阀,以使加热的沥青脱水并将水蒸气排出。

工作时,加热器外的燃烧器使燃油在火箱内燃烧并加热火管,沥青在罐内的火管外循环流动中被加热。加热的沥青经输入管和开关进入混合器,与来自循环泵的未加热完毕的沥青混合后进入离心式分气装置。分气装置将沥青喷入蒸发式后落入流槽,沥青在流槽中流动并进行脱水,脱水后流回加热室继续加热。因循环泵使罐下部的沥青沿火管流动,从而避免了未加热好的沥青或含水的沥青在罐底停滞。加热后的沥青可由输出泵泵出。

这种加热器结构简单,可不需要其他辅助设备而单独使用;但对水分的蒸发率较小,在加热含水率较大的沥青时生产率低于沥青管式明火加热器。

②连续作用沥青管式明火加热器

连续作用沥青管式明火加热器主要由加热罐体、燃烧器、火箱、沥青管、连接阀和离心式鼓风机等组成。

工作时,沥青泵将待加热的沥青连续泵入蛇形的沥青管。燃烧器(图4-10-4)使燃油在火箱中燃烧并使火焰围绕着沥青管。在管内循环流动的沥青由于热传导,在对流和辐射的作用下被加热到工作温度,而水分变为蒸气。这种沥青与蒸气化混合物被输送到另外的容器中。由于沥青与水蒸气混合物的温度为150~160℃,所以水蒸气很快因蒸发被分离出去。

这种管式加热器的优点是:生产效率高;沥青的脱水和升温快,因沥青中的水分是靠沥青自身的热量而被蒸发、分离出的,故沥青的降温速度小于火管式加热器。其缺点是:沥青管的工作压力较高(0.5~0.6MPa),对管路系统要求较高;管式加热器应与沥青的分气储罐和出料储罐等配套,整个系统结构复杂;因在蛇形沥青管中充满沥青后才能点燃燃烧器,并且在出料时还会有沥青过剩回流到储罐中,此外,由于沥青在管内被强烈、快速加热,有可能在管中现成炭质、结焦和树胶质,且难以清除。

图4-10-4 燃烧器的结构

(2)导热油加热设备

①导热油加热沥青的工作原理(图4-10-5)

在导热油加热炉中,加热到300℃的导热油,通过热油泵送入沥青储仓的蛇形管中,导热油以自身的热量去加热沥青使之升温,降温后的导热油又流回到加热炉中的蛇形管中再次被加热而不断循环。导热油加热炉一般为卧式可搬移的,用途亦较广。例如,其可设置于沥青混凝土拌和机中而同时加热沥青罐与沥青输送管路中的沥青和燃油箱中的燃油等,并可根据需要对沥青混凝土搅拌机及成品料仓起保温作用。

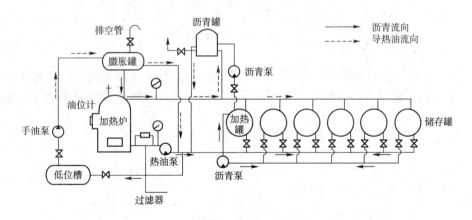

图4-10-5 导热油加热沥青的工作原理

进行沥青加热时,先在加热炉内导热油容器中注满导热油,再用加热炉加热导热油。加热后的导热油携带着热量在热油泵的作用下,通过管道系统输送到沥青加热罐内并将热量传导给沥青。经过热交换,温度降低了的导热油回到加热炉内再次被加热,重新获得热量。如此周而复始地闭路循环,对沥青进行加热,使其达到使用温度。考虑到导热油的使用要求和加热炉的结构特点,为了使加热罐内的沥青不至于局部过热或过冷而造成过大的温差,做到均匀加热,除对加热管的形状和排列组合密度作科学合理的设计外,加热罐内各处的沥青温度均由温度控制装置进行控制,以使罐内各处沥青的温度控制在规定的范围内。

②导热油加热炉

导热油加热炉的分类及特点见表4-10-1。其加热沥青的工作原理见图4-10-6。

导热油加热炉的分类及特点　　　　　　表4-10-1

分类方法	类 型	主 要 特 点
炉内导热	常压式	导热油循环走向为:加热炉→热油泵→换热器→加热炉,炉内导热油为常压,工作比较安全;膨胀调节罐高于加热炉设置;加热炉如设计不当,热油泵容易产生气阻而影响导热油循环
油压式	压力式	导热油循环走向为:换热器→热油泵→加热炉→换热器,导热油循环流动,炉内导热油压力一般都在0.4~0.5 MPa,工作安全性能较常压式差,另外膨胀调节罐必须高于工作系统
结构形式	卧式	整体式,搬迁方便,适合于需移动使用的场合;卧式加热炉通常采用常压形式
	立式	组装式,便于维修,供热量较大,沥青厂使用
燃料种类	燃煤式	经济性能好,但劳动强度大
	燃油式	使用方便,工作条件好,但成本高

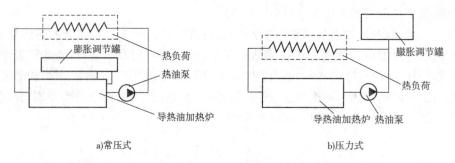

a)常压式　　　　　　b)压力式

图4-10-6　导热油加热沥青的工作原理

③导热油加热沥青的结构

下面以卧式导热油加热炉为例介绍其构造。导热油加热炉主要由内装蛇形加热管的加热燃烧室(火箱)、带鼓风机的燃烧器、热油泵、膨胀调节器、进出油手阀门和控制柜等组成(图4-10-7)。

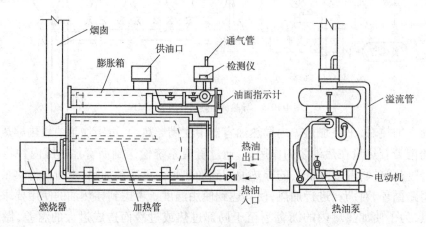

图4-10-7　卧式导热油加热炉结构简图

加热火箱用优质锅炉钢板制造,外面包有约50mm厚的保温层,保温层外再包罩一层薄钢皮。由无缝钢管盘绕成的蛇形(立式导热油加热炉为螺旋形)加热管沿火箱内壁水平布置,加热管伸出箱外部分分别通过进、出油手阀门近进、出油管,与导热油储罐和被加热的设备相连接。在加热箱的顶部设置有膨胀调节罐,以便在系统中的导热油膨胀时起调节作用。

加热箱体的一端有油泵、手阀门、压力开关和电动机等,用以驱使导热油循环流动。导热油可以从储油罐或被加热设备的蛇形管经过进油管和进油手阀被泵入加热火箱中的加热管。加热后的导热油可通过带过滤器的回油阀流回加热火箱内的加热管被再度加热,也可以通过出油手阀及出油管流向被加热设备去加热沥青或其他需要加热、保温的物料。

加热箱体的另一端设置有燃烧器和助燃鼓风机。燃烧器可燃烧轻柴油,也可附设预热装置燃烧重油。工作中,利用燃烧器的喷嘴使燃油燃烧,燃烧所形成的火焰使加热管内大的导热油升温。目前,加热炉中的燃烧器多采用全自动调压喷嘴式。它本身带有鼓风机、燃油泵和燃油滤清器,通过一套自动控制系统进行操作,工作中可自动熄火和再点火,以使加热炉工作安全可靠。

加热炉的控制柜内设置有油位过低时的断流开关、高低油压开关、火焰的光电监视装置、循环油泵与燃烧器连锁装置、工作温度控制开关、导热油油温上升到极限时的燃烧器熄火开关及各种指示器等。立式导热油加热炉的结构如图4-10-8所示。

2.1.3 沥青脱桶设备

沥青脱桶设备是熔化桶装沥青的专用设备,用以将固态桶装沥青从桶中脱出并加热至泵吸温度(图4-10-9)。有的沥青脱桶设备还可将沥青的脱桶、脱水、加热和保温等功能融为一体。

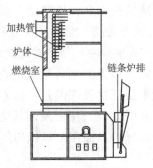

4-10-8 立式导热油加热炉结构简图

图4-10-9 沥青脱桶设备

(1)火管式沥青脱桶设备

火管式沥青脱桶设备由脱桶箱、加热系统、沥青泵送系统、电气控制设备等组成。脱桶箱内部被台车分割成脱桶室(上)与加热池(下),在箱内置有大小U形火管。小U形火管的入口处装有一只陶瓷烧管以降低火焰入口温度,避免沥青局部过热老化而影响沥青质量。与陶瓷管连接有高压电子自动点火柴油燃烧器,可实现鼓风、点火、燃烧的程序控制和光电火焰监视。脱桶箱内设置有内循环系统,其内循环管为喷洒管,在沥青升温的同时实现脱水。箱内的浮筒液位计可对沥青液位全程显示。

脱桶箱上部置有提升卷扬机,以使滑门启闭。脱桶箱侧部设置驱动装置,以使台车沿滑轨进出于脱桶箱。其工作过程如下。

脱桶时,将沥青桶上端盖打开,侧置于台车上,然后驱动装置使台车进入脱桶箱内,关闭滑门。燃烧器使柴油燃烧，燃气经下室的小 U 形管进入上室，加热沥青桶后由引风机引入排烟管排出。与沥青桶壁接触的沥青受热熔化后，靠自重落入油池，实现脱桶。当台车上的全部沥青落入加热池后，操纵相应阀门，使燃气不经脱桶室而经过加热池中的大 U 形管，加热沥青后再由引风机直接引入排烟管排出。在此期间，台车被拖出脱桶箱换桶。工作中，沥青泵转动，强制加热池中的沥青内循环，以使其温度均匀、脱水效果好。当加热池中的温度升高到 110～120℃ 后，三通阀旋至切断内循环而接通输出管路，沥青泵将沥青泵入保温管中备用。

(2) 导热油加热式沥青脱桶设备

导热油加热式沥青脱桶设备是一种较为先进的桶装沥青脱桶设备。该设备主要由上桶机构、沥青脱桶室、沥青加热室、导热油加热管道、沥青脱水器、沥青泵、沥青管道与阀门等组成，可完成对桶装沥青的脱桶、脱水、加热和保温作业（图 4-10-10）。

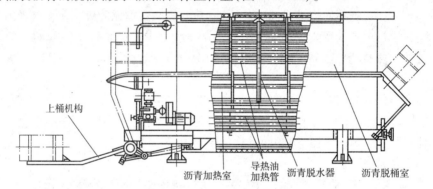

图 4-10-10　导热油加热式沥青脱桶设备结构简图

这种沥青脱桶设备的工作过程如下。

将沥青桶装入上桶机构，将卸去口盖的桶口朝下。用液压缸起升臂架将沥青桶推入脱桶室，直至脱桶室内放满沥青桶。导热油被泵入脱桶设备后，先进入沥青加热室的加热管道。当脱桶室内的温度达到沥青熔化流动的温度时，沥青从桶内流入加热室。待沥青充满加热室后，拨动三通阀，接通内循环管道，沥青泵将含水分的、温度为 95℃ 以上的沥青泵送至脱桶室顶部的平板上。沥青以薄层状态在流动中将水分蒸发，水蒸气由脱桶室顶部的孔口排出。当沥青中的水分排除干净并被继续加热到所需的工作温度 130～160℃ 以后，便可泵入其他保温罐中或直接被沥青混凝土拌和机使用。在循环作业中，已脱出沥青的空桶在上桶机构所上新桶的推力作用下从脱桶室后部被推出。

2.2　沥青的乳化设备

图 4-10-11　沥青乳化设备

沥青乳化设备是用来将沥青热融，经过机械剪切的作用，以细小的微滴状态分散于含有乳化剂的水溶液之中，形成水包油状沥青乳液的机械装置（图 4-10-11）。其生产特点是在乳化剂的作用下通过机械力将沥青破碎成微小的颗粒，并均匀的分散在水中，形成稳定的乳状液，即乳化沥青。

由于乳化沥青使用时不需加热，可以在常温状态下进行施工。它除广泛地应用在道路工程外，还应用于建筑屋面及洞库防水、金属材料表面防腐、农业土壤改良及植物养生、铁路的整体道床、沙漠固沙等方面,其中道路工程、建筑屋面为用量最大。在道路工程中,乳化沥青适用于沥青表面处治路面、沥青贯入式路面、常温沥青混合料路面,以及透层、黏层与封层。在建筑工程中,乳化沥青主要作为防水涂料用。乳化沥青和其他类型的涂料相比,其主要特点是可以在潮湿的基础上使用,而且还有相当大的黏结力。

2.2.1 沥青乳化设备的分类及特点

(1)按照沥青进入乳化机时的状态,其可分为开式系统和闭式系统。

开式沥青乳化设备的特点是利用阀门控制沥青和乳化剂水溶液的流量,沥青和乳化剂水溶液靠自重流入乳化机进料漏斗中。其优点是比较直观,设备组合简单,工作完毕后乳化机容易清洗;其缺点是沥青与乳化剂水溶液的比例不易控制,在乳化机内容易混入空气,产生气泡,影响生产效率。其主要用于简单普通乳化沥青的生产和自制的简单生产装置。

闭式沥青乳化设备的特点是:采用两个匹配完好的泵,直接把沥青和乳化剂水溶液经管路泵入乳化机内,靠流量计指示其流量。其优点是计量准确,乳化剂内不易混入空气,便于自动化控制,乳液质量和产量比较稳定,能实现文明生产;缺点是乳化剂清洗困难。目前,国内大规模的生产乳化沥青的一般均采用闭式系统。

(2)按照工艺流程,其可分为分批式和连续式。

分批作业的特点是预先在一个容器内完成乳化剂皂液制配,然后用泵将其输入乳化机中。一罐乳化剂水溶液用完后,再进行下一个罐的皂液掺配;两皂液罐的皂液制配交替进行、分批作业。其主要用于移动式的中型、小型乳化沥青生产设备(图4-10-12)。

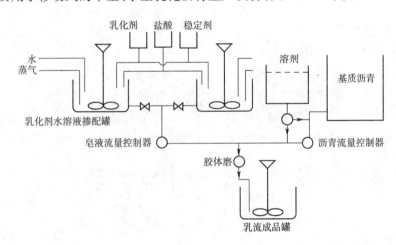

图4-10-12 分批作业型乳化沥青生产设备工艺流程示意图

连续作业型(在线生产式)的特点是将水、乳化剂和其他添加剂(酸、氯化钙)分别用计量泵将其送入乳化机中,乳化剂水溶液的掺配是在管道中完成。这种设备可以实现大流量连续作业,具有罐体容积小、产量大、自动化程度高的优点。其主要用于乳化沥青生产厂的固定式的乳化沥青生产设备(图4-10-13)。

(3)按照设备布局及机动性,其可分为固定式、组合式和移动式。

固定式设备用于设置在大型沥青储存库或炼油厂附近,一般不需要搬迁,所生产出的乳化沥青通过沥青罐车送至公路施工现场。

移动式各装置固定在一个专用的拖式底盘上生产效率低,多用于工程分散、用量小、频繁转移的小型工程。

组合式各装置分别固定在数个底盘上,转移、拼装较快,生产率范围较宽,适用于各种工程量的公路施工。

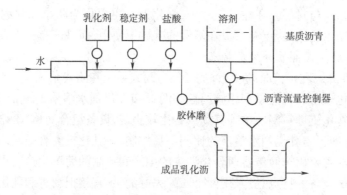

图 4-10-13　连续作业型乳化沥青生产设备工艺流程示意图

2.2.2　沥青乳化设备总体结构(图 4-10-14)

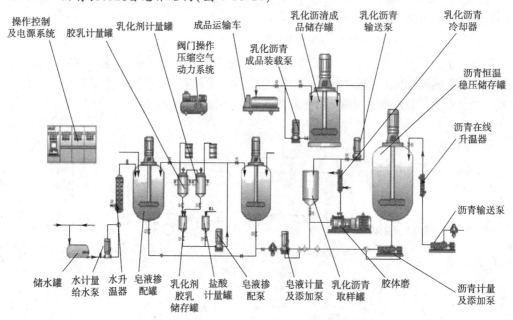

图 4-10-14　沥青乳化设备总体结构

(1)热沥青供给系统

①热沥青供给系统的功能是为生产乳化沥青提供符合生产工艺要求的基质沥青。其主要组成为:管道、阀门、沥青泵、沥青在线升温器、沥青恒温稳压储存罐等部件。

②沥青在线升温器的功能是对沥青在线加热升温。加热升温目前采用三种形式:蒸气介质加热、导热油介质加热、电加热。因加热介质不同,其升温器的结构也不相同;但要求进、出口温差20~30℃。

③沥青恒温稳压储存罐功能是储存达到工艺要求的基质沥青并维持乳化单元沥青进口的压力基本不变。其主要组成为:保温罐体、加热装置、搅拌装置等部件。

(2)水系统

水系统主要由储水罐、输水泵、热水器系统、乳化沥青冷却系统、冷却水循环再利用系统、管路阀门等总成和部件组成。其功能如下:

①根据工艺要求为配置皂液提供定量的水;
②乳化沥青冷却系统提供冷却水;
③冷却水的循环再利用。

热水器系统用于生产热水。片式换热、双管口系统装有恒温热水控制电路、热水气动分路与旁路电路用于控制生产过程水的温度。控制在 90℃ 以下。片式换热用于乳化沥青与水热交换,冷水环路的气动分流与旁通阀门用于控制乳化沥青出口温度。

(3)皂液掺配系统

皂液掺配系统的功能如下:
①乳化剂、稳定剂、盐酸等化学材料的储存和添加计量;
②按工艺要求掺配乳化剂、稳定剂与热水的搅拌混合;
③按工艺要求调节皂液的酸度值;
④皂液的保温储存。

主要形式:批量掺配式,主要应用在小型、移动式乳化沥青生产设备;在线容积式,主要应用在大型、乳化沥青生产厂的设备。主要组成:各种化学材料(乳化剂、稳定剂、盐酸)的储存罐、适应输送泵及计量装置、掺配罐、管道阀门等。

掺配罐是制取合格乳化剂水溶液的关键设备,主要功能如下:
①稀释乳化剂。处于非液态的乳化剂(中裂型较普遍)在连续生产的乳化沥青生产工艺中一般要配水溶解成浓度 10%~20% 的液体。稀释后的乳化剂,通过泵输送到管道中与热水再度混合,进入乳化机。
②制取皂液(乳化剂水溶液)。热水、乳化剂和添加剂按比例进入罐体中,经过搅拌器分散、混合形成皂液(乳化剂水溶液)。
③储存皂液。单一的皂液掺配罐不能进行连续生产,一般设置两个掺配罐,交替进行,实现连续生产。

调配罐尽管用途有差异,但都必须具有一定容量,能对液体进行计量、控温、混合等。皂液掺配罐主要由罐体、加热器、搅拌器、液位计、温度计、酸度计等组成。

罐体常采用立式,顶部为平盖、底部为椭圆形封头或者 90° 锥角无折边锥底。罐体如果采用平底将不利于乳化剂水溶液排尽。进水管要插到罐的底部,以减少乳化剂的泡沫。

加热器多采用蛇形盘管(导热油或蒸气),也可以作为搅拌器的导流筒,起到增强混合效果的作用。

搅拌器在保证乳化剂水溶液混合效果和混合速度方面起到关键作用,乳化剂水溶液调配罐中传统的搅拌器多采用低速大桨叶形式,由电机、减速器、搅拌轴组成,桨叶采用折叶式。目前,皂液掺配罐中,趋向采用高速小桨叶搅拌器,由电机直接驱动搅拌器,转速为 1500r/min 左右。采用螺旋桨叶片,搅拌器倾斜一定方向,混合力度、效果都较好,而且大大简化了搅拌器的结构。

液位计是为了控制每次进入罐体中热水的总量,常采用浮球式液位计,可以实现液面上、下限的控制。乳化剂和添加剂每次进入罐中的量很少,多采用流量计测量控制。

温度计是为了检测乳化剂水溶液的现场温度,当热水和乳化剂水溶液温度下降时可以启动加热器调温。

(4)乳化沥青生产单元

乳化沥青生产单元是乳化沥青生产设备的核心组成装置,其技术性能和水平直接决定了乳化沥青的生产质量和生产能力。其功能是将皂液和基质沥青按设定的比例量进行混合、均质、粉碎、分散、剪切、研磨、乳化，形成稳定的乳状液乳化沥青。其主要组成:乳化机、液相预混器、沥青输入系统、皂液输入系统、取样装置等部分。

乳化机是整套沥青乳化设备的核心，它的作用就是通过增压、冲压、剪切、研磨等机械作用，使沥青形成均细化颗粒，稳定而均匀地分散于乳化剂水溶液中，成为水乳状液。采用不同的力学作用原理，沥青乳化机的结构形式也不相同。一般常用的乳化机有均化器、胶体磨等形式。

均化器类乳化机主要由增压泵和均化头组成。各种均化器的区别主要在均化头的构造上，适用于沥青乳化机的均化器主要是柱塞式均化器。这种乳化机是利用齿轮泵将沥青和乳化剂水溶液加压，经混合器初混，然后通过阀杆和阀座间的缝隙高速喷射，由于弹性柱塞所形成的缝隙作用和湍流、振动作用，从而使沥青混合液受到挤压、膨胀、扩散而雾化，达到乳化的目的。这种沥青乳化机具有结构简单(图4-10-15)、制造容易，耗电量小，粒度均匀等优点；但存在有齿轮泵不耐用，易磨损，以及产量较少等缺陷。目前，均化器类乳化机在沥青乳化生产设备中很少使用。

胶体磨类乳化机是沥青乳化设备中采用最多的机型，主要是通过定子、转子之间由于高速运转所产生的剪切力而起到研摩、分散作用。沥青乳化设备较多使用的是卧式胶体磨，转子和定子之间的配合一般是锥形。由于在整机结构以及磨体的形状和液体流向的不同，沥青乳化机主要分成以下几类。

①锥面槽式胶体磨

此类胶体磨，在锥形的定子内表面和转子外表面做出许多方向不同的斜槽，使通过二锥面极小间隙的沥青混合液受到反复的剪切、摩擦，因而被分散、均化形成均匀的微粒悬浮在水溶液中；磨、剪结合，适用于各类改性乳化沥青的生产。

②平面槽式胶体磨(图4-10-16)

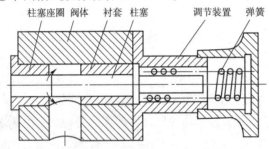
图4-10-15 均化器结构示意图

图4-10-16 平面槽式胶体磨结构示意图

此类胶体磨原先用于乳制品及化工工业，乳化细度可低于2um。近几年，此类胶体磨用于转子是两个相对的平面，其表面有许多同心的环槽。沥青混合液从胶体磨体中部进入内部，在离心力的作用下，高速通过定子和转子间的缝隙，并受到剪切力、摩擦力、高频震动、漩涡等复杂力的作用，因而混合液被有效地分散、破碎均化和乳化；以剪为主，适用于液体改性乳化沥青的生产。

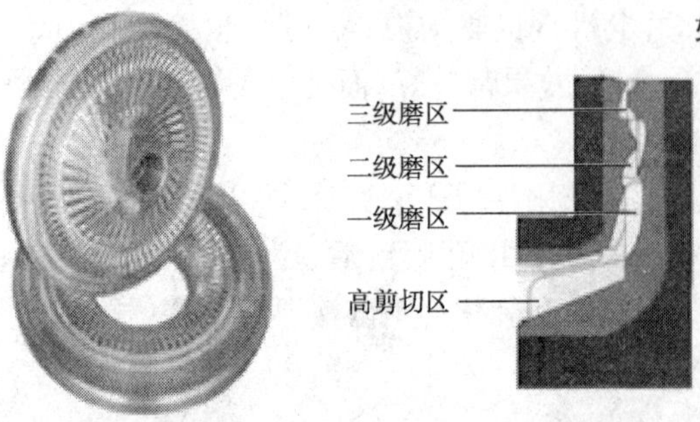

③光滑锥面胶体磨(图4-10-17)

图4-10-17 锥面槽式胶体磨结构示意图

光滑锥面胶体磨一般用于制取各类乳状

液。胶体磨中的定子和转子的表面为光滑面,转子的高速旋转,以及转子与定子之间微小的间隙和沥青混合液的黏度作用,使定子和转子之间形成逆向的强大的剪切力,在剪切、摩擦作用下,沥青混合液被分裂成微细颗粒,均匀地形成乳液。其以磨为主,一般用于质地较软的材料乳化生产,如化妆膏液。

④新型高剪切胶体磨(图4-10-18)

其为高剪切分散乳化机构和胶体粉碎磨的结合,实现了粉碎、研磨、分散、乳化、均质、输送为一体的多功能装置,适用于聚合物改性乳化沥青的生产。

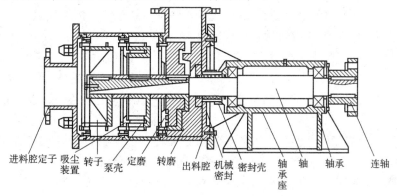

图4-10-18　新型高剪切胶体磨结构示意图

(5)沥青输入系统

该系统包括入口滤芯(有备用滤网)、变量沥青泵(有内部溢流阀)、生产过程控制系统(以下简称PCS)、容积流量计(有机械计数器和电子脉冲发送器)。管线上装有气动入口阀门、温度计、温度传感器和压力表。沥青泵转速PID控制器通过变频器控制。PID控制器集成于PCS。

(6)皂液输入系统

该系统包括入口滤芯(有备用滤网)、变量皂液泵(有内部溢流阀)、容积流量计(有机械计数器和电子脉冲发送器)。管线装有入口阀门和压力表。皂液泵转速由PID控制器通过变频器控制。PID控制器集成于PCS。

(7)胶乳添加系统

该系统的主要功能是按工艺配方的要求添加胶乳改性剂,以生产各种胶乳改性乳化沥青。不同的胶乳改性乳化沥青,其胶乳的添加方式也不同;主要方式:①加入皂液中;②乳化机前;③乳化机后静态混合器加入。主要组成:胶乳储存罐、输送计量泵、胶乳静态混合器、加入方式转换阀、管道阀门等部件。

(8)操作、过程控制系统

沥青乳化设备使沥青、水、乳化剂和添加剂按一定的比例掺配,在连续运动过程中完成乳化,形成沥青乳液。计量控制系统就是对上述物料在运动过程中所发生的温度、压力、流量、配合比等因素的变化实行监测与控制,以实现稳定生产高质量的沥青乳液。操作、控制系统主要包括温度、液位、流量、油水比的计量控制以及各种动力装置的顺序启闭、动作和定时控制。

沥青与乳化剂水溶液的温度是沥青乳化过程能否稳定生产的一个重要的参数,其具体值由工艺决定。目前,乳化沥青生产中很少采用温度的伺服控制,这是因为沥青乳化过程对温度的控制精度要求不高(±5 ℃)。因此,多数设备都是采用开关控制,用温度仪表进行监测,当温度达到上限,电磁阀(通蒸气或导热油)关闭;达到下限,电磁阀打开(采用电加热装置其原理相同)。采用开关控制有滞后效应,使温度超过上限或下限(由仪表精度决定),这对乳化沥青生产没有很大影响。

在罐体中掺配乳化剂水溶液,一般用浮球液位计控制控制水量,同温度开关控制一样也会出现滞后效应。因此,对液位高度理论计算后,应反复试验实际液位高度和实际加水量,最后确定液位计的实际定位高度。在乳化沥青自控设备中,所有盛装液体的容器(沥青罐、乳化沥青罐等)都应设置控制液位高低的液位控制器,这对于连续大批量生产乳化沥青,保证稳定有序地工作是必不可少的装置。

在乳化沥青生产过程中计量控制,是按比例控制沥青和水溶液的输送量,而后送入乳化机中,是生产出合格的乳化沥青的重要技术性能之一。

国内早期的乳化沥青油水比例控制装置,多是采用人工控制的方法,即手动控制阀门,需进行繁琐的配比计量和油水比检验。其缺点是产量较小,控制不准确,油水比波动大,产品质量不稳定。近几年,自动控制油水比的装置不断出现,并且自动化程度越来越高。

油水比自动控制的原理是:在沥青乳化生产过程中,沥青和乳化剂水溶液受温度、压力等因素的影响,而引起流量不断变化。液体流量就是要控制的对象。通过传感器、测量仪表、调节器和执行机构可以实现对沥青和乳化剂水溶液流量的自动控制。

目前,油水比控制中采用单回路调节系统较多,其调节方式有如下两种。

方式一:检测对象是乳化剂水溶液和乳化沥青,而调节的对象是水溶液和沥青的供量。其主要设计思想是:沥青具有物理形态很不稳定的特点,在不同的温度阶段,黏度发生很大的变化,加上沥青产地不同,组分差别大,黏度各异,不同标号的沥青黏度也有较大差别;另外,目前国内尚无合适的检测沥青的流量仪表,因此,将沥青流量作为不可检测的对象。

方式二:沥青和乳化剂水溶液各自作为检测和调节对象。在运行前,需要将两个回路流量各自设定,输入计算机中进行运算,而后调节执行机构。上述的定值调节系统采用的是 PID 调节方式(比例、积分、微分),它可以使系统运行稳定和准确。首先将产量设定值和油水比设定值送入计算机系统,依据输入数据计算机计算确定沥青流量给定值和皂液流量的给定值,然后经过执行机构(调速器,电动阀门等)的作用,使输出的流量值与给定值相等。

(9)乳化沥青的储存系统

乳化沥青储存系统的功能是储存产品乳化沥青并防止乳化沥青离析和破乳。主要组成:储存罐、搅拌装置、成品装载泵、循环系统、保温加热系统、管道及阀门等部件。

储存罐体一般用钢板制作。其外形有立式或卧式。固定式的乳化沥青生产厂采用立式罐、移动式生产设备采用卧式罐。罐体上部应设置人孔,便于维修人员进入内部维修或清污,底部应做成圆弧状或梯状,并设置排污孔以利于杂质沉淀和排污。罐体外部必须加装保温材料,以减少乳化沥青受外部环境温度的变化使产品产生离析或破乳。

为了防止乳化沥青产生离析,在储存罐上部应设置搅拌器。搅拌器由电机、减速器、搅拌轴组成;速度 40~80r/min,不宜过高,以免乳化沥青破乳。搅拌桨叶布置成一层或者多层,桨叶常采用可使沥青在罐中上下运动的结构,达到防离析的目的。

(10)加热系统

加热系统的功能是为需要热能的部件和系统提供热能。主要形式:蒸气、导热油介质和电能。

蒸气和导热油介质对沥青升温都是采用间接加热法,即水蒸气或导热油不与沥青接触,而是通过金属壁来传递热量。蒸气加热通常采用蛇形或者排管加热器,加热器的出口应设置蒸气疏水器。导热油加热器通常采用蛇形管,其高温端应设置在罐体底部,而低温端在罐的上部。新建乳化沥青厂和移动乳化沥青生产设备大多采用导热油介质,蒸气已基本不被采用。

电加热器多采用管状加热器,电流通过加热元件而发热,热量通过辐射和对流的方法由加热元件传给被加热的沥青。电加热器一般设置在罐底部,为了使三相用电量平衡,电加热管应布置3支或者是3的倍数。无论是何种加热装置,罐体中的沥青的最低液面要能够掩埋这些装置。其主要用于阀门、管道的加热保温。

(11)压缩空气动力系统

该系统的主要功能是为乳化沥青生产设备中各类阀门提供开、关执行的压缩气体动力。主要组成:空气压缩机、管路、电磁控制阀门等部件。

2.2.3 沥青乳化工艺流程

沥青乳液的主要成分是沥青、水、乳化剂和稳定剂。几乎各种标号的石油沥青都可用于制备沥青乳液。通过乳化机械的高速搅动或剪切作用,沥青被破碎成微小颗粒,分散在有乳化剂作用的表面活性物质的水溶液中,则可获得一种均匀分散胶体。乳液中沥青颗粒直径大致在 $1 \sim 5 \mu m$ 范围之内。乳化剂的基本作用是降低表面张力。其特点是分子中有一个水溶性(亲水性)的极性基团和一个油溶性(憎水性)的非极性基团。在沥青—水体系中,乳化剂分子移动于沥青与水界面间,其分子的憎水基团吸附于沥青的表面,并使其带有电荷,而亲水基团则进入水相,从而将沥青颗粒与水连接起来,降低了两者之间的界面张力。同时,由于沥青粒子带有同样电荷而互相排斥,妨碍它们之间互相凝聚,因而使沥青乳液能保持一定时期的均匀和稳定。电荷的性质决定于乳化剂的憎水基团或烃链部分的电荷,如其为负电荷,则沥青粒子带有负电荷,而形成的乳液为阴离子沥青乳液;反之,则为阳离子沥青乳液。如沥青粒子既具有负电荷,又具有正电荷,则乳液为两性离子沥青乳液;此外,还有非离子型沥青液。

(1)制备沥青乳液的方法

①胶体磨或均化器法。胶体磨主要包括转子和定子两部分。转子在定子中高速旋转,两者的间隙约为 0.035~0.05mm。乳化效果主要视液体剪力的大小而异,而这种剪力是由于沥青颗粒在乳化剂溶液中受到转子旋转表面切割而产生的。制备沥青乳液时,将热沥青(110~120℃)和热的乳化剂水溶液(60~90℃)以固定的比例分别进入转子高速旋转(3000~8000 r/min)的胶体磨中,沥青通过转子被切割成粒子并与乳化剂水溶液混合后即可连续制备沥青乳液。产品的沥青颗粒平均为 $1 \sim 3 \mu m$。需要注意的是,加料要适量和均衡,这是保证产品均匀的重要因素。水的硬度必须控制,必要时应使用软化设备。目前,乳化沥青生产设备的产品均采用此法。

②搅拌器法。这是一种间歇式生产沥青乳液的方法。搅拌器上装有浆叶,其位置需偏离搅拌器的中心,以免形成旋涡。制备乳液时,先将定量的热乳化剂水溶液倾入搅拌器中,然后将热沥青在搅拌状态下逐渐注入搅拌器,并继续搅拌(100~800 r/min)。采用此法制备的沥青乳液不如上法均匀,有的颗粒小于 $1 \mu m$,有的则大于 $10 \mu m$。此种方法生产成本低主要用于施工工地临时生产沥青含量较低、阴离子的、质量要求不高乳化沥青。

(2)沥青乳化生产工艺过程

沥青乳化生产工艺过程一般分为沥青配制、乳化剂水溶液配制、沥青乳化和乳液储存四个主要工序,如图 4-10-19 所示。

采用机械分散法生产乳化沥青的工艺流程如下。

①将沥青加热到额定温度;

②将水、乳化剂、外掺剂(包括稳定剂、酸等)混合到一起并加热到额定温度;

③将热沥青与乳化剂水溶液一起送入沥青乳化机,即可生产出成品乳化沥青。

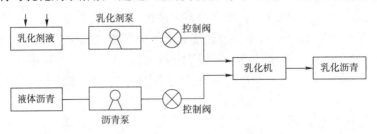

图4-10-19 沥青乳化的工艺流程

④成品乳化沥青放入储存罐内,随时供施工应用。

沥青配制工序的关键是沥青质量的检验和乳化前沥青温度的控制。沥青温度是较重要的工艺参数,如果温度过低,沥青黏度大,乳化效果将受到影响,不仅消耗能源,增加成本,而且还会使水汽化,导致沥青同水的比例发生变化,同时会使乳化过程中产生大量气泡,降低乳液的质量和产量。一般情况下,生产乳化沥青时,沥青加热最佳的温度为120~140℃。

根据所需的乳化沥青类型和乳化剂产品说明书,选择乳化剂、外掺剂的用量,配制适宜的乳化剂水溶液。乳化剂、外掺剂的用量对乳液的性能起决定性作用。用量少了,乳液中沥青微粒粗大不匀,而且乳液的储存稳定性能很差;用量多了,乳液的生产成本提高,造成浪费。

配制乳化剂水溶液的配方很多,其生产工艺也有很多差别,具体应按乳化剂产品说明书和通过反复试验来确定。关于加热温度,乳化各阶段对水温的要求是不同的,溶解乳化剂要求水温必须高一些,溶解温度应一般控制在60~80℃;进入乳化机时的水温应稍低一些,一般控制在30~50℃。实际生产中,可把水温分两次控制:

①首先将在水溶液掺配槽内放入所需水量的1/4~1/3,加热到70~80℃,投入乳化剂和各种外掺剂。

②当乳化剂和外掺剂完全溶解后,再加水至需要的量,并将水溶液的温度控制在30~50℃,使乳化剂和外掺剂充分溶解,水溶液接近透明状态。

这样做可保证在少消耗能源的前提下,既能有效地溶解乳化剂和外掺剂,又能有效防止乳化过程中水的汽化。在这一过程中,要特别注意加酸,仔细调整水溶液的pH值,使符合乳化剂使用说明书的要求。

沥青乳化是生产合格沥青的关键步骤。对于这一工序,一是要严格控制沥青和乳化剂水溶液的比例,二是要调整好乳化剂研磨间隙。一般说来,沥青乳液的温度控制在70~80℃为好。

乳化沥青的储存也是不可忽视的生产工序。合格的沥青乳液,因储存不当造成乳液破坏以致不能使用的例子很多。一般说来,当乳液存放时,将有正常的分层现象。为了延缓分层的速度,一是采用密封容器,减少水分蒸发;二是可在储存容器上加装搅拌装置,定期进行搅拌。沥青乳液若长期大容量存放,必须要定期抽样,检验其质量是否发生变化。

3 任务实施

3.1 准备工作

准备沥青加热设备和沥青乳化设备,以导热油加热设备为主讲设备;条件不具备时准备沥青加热设备、沥青乳化设备图片和工作视频;仔细阅读使用说明书、操作手册及教材。

3.2 实施过程

(1)老师对照导热油加热设备讲解导热油加热沥青的工作原理。
(2)学生分组对照导热油加热沥青设备熟悉老师讲解的内容。
(3)老师提问检验学生的掌握情况。

3.3 实施过程中的注意事项

(1)注意个人安全。
(2)保持设备的清洁和完好。

4 知识拓展

4.1 超导热管沥青加热设备

超导热管沥青加热设备是近年来发展起来的新型元件,是内部充有适量蒸发液体的真空管。管内保持约 $1.3 \times 10^{-1} \sim 1.3 \times 10^{-4}$ Pa 的负压,工作时将管内存有液体的一端加热,处于负压状态的管内液体将迅速吸热汽化为蒸气,并在极小的压差条件下扩散到管子的另一端。由另一端的管壁向低于蒸气温度的外界环境放出热量后又凝结为液体,冷凝液借助于重力或其他作用力流回到被加热端周而复始反复循环,构成一个由相变传热的、能以较小温差及内部热阻极小的、有极大导热率的传热器件。通常较多应用的是重力式热管(图 4-10-20)。此种热管安装时必须加热段在下冷凝段在上,不能颠倒;否则,不能工作。将超导热管技术用于加热沥青,它打破传统的以水、导热油为介质的传热方式,可将大量热量通过极小截面实现远距离快速传输而无需外加动力。经试验,该超导热管效率达 90% 以上,提高了能源的利用率。地区级沥青供应站配备超导热管沥青油罐非常实用,其加热装置可选择烧轻、重油的燃烧器,也可选择经济型燃煤炉。

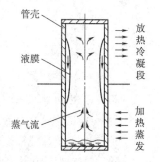

图 4-10-20 重力式热管示意图

4.2 改性乳化沥青的生产

生产改性乳化沥青是现代乳化沥青生产设备的主要功能。改性乳化沥青所用的改性剂主要是 SBR 和 SBS。SBR 胶乳改性乳化沥青虽然有较好的低温抗裂性,但对高温稳定性改善不明显,而我国的气候条件是全国各地夏季普遍气温较高,对沥青黏结料的高温稳定性要求比较苛刻。而 SBS 改性乳化沥青能同时兼顾沥青的高、低温性能,具有很好的应用前景。

聚合物改性乳化沥青的生产工艺主要分为两大类:乳化沥青改性、改性沥青乳化。

乳化沥青改性工艺主要用于胶乳改性乳化沥青的生产。方法是将加热至熔融状态的基质沥青与乳化剂水溶液和以乳液状态存在的高分子聚合物通过适当的方式混合,制得改性乳化沥青。此方法工艺简单,制得的改性乳化沥青稳定性较差,不适用于生产 SBS 改性乳化沥青。

改性沥青乳化工艺的流程图如图 4-10-21 所示。先将聚合物(SBS)和基质沥青通过高剪切胶体磨等制备出聚合物改性沥青,再将改性沥青通过高剪切胶体磨与乳化剂水溶液混合乳化,制得改性乳化沥青。此种工艺由于将沥青和聚合物颗粒剪切得很细,因此适用于生产 SBR 和 SBS 改性乳化沥青,尤其是生产 SBS 改性乳化沥青。

图 4-10-21　改性沥青乳化工艺流程图

SBS 改性沥青,由于其本身韧性好,因此普通均化器、胶体磨根本不能直接进行生产,并且随着 SBS 含量增加(一般为 2%~3%),乳化难度增加,乳化稳定性变差,因此改性沥青的乳化要保证有好的乳化效果,除了 SBS 的加量外,还必须保证改性沥青中 SBS 不离析以及 SBS 的粒度达到胶体的需求。因此,乳化沥青生产设备的核心乳化机(胶体磨)必须具有高速剪切和研磨功能(研磨区内流体分子间剧烈摩擦、挤压、揉搓和撕裂,使分子链断裂,并使沥青混合物分子很好地重新分布并结合,沥青混合液最终被有效地分散、破碎、均匀和乳化,形成均匀的微细颗粒稳定乳状液体)。

目前,国产胶体磨由于材料、加工精度、生产工艺等因素在技术性能、耐用及防腐性能与进口产品还有一定的差距,特别是转速(3000r/min)与进口机(6000r/min)相差较大,用于 SBS 改性沥青乳化还有待于进一步的发展。

5　思考题

(1)沥青加热方式有哪些?
(2)常用的沥青加热设备有哪些?
(3)导热油加热设备的工作原理是什么?
(4)常用的沥青脱桶设备有哪些?
(5)简述沥青乳化设备的分类,各有何特点?
(6)简述沥青乳化生产工艺。

任务 11　认识沥青洒布车

1　任务引入

沥青洒布车是公路、城市道路、机场、港口码头和水利工程施工建设中的必不可少的设备之一(图 4-11-1),多用在以贯入法、表面处置法修筑路面、稳定土、路拌沥青混合料或修筑复合式结构层路面时和沥青黏结层的沥青洒布作业。此外,自行式沥青洒布机还可用作从沥青熔化池中将热的液态沥青吸入自身所带的沥青储存罐中;能对液态沥青保温(温度降低还可加热至工作温度),能抽空沥青管路和转输沥青等。沥青洒布机是一种以喷洒液态沥青(包括热态沥青、乳化沥青、渣

图 4-11-1　HZJ5110GLQ 普通型沥青洒布车

油)为主,并具有运输液态沥青能力的沥青路面修筑机械。近年来,沥青洒布机向着大型化、系列化、高精度、自动控制的方向发展。

2 相关理论知识

2.1 沥青洒布机的分类和特点

(1)根据沥青箱的容量,沥青洒布机分为小型(容量<1500L)、中型(容量1500~3000L)和大型(容量大于3000L)三种。

(2)根据移动形式,沥青洒布机可分为手推式、拖运式和自行式。

手推式沥青洒布机是将沥青洒布箱(其容积约为200~400L)和洒布设备一同装在手推车上,利用人工手摇沥青泵或手压活塞泵输送高温液态沥青,通过洒布软管和喷油器进行沥青的洒布作业。洒布能力一般在30L/min以下,用于道路养护作业。

拖式沥青洒布机是将所有的有关部件和设备装置在一辆拖车上(一般为单轴二轮拖车),由牵引车牵引进行作业。其沥青箱的容量大多为400~600L,可以直接由喷燃器加热沥青并进行保温。动力装置一般是小型柴油机,并驱动沥青泵进行喷洒作业。由于用动力取代人力,提高了生产效率,洒布能力一般在30L/min以上。这种沥青洒布机多用于路面养护和小面积的洒布作业。

自行式沥青洒布机是常用的一种洒布机,有车载型和专用型两种。其特点是将沥青箱和洒布系统装在同一辆汽车底盘上,具有加热、保温、洒布、回收及循环多种功能。沥青洒布的方式可以是泵压喷洒或气压喷洒,两种喷洒方式虽各有其优缺点,但均能保证喷洒效果。其沥青储箱的容量一般大于1500L。由于自行式沥青洒布机的洒布量可以调节控制、洒布质量好、工作效率高、机动性好,所以在黑色路面施工中被广泛使用。

(3)根据喷洒方式,沥青洒布机可分为泵压喷洒和气压喷洒两种。

泵压式沥青喷洒机是利用齿轮式沥青泵等把液态热沥青从储箱内吸出,并以一定的压力输送到洒布管并喷洒到地面上。同时,它还可以在沥青库中完成自行灌装、其他容器换装以及自行加热的工作。

气压式沥青洒布机是利用空气压力使沥青经洒布管进行喷洒作业。其最大优点是在作业结束时,可将管路中的残留沥青吹洗干净;在喷洒乳化沥青时,不会产生破乳现象。

(4)根据沥青泵的驱动方式,沥青洒布机可分为基础车发动机直接驱动式和独立发动机驱动式两种。

2.2 沥青洒布机的总体构造

2.2.1 沥青洒布机的型号

沥青洒布车没有统一的编号,生产厂家不一样,编号也各异。如HGY5120GLQ、FD5160GLQ分别为河南高远圣工和美通飞碟牌沥青洒布车,5为特种车代码,后面的数字与沥青保温箱容积有关。

2.2.2 自行式沥青洒布机的总体构造

现代自行式沥青洒布机主要由牵引车(含操作系统、动力传动系统)、液压传动系统、沥青保温箱、沥青加热装置、后操作台、沥青喷洒管、喷嘴等组成,如图4-11-2所示。

图4-11-2 自行式沥青洒布机

另外,洒布机上还设置有手提式洒布器及手提式喷灯。其工作过程是:沥青泵将熔化池中的热沥青吸入沥青箱中,基础车将沥青运输到施工现场,通过加热系统将沥青加热到工作温度,控制机构将喷洒阀门开启,沥青泵将沥青以一定的压力输送到洒布管、喷嘴后按一定的洒布率喷洒到路面上。作业结束后,沥青泵反向运转,将循环管路中的残留沥青吸入到沥青箱中。

自行式沥青洒布机除了汽车本身以外,其洒布设备主要有储料箱、加热系统、传动系统、洒布系统和操纵系统及其计量仪表等。以 LS-3500 型洒布机为例(图 4-11-3),对洒布机各部分组成略述如下。

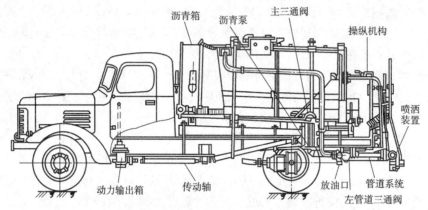

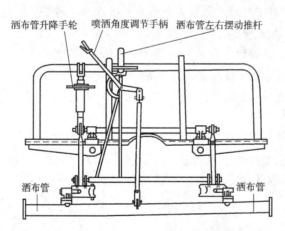

图 4-11-3　自行式沥青洒布机构造示意图

2.2.3　拖运式沥青洒布机的总体构造

图 4-11-4　拖式洒布机

拖式沥青洒布机安装在单轴二轮和双轴四轮车上,由牵引车牵引运行,用于小面积的筑路和养路作业,主要由底盘、压气动力系统、沥青箱、洒布管路、加热装置和报警装置等组成(图 4-11-4)。

2.3　沥青洒布机工作装置

2.3.1　沥青储箱

沥青储箱主要由箱体、隔热层、外罩、溢流管、过油管、阀门、隔板、加热火管、浮标和固定架等组成(图 4-11-5)。

沥青储箱是利用3~5mm厚的钢板焊接而成的椭圆形封闭长筒,在壳体外包有30~50mm厚的玻璃绒或岩棉等制成的保温隔热层,在保温隔热层外用薄金属板套壳包住。此隔热保温层可使沥青箱内的热态沥青在环境温度为12~15°C时温度下降不大于2°C/h,可使沥青的温度缓慢降低。筒体中部有一道横隔板,将筒体分为前后两腔(底部有缺口相通),这样可以减少沥青由于行驶产生的振动和冲击,同时又增加了筒体的强度。在箱顶的中部有一个带滤网的大圆口,不仅可以加入沥青,而且在维修时便于人员进出。为了加热箱体内的沥青,在箱体的中下部安装了排列整齐的加热管。箱底部开有出油孔、孔内设有总阀门,它由箱顶上的手轮,通过长柄执行机构控制。出油口的下面装有一个主三通阀和沥青泵。箱内还设有进料管和测定沥青量的浮标。溢流管透出箱底,超量的沥青可以由此流出。

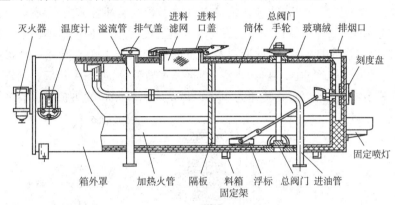

图 4-11-5 沥青储箱

2.3.2 加热系统

洒布机经长途行驶后,其沥青箱内的热态沥青温度会降到工作温度以下,所以,使用前必须进行再加热升温。其加热的方式有箱底加热和箱内加热两种。箱底加热是火焰直接加热箱底以提高沥青温度,多用于小型沥青洒布机;箱内加热是利用设置于箱内的1~2根U形管或L形火管加热沥青使其升温。它主要由燃油箱、2个固定喷灯、1个手提式喷灯、2根U形火管和带有滤清器的油管系统所组成,见图4-11-6。

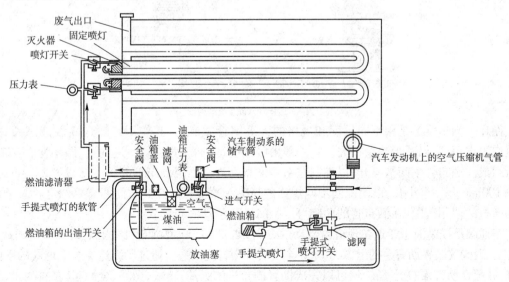

图 4-11-6 沥青洒布机加热系统

固定式喷灯安装在U形管的端部,向火管内喷入火焰加热沥青,废气从排烟口排出。螺旋管的下部设有油盘,储少量燃油,在点燃前预热喷管,加快燃油汽化,尽快达到正常汽化燃烧的目的。

燃油箱由汽车的储气筒向内提供压缩空气,燃油在一定的压力下,向喷灯供油,箱上安装有压力表等。

固定喷灯是由钢管制成的喷管和喷嘴,喷管为螺旋状,以利于燃油加热汽化。为了使燃油雾化质量好,管道中设有燃油滤清器,过滤杂质,使其燃烧更充分。

手提式喷灯可在作业前加热沥青泵与管路系统,以熔化原来残留的沥青,并可在修补路面时使用。

2.3.3 循环—洒布系统

循环—洒布系统的作用是使沥青箱内的热态液体沥青在循环管道内不断循环流动,以使箱内的全部沥青都能加热,并在运输过程中能保持均匀的温度;此外,还完成向箱内抽进热态沥青、抽空箱内液料和洒布管内的余料、转输液料及热态沥青的洒布工作。循环—洒布系统主要包括:沥青泵、主三通阀、左右管道三通阀、管道、洒布管和喷嘴等,见图4-11-7。沥青泵一般为低压式齿轮泵,安装于输油总管上,其转速为400~800r/min,控制转速可控制沥青的洒布量。

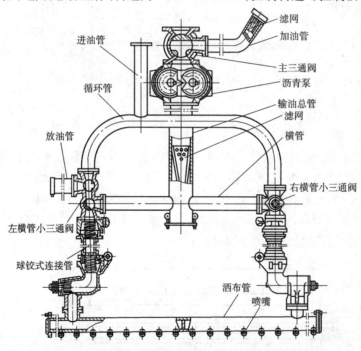

图4-11-7 循环-洒布系统结构图

循环—洒布管道是用不同长度和规格的无缝钢管做成的,其作用是输送高温液态沥青。管道应力求短些,以减少热量损失。它一般由吸油管、输油总管、横管、进油管、循环管、洒布管等所组成。洒布管中间被隔开,以控制左右侧洒布沥青。固定洒布管的长度一般为2~4m,并每隔100mm开一个小孔,以便配制不同规格的喷嘴。喷嘴可以按其不同的需要选定。为了扩大洒布机的使用范围,在洒布管的两侧可以临时安装活动洒布管。

三通阀是控制液态沥青在管道内流动的方向,如LS-3500型洒布机共安装旋塞型三通阀4个,主三通阀安装在沥青泵的上方,其余3个安装在横管的两边。通过操纵这4个三通阀的不同位置,并配合沥青泵的正反转,就可以完成沥青洒布机的吸油、转输、循环、全洒布、左右洒布,抽空和少量洒布等多种作业形式。各个操纵的方位在标牌上有说明,可以按标定方位进行操作。

2.3.4 沥青泵

沥青泵(图4-11-8)为外啮合齿轮油泵,它由齿轮、泵壳、轴及前后盖所组成,工作时由本身传送的液态沥青进行润滑。

2.4 沥青洒布机传动系统

自行式沥青洒布机的传动系统包括基础车的传动系统和沥青泵驱动传动系统。以下只介绍后者。沥青泵驱动传动系统由分动箱、传动轴及沥青泵等组成。传动路线为:发动机→离合器→变速器→分动器→传动轴及联轴节→沥青泵。在联轴节与泵轴之间安装有安全销,一旦油泵超载而不能转动,安全销首先折断而起到安全作用。

分动器(图4-11-9)是一个三轴式齿轮箱,共有6个齿轮,2个顺挡、1个空挡和1个倒挡,一般是装在汽车变速器的右侧,由设在驾驶室内的操纵杆进行操纵。顺挡时洒布机以不同的洒布量进行洒布、循环、输送及储油箱吸油等工作。倒挡用于将管路中的残余沥青吸入储箱内。

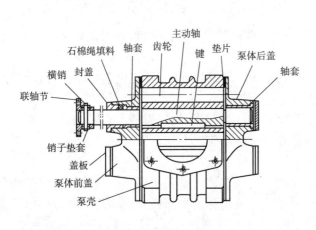

图4-11-8 沥青泵结构图

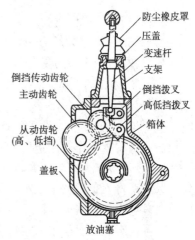

图4-11-9 分动器结构图

2.5 沥青洒布机工作装置的操纵原理

操纵机构如图4-11-10所示,是由站在洒布机后部操纵台上的人员通过手轮和操纵杆等机构进行操纵的。它的操纵包括三通阀的拨转和洒布管的升降与横向摆动两部分。前者在一般作业中拨动一次即可,后者则在洒布过程中要根据施工的需要经常操作和调整。

2.6 沥青洒布机的使用

2.6.1 沥青洒布机安全操作规程及要求

(1)沥青洒布机在作业中质量是第一因素,所以在工作时,行走速度要稳定,汽车驾驶者与喷洒操作者要协调一致。

(2)沥青的加热温度一般为140～160℃,过低(低于100℃),喷洒困难;过高,沥青会老化,变质,甚

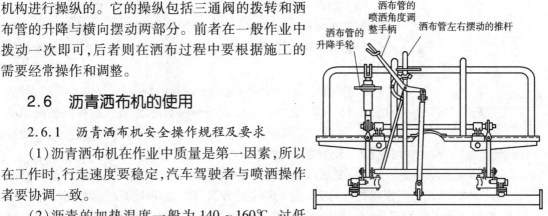

图4-11-10 洒布机操作机构

至起火燃烧。因此,在工作前,首先检查沥青温度。

(3)作业中要使洒布机有稳定的喷洒压力。喷雾角是由压力来维持的,压力不稳,会使喷洒的扇形雾化状况有变化,致使喷洒不均。

(4)要调整好喷嘴的喷射角(长缝喷嘴为扇形,锥形喷嘴为锥形角)及喷嘴离地的高度,既保证有一定的喷洒宽度,又使重叠量合适。对于长缝喷嘴,相邻喷雾的重叠程度还与喷嘴与管轴线的夹角有关,一般事先调整在25°~30°。锥孔喷嘴的安装位置也影响其喷油宽度和毗邻喷嘴的重叠量,使用时洒布管距地面的高度一般为250mm左右。

(5)相邻喷洒带之间有一定的重叠量,一般横缝重叠量为10~15cm,纵缝重叠量为20~30cm。

(6)在工作完成以后或者罐内沥青已喷洒完毕,应立即关闭三通阀,并升起洒布管,使其喷嘴向上,并倒转沥青泵,将管内沥青抽回箱内,用喷灯熔化喷嘴或部分管道内的沥青,使其全部回收到罐内。当天工作完毕,应将沥青箱、沥青泵和管道用煤油或柴油冲洗干净。

(7)手提喷灯点燃时,不允许接近易燃品。若喷灯的火焰过大或扩散漫延时,应立即关闭喷灯,使其余燃物烧尽后再点燃。

(8)喷燃器的压缩空气压力一般在0.3~0.4MPa以下。当喷燃器熄灭以后,应关闭燃油箱的进气开关,并卸除箱内的剩余压力。

(9)沥青洒布机在工作时,严禁使用喷燃系统。满载行驶时,要避免紧急制动;遇有弯道斜坡,应提前减速,尽量避免制动。

(10)喷洒时,洒布车应在距喷洒起点约5~10m处起步,到达喷洒起点时,迅速打开左右管道上的三通阀。洒布作业停止后,沥青洒布车应继续前进4~8m方可停车。

2.6.2 沥青洒布机安全操作的注意事项

为了保证沥青洒布机的正常工作,在每次洒布完毕之后都要将循环—洒布管路中的残余沥青抽回储料箱内。若当天不再使用,还要用柴油或煤油清洗储料箱、沥青泵和管路,以防止沥青凝固在各处影响下次使用。在每次使用之前都要检查沥青泵,若发现有沥青凝固现象,需用手提喷灯烤化,直到沥青泵运转灵活为止。

为了提高沥青的洒布质量,施工中应注意以下要点。

(1)要求沥青洒布机有稳定的行驶速度,速度可按施工要求确定。

(2)要求汽车驾驶员和洒布操纵者密切配合,动作协调一致,确保洒布均匀。

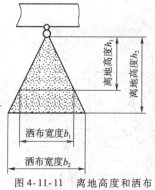

图4-11-11 离地高度和洒布宽度的关系

(3)要保持沥青的洒布温度。因沥青的黏度和其温度呈反比,而黏度又决定沥青泵的输出量,若沥青温度不当,则其黏度的变化会引起沥青泵输出量的变化,使洒布不均匀,从而影响到洒布的质量。

(4)洒布设备的喷嘴应适用于沥青的稠度,确保能呈雾状,与洒油管呈15°~25°的夹角。要选好喷嘴的离地高度,因喷嘴的离地高度不同,其洒布宽度不同(4-11-11)。洒油管的高度应使同一地点接受2~3个喷嘴喷洒的沥青,不得出现白条。

(5)要求汽车轮胎有足够的气压。若轮胎气压不足,储料箱内沥青数量的变化使轮胎变形较大,从而影响喷嘴的离地高度。

(6)要保持稳定的洒布压力。因洒布压力不同,喷出沥青的扇形形状不同,致使洒布不均匀。

(7)要注意前后两次喷油的接缝。一般纵向应重叠10~15cm,横向应重叠20~30cm。

(8)要注意安全。沥青洒布机在加注或洒布热态沥青时,温度很高,必须注意安全,防止烫伤或跌倒。使用固定喷灯时,储料箱内的沥青液面应高于火管。在洒布过程中,不应使用喷灯。

3 任务实施

3.1 准备工作

准备1~2台沥青洒布机,条件不具备时准备沥青洒布机图片和工作视频;仔细阅读沥青洒布机的使用说明书、操作手册及教材。

3.2 实施过程

(1)老师对照沥青洒布机图片讲解沥青洒布机的总体结构及其特点。
(2)老师操作沥青洒布机,或播放沥青洒布机工作视频,并讲解其原理。
(3)学生分组对照沥青洒布机或根据图片、视频熟悉老师讲解的内容。
(4)老师提问检验学生的掌握情况。

3.3 实施过程中的注意事项

(1)注意个人安全。
(2)保持设备的清洁和完好。
(3)注意观察沥青洒布机动作过程。

4 知识拓展

4.1 智能型沥青洒布机(图4-11-12)

智能型洒布机可对行驶速度、沥青泵转速、温度、压力、流量及喷洒宽度等实现自动控制,利用液压机构控制喷嘴开启数量(所有喷嘴都能独立开闭)来控制洒布宽度。

智能沥青洒布车主要由底盘部分、液压系统、沥青循环系统、导热油循环系统、沥青喷洒系统、气动系统和控制系统等部分组成。

4.1.1 智能沥青洒布车技术特征

(1)采用独立上装发动机的形式驱动液压泵,这种驱动方式要求在喷洒过程中车辆发动机转速保持恒定,在实际施工过程中几乎是不可能的。所以,在洒布车的上装部分增加独立发动机不失为一种有效的解决方法。

图4-11-12 智能型洒布机

具体操作过程如下:在汽车底盘上加装独立的柴油发动机代替取力器驱动定量液压泵,由于独立发动机转速与底盘发动机转速无关,液压泵可以给沥青泵和导热油系统提供恒定的压力,有利于提高洒布精度。

(2)智能化控制系统的应用,对提高洒布精度、简化操作过程有非常大的帮助。

洒布量、洒布作业长度、洒布宽度、所用沥青种类、喷嘴类型等工作参数由操作员根据道路施工要求确定,并通过人机界面(液晶触摸屏)输入到控制器中。控制器通过控制函数计算出推荐车速,通过显示屏提供给操作员。操作员根据推荐车速驾驶车辆,并且允许车速在一定的范围内波动。控制器可以根据车速,实时调整沥青喷洒回路中的沥青量,从而满足沥青喷洒量与行车速度的匹配关系。其中控制函数是洒布量、洒布宽度等参数的函数。这一过程全部由操作员在驾驶室内的控制台上操作,大大方便了操作员对车辆的控制。

在洒布作业过程中,在驾驶室内的液晶屏上可以实时显示车辆各种参数,如车速、作业距离、导热油温度、沥青温度等;并且在出现异常情况时报警,如车速超限、导热油液位异常、剩余沥青量异常等,便于操作员掌握车辆信息,保证了洒布量的精确控制。

(3)将底盘的气动系统引入操作系统,不仅用于驱动沥青回路中的阀门和喷嘴,还可用于喷洒作业完成后对沥青管路的吹扫。

(4)采用导热油作为热量传导介质加热沥青。导热油由导热油炉加热,经过沥青罐内的U形管加热沥青罐内的沥青。通过复合管在沥青循环管路上对沥青进行保温,保证沥青处在最佳流动状态。对喷杆、喷嘴进行加热,改变了传统沥青洒布车在喷洒前用喷灯烘烤喷嘴、喷洒后用柴油清洗的缺点。

现代沥青洒布车上装设备中一般包括四种流体系统,分别是液压传动系统、导热油循环系统、沥青循环系统和气动系统。

4.1.2 智能沥青洒布车车辆结构(图4-11-13)

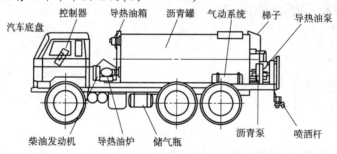

图4-11-13 智能沥青洒布车车辆结构

(1)汽车底盘

车辆底盘的主要任务是承载、行驶和为其他功能部件,如液压系统、气动系统等提供动力。目前,沥青洒布车的底盘都是从车辆生产厂家定制的。进口车型一般都选用沃尔沃或奔驰底盘,而国产车型一般选用斯太尔、陕汽重卡等品牌,并在对底盘作相应的改动,加装取力器对液压系统提供动力。

(2)控制器

控制器作为控制系统的核心,具有参数输入、数据显示、洒布控制、异常报警等功能。为方便操作,控制器采用触摸屏作为参数输入和数据显示界面。控制系统同触摸屏和若干手动按钮一起组成控制台。由于沥青洒布车的驾驶员要作为操作员对车辆进行控制,所以控制台被放置在驾驶室内,便于驾驶员在驾驶车辆时可以根据显示屏上的数据调整车速。

(3)沥青循环系统

沥青循环系统由沥青罐、沥青泵、沥青循环管路和喷洒杆组成,其主要功能包括自动洒布、手动洒布,沥青的大、小循环,自吸、自卸沥青等。各功能的切换通过电动阀和气动阀的切换来实现。

(4)导热油循环系统

导热循环系统由导热油箱、导热油炉、导热油泵和管路组成,其主要功能包括分别加热沥青罐、沥青泵、喷洒杆和全循环等。各功能的切换通过电动阀和气动阀的切换来实现。

4.2 沥青洒布机工艺参数的确定

沥青洒布机施工时,首先应确定分层洒布量、洒布路段的长度、洒布机的生产率。

4.2.1 分层洒布量的确定

沥青洒布机分层洒布时,应根据《公路沥青路面施工技术规范》(JTG F40—2004)的要求确定每层的洒布量。表4-11-1所列为各种表面处治时的沥青用量。

各种表面处治时的沥青用量 表4-11-1

沥青种类	类型	厚度(mm)	沥青或乳液用量(kg/m²)			
			第一次	第二次	第三次	合计用量
石油沥青	单层	1.0	1.0~1.2	—		1.0~1.2
		1.5	1.4~1.6			1.4~1.6
	双层	1.5	1.4~1.6	1.0~1.2		2.4~2.8
		2.0	1.6~1.8	1.0~1.2	—	2.6~3.0
		2.5	1.8~2.0	1.0~1.2		2.8~3.2
	三层	2.5	1.6~1.8	1.2~1.4	1.0~1.2	3.8~4.4
		3.0	1.8~2.0	1.2~1.4	1.0~1.2	4.0~4.6
乳化沥青	单层	0.5	0.9~1.0	—		0.9~1.0
	双层	1.0	1.8~2.0	1.0~1.2	—	2.8~3.2
	三层	3.0	2.0~2.2	1.8~2.0	1.0~1.2	4.8~5.4

单位面积的沥青洒布量与洒布机的行驶速度、洒布宽度以及沥青泵的生产率有关。其计算式为:

$$Q_b = qvB \ (\text{kg/min}) \tag{4-11-1}$$

式中:Q_b——沥青泵的生产率,kg/min;

v——洒布机的行驶速度,m/min;

B——洒布宽度,m;

q——单位面积洒布量,kg/m²。

4.2.2 每次洒布路段长度的确定

为了便于施工,当沥青洒布量确定后,应进一步确定每一罐料能洒布路段的长度,即:

$$L = \frac{KV}{qB} \ (\text{m}) \tag{4-11-2}$$

式中:L——洒布路段长度,m;

V——洒布机储料箱容量,kg;

K——两洒布带重叠系数(0.90~0.95);

B——洒布的路面宽度,m;

q——单位面积洒布量,kg/m²。

4.2.3 沥青洒布机生产率的计算

沥青洒布机的生产率主要视运距、洒布机的准备工作和施工组织而定。其生产率可用下式计算：

$$Q_s = nK_mV \text{ (kg/d)} \tag{4-11-3}$$

式中：Q_s——沥青洒布机的生产率，kg/d；
　　　V——沥青洒布机的油罐容量，kg；
　　　K_m——油罐充满系数(0.95~0.98)；
　　　n——洒布机每班洒布次数。

$$n = \frac{60TK_b}{t} \tag{4-11-4}$$

式中：T——每天工作时间，h；
　　　K_b——时间利用系数(0.85~0.90)；
　　　t——洒布机每一循环所需时间，min。

$$t = t_1 + \frac{L}{v_1} + \frac{L}{v_2} + t_2 + t_3 + t_4 \tag{4-11-5}$$

式中：t_1——加满每一储料箱所需时间，min；
　　　L——由沥青基地至作业工地的距离，m；
　　　v_1——洒布机重载行驶速度，m/min；
　　　v_2——洒布机空载行驶速度，m/min；
　　　t_2——洒布一储料箱沥青所需时间，min；
　　　t_3——洒布机两处掉头倒车时间，min；
　　　t_4——准备洒布所需时间，min。

在实际作业过程中，沥青洒布机用于洒布沥青的时间很短，大部分时间都用于运输。这样不但影响了洒布机的利用率，同时也影响了洒布的顺利进行，增加了非生产辅助时间。另外，由于长距离运行，必然增加洒布机的数量，提高了洒布机运行费用，这样很不经济。为了更好地组织施工，减少洒布机的用量，目前在大型工程中多用大型沥青保温油罐车进行运输和储存，相对减少了沥青的运输距离，使洒布机的生产率大大提高。保温油罐的用量可用下式计算：

$$n = \frac{Q}{tVK_m} \tag{4-11-6}$$

式中：n——保温油罐用量；
　　　Q——洒布机只洒布不运输时的生产率，kg/d；
　　　t——保温油罐车每次往返工地与沥青基地的时间，h；
　　　V——保温油罐的容量，kg；
　　　K_m——保温油罐的充满系数。

5 思考题

(1)简述沥青洒布机的分类和作用。
(2)简述自行式沥青洒布机的总体结构和工作原理。
(3)简述沥青洒布机安全操作规程。

任务12　认识沥青混凝土拌和楼

1　任务引入

随着社会的不断发展，人们生活水平的不断提高，人们出行的交通工具中汽车应该是主要的，尤其是私家车保有量的不断增加，乘车的舒适性也就成为人们关注的焦点之一。传统的水泥混凝土路面由于乘车舒适性不如沥青混凝土路面，而且损坏后难以修复，所以目前建设的公路尤其是高速公路几乎都是沥青混凝土路面，而沥青混凝土路面质量的好坏与沥青混合料的质量直接相关，因此必须依靠计量精确、配合比精确的设备——沥青混凝土拌和楼来保证沥青混合料的质量，从而提高乘车的舒适性，延长路面的使用寿命。

2　相关理论知识

2.1　沥青拌和楼的总体结构、生产工艺及型号

沥青拌和楼按工艺分为间歇式和连续式两种。间歇式拌和楼的生产率相对连续式低，但因每次送入搅拌容器的各种料分开计量，因此混合料质量高。尤其是在各种原材料尺寸合格率低的情况下，使用这种间歇式拌和楼，才能保证沥青混合料的配合比符合要求，以保证沥青路面质量。

间歇式沥青混凝土拌和楼的总体结构如图4-12-1所示。主要由冷集料配送系统（包括集料斗、给料皮带、集料皮带、斜皮带）、烘干加热系统（干燥滚筒、燃烧器）、热料提升机、除尘装置、粉料供给系统（粉料罐、螺旋输送器、粉料计量装置）、沥青供给系统（沥青储罐、加热罐、沥青泵、沥青计量、沥青喷射装置）、主楼（振动筛分层、热料舱层、计量层、搅拌层）、空压机、控制室、成品料舱等组成。冷集料配送系统的集料斗、给料皮带将不同规格的集料按照一定比例送入集料皮带，然后经斜皮带送入干燥滚筒进行烘干加热，由热料提升机送入振动筛分装置筛分后进入热料储舱，计量后送入搅拌容器；同时粉料供给系统提供沥青混合料所需的部分粉料，与烘干加热和振动筛分过程中产生的粉尘一起经计量后送入搅拌容器；另外，沥青经脱水、加热后计量，在集料、粉料搅拌过程中喷射入搅拌容器，三种料一起搅拌几十秒（从投料到出锅45s左右）后一起送入成品料舱储存。然后由自卸车运输到即将摊铺的路面上。

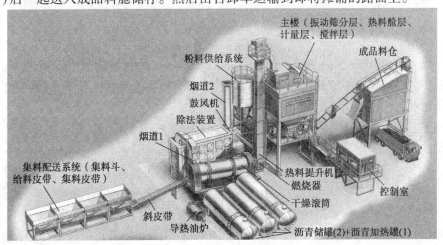

图4-12-1　间歇式沥青混凝土拌和楼的总体结构

间歇式沥青混凝土拌和楼的生产工艺流程如下：

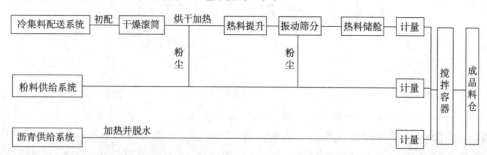

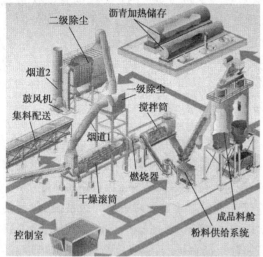

图 4-12-2　连续式沥青混凝土拌和楼组成

连续式沥青混凝土拌和楼的总体结构如图 4-12-2 所示，主要由冷集料配送系统（包括集料斗、给料皮带、集料皮带、斜皮带）、烘干加热系统（干燥滚筒、燃烧器）、搅拌筒、一级除尘装置、二级除尘装置、粉料供给系统、沥青供给系统（沥青储罐、加热罐、沥青供给泵、沥青计量、沥青喷射管）、控制室、成品料舱等。冷集料经初配后，进入干燥滚筒，进行烘干并加热，然后直接送入搅拌滚筒；同时来自不同途径的粉料经计量（容积式计量）后进入搅拌滚筒；两者搅拌的同时，将加热并脱水的沥青计量（容积式计量）后喷射入搅拌容器内。这种拌和楼进料、搅拌、出料同时进行，生产率高，但成品料均匀性差，配合比精度低。

连续式沥青混凝土拌和楼生产工艺流程如下：

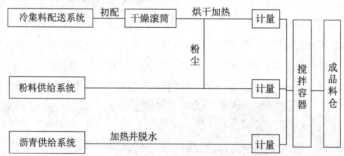

因为我国公路施工中原材料规格合格率低，不适合使用连续式拌和楼，因此下面主要介绍间歇式拌和楼的相关理论知识。

拌和楼因生产厂家不一样，编号也不一样。下面以日工 NBD160 沥青拌和楼为例介绍拌和楼各组成部分的结构及特点。

2.2　冷集料配送系统

冷集料配送系统结构如图 4-12-3 所示。

（1）集料斗：集料斗的数量根据沥青混合料中不同规格的集料种类而定，集料斗的出料口料斗门开口可调，以适应不同配合比的工程施工；在保证驱动电机中高速运转的前提下，尽量调高料斗门开口,以免开口太小,大粒径集料在此卡住,影响给料皮带出料;有的集料斗上安装有振动器,避免集料黏附在斗壁上,影响集料计量。此处集料计量为初配,一般采用容积式计量,当料斗门开口一定时,通过调节驱动电机转速来调节集料量。

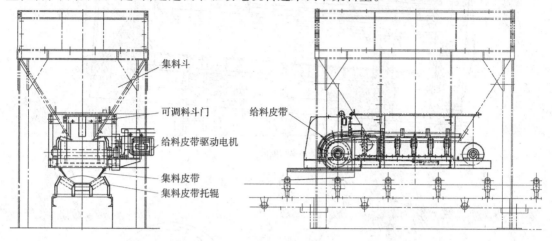

图 4-12-3　冷集料配送系统结构图

(2)给料皮带、集料皮带和斜皮带:各个料斗下的给料皮带将不同规格的集料输送到集料皮带,然后经斜皮带送入干燥滚筒内。给料皮带与集料皮带可垂直(中心线在同一垂直面内)安装,这种安装方式增加了集料配送系统的整体高度,使装载机的上料高度增加;为了装载机能顺利上料,可将集料配送系统安装在地面以下;也可以将给料皮带与集料皮带水平(同一水平面内)安装,在集料斗侧搭建装载机上料斜坡。因为干燥滚筒的进料口高于集料皮带,必须将集料皮带的一部分倾斜安装才能将集料送入干燥滚筒,这就是斜皮带。这三种皮带现在基本采用橡胶皮带、托辊支撑、支架承重的结构形式。托辊采用 U 形结构如图 4-12-4 所示,这种结构可减少集料泄漏;而且皮带传输过程中,托辊的自转可减少托辊磨损,延长其使用寿命。

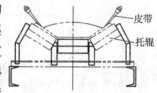

图 4-12-4　托辊结构

(3)干燥滚筒

干燥滚筒是将初配的集料进行烘干加热,达到一定温度,以保证沥青混合料质量的关键部件。如图 4-12-5 所示为日工 NBD160 干燥滚筒的结构。干燥滚筒内部由三部分不等距的 L 形勒片组成,前后勒片错开布置。来自斜皮带的集料进入干燥滚筒时,挡料板可防止集料因惯性前冲,从而影响集料温度的均匀性,集料经卸料叶片到达 L 形勒片,然后随 L 形勒片到达一定高度后自由落下,从而充分利用燃烧器的热量,经过烘干加热的集料经集料斗从干燥滚筒出料口卸入热料提升机,如图 4-12-6 所示,出料口的温度传感器检测集料温度。如果集料温度过低,会导致花料(沥青裹覆不均匀),从而缩短路面使用寿命;如果集料温度过高,易使集料破碎,从而影响路面摊铺厚度和路面质量。

干燥滚筒的驱动方式有:链条驱动、齿轮驱动、滚轮驱摩擦动等。齿轮驱动传动可靠,寿命长,但传动噪声大,齿圈(多分段制造)制造成本高,安装调整困难;链条驱动制造费用低,安装精度要求低,但传动噪声大,链轮制造成本高,易磨损;现在大中型沥青混凝土拌和楼均采用摩擦滚轮驱动,传动平稳,噪声小,但安装精度要求高。如图 4-12-7 所示的 NBD160 驱动装置结构图中,每台电机经减速机减速后,通过带传动驱动摩擦滚轮,摩擦滚轮依靠摩擦力带动干燥滚筒外圈转动。在外圈与干燥滚筒筒体之间安装有隔热片,避免外圈因过热而缩短其使用寿命。

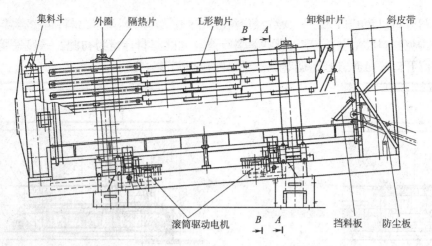

图 4-12-5　干燥滚筒结构图

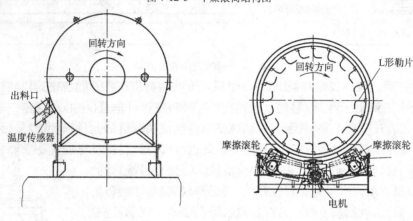

图 4-12-6　干燥滚筒出料　　　　图 4-12-7　干燥滚筒驱动

为了使集料顺利进入热料提升机，干燥滚筒倾斜安装，倾斜角度因设备而异。为了防止干燥滚筒上窜下跳撞坏其他部件，影响集料进出，在外圈底部两侧设有挡圈，如图 4-12-8 所示。

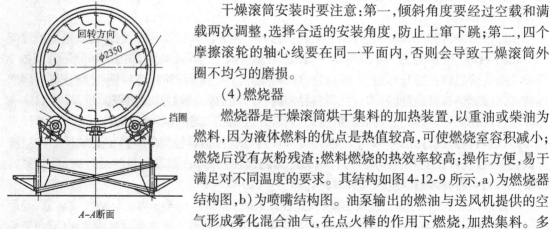

图 4-12-8　挡圈设置

干燥滚筒安装时要注意：第一，倾斜角度要经过空载和满载两次调整，选择合适的安装角度，防止上窜下跳；第二，四个摩擦滚轮的轴心线要在同一平面内，否则会导致干燥滚筒外圈不均匀的磨损。

(4) 燃烧器

燃烧器是干燥滚筒烘干集料的加热装置，以重油或柴油为燃料，因为液体燃料的优点是热值较高，可使燃烧室容积减小；燃烧后没有灰粉残渣；燃料燃烧的热效率较高；操作方便，易于满足对不同温度的要求。其结构如图 4-12-9 所示，a) 为燃烧器结构图，b) 为喷嘴结构图。油泵输出的燃油与送风机提供的空气形成雾化混合油气，在点火棒的作用下燃烧，加热集料。多余的燃油经燃油阀回油箱，燃油阀将此信号传给控制马达，从而控制风门的开度大小。

(5) 热料提升机

热料提升机是将干燥滚筒烘干加热后的集料提升到主楼（图 4-12-10）顶部，进行振动筛分，然后将不同规格的料储存在不同的热料舱，如图 4-12-11 所示。热料提升机由箱体（外壳）、传动链、料斗、传动链驱动链轮和电动机等组成，箱体下端带张紧装置和监视窗口等组成。

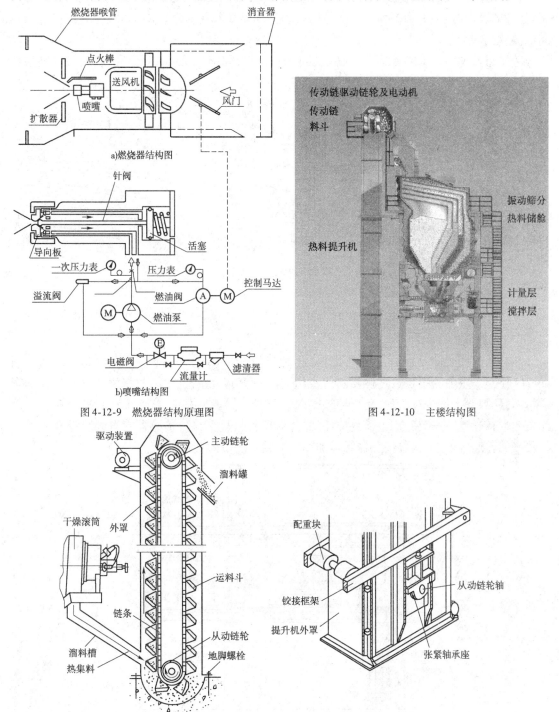

图 4-12-9　燃烧器结构原理图

图 4-12-10　主楼结构图

图 4-12-11　热料提升机结构图及其张紧装置

安装时，首先要确保传动链（含料斗）与驱动链轮相对固定，否则易导致传动链滑落，从而导致安全事故的发生；其次保证箱体垂直，以免集料溢出增加传动链驱动阻力甚至导致传动链卡住或刮伤箱体。

(6)振动筛分装置

振动筛分装置的作用是将各种不同规格的集料筛分后储存在不同的热料舱内。振动筛分装置外部结构如图 4-12-12 所示。电动机驱动振动器使筛网振动,使不同粒径的集料进入不同的热料舱储存。

筛网布置如图 4-12-13 所示。筛网为可选件,可根据施工要求选择方孔或圆孔;筛网层数根据施工要求确定。

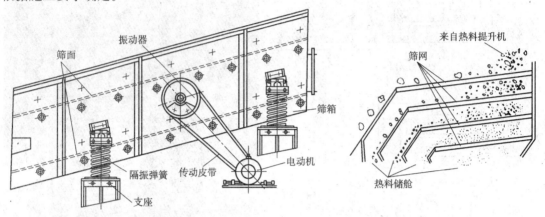

图 4-12-12　振动筛分装置结构图　　　　　图 4-12-13　筛网布置图

(7)热料储舱

热料储舱用于储存筛分后的热集料,此时集料合格率达 95% 以上,热料储舱结构如图 4-12-14所示,多余的集料从左侧溢料管溢出。溢料管靠近主楼支腿,过多溢料会影响自卸车装料,而且需要人工进行清理,还会导致能源的浪费。但集料太少,会影响计量的准确性。因此,在热料储舱壁上安装有上、下料位传感器,热集料超过上料位传感器则自动降低相应的给料皮带的转速,低于下料位传感器则增加相应的给料皮带的转速。

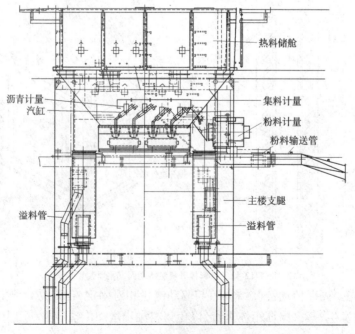

图 4-12-14　主楼结构及溢料口

(8)集料称量装置

集料称量采用称重式计量,称量装置如图 4-12-15 所示,各热料舱闸门开启,不同规格的集料同时放入称量斗,因为每锅(搅拌容器在施工中习惯上称"锅")搅拌时间约 45s,所以称量时间较短,需要考虑落差计量。放料闸门靠汽缸操作,热料舱的放料闸门与称量斗的放料闸门汽缸反向操作。为了保证称量的准确性,每天拌和楼开始运转前需要用砝码校正称量秤。

(9)粉料供给系统

粉料作为填料,可增加沥青混凝土的强度、密实度和不透水性能。粉料的途径有两种:一是来自粉料供给系统;一是来自回收的粉尘,包括干燥滚筒烘干过程中产生的粉尘和振动筛分过程中产生的粉尘。粉料供给系统主要由粉料舱、螺旋输送机、粉料提升机、计量装置等组成。粉料舱有立式和卧式两种。立式粉料舱如图 4-12-16 所示,主要用于外购散装粉料;卧式粉料舱如图 4-12-17 所示,箱体下部为开式水平螺旋输送器,主要适用于袋装粉料,因袋装粉料成本高,所以施工中较少使用卧式粉料舱。

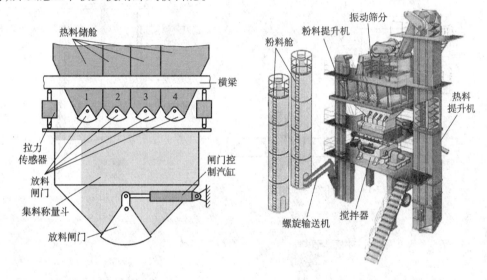

图 4-12-15 集料称量装置　　　　图 4-12-16 粉料供给系统组成

粉料舱的粉料经螺旋输送器到粉料提升机,再由粉料提升机送入粉料称量装置。立式粉料舱壁上安装有上、下料位传感器,以免粉料过多溢出,过少影响粉料称量准确性。

粉料称量装置如图 4-12-18 所示,采用称重式计量,称量完成后送入搅拌锅。

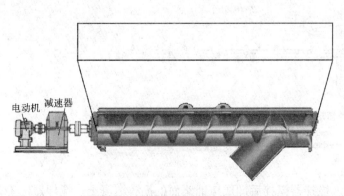 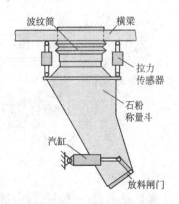

图 4-12-17 卧式粉料舱及粉料输送装置　　　　图 4-12-18 粉料称量装置

（10）沥青供给系统

沥青供给系统组成如图4-12-19所示，由沥青储罐、加热罐、沥青供给泵、闸阀（汽缸控制）、沥青计量罐、储存罐、沥青喷射泵、沥青喷射管、汽缸等组成。沥青储罐的沥青经加热后，由沥青供给泵达到由汽缸控制的闸阀，不计量时，沥青回加热罐；当计量罐计量时，沥青进入计量罐；经计量的沥青储存在沥青储罐，由沥青喷射泵经喷射管向搅拌器喷射；沥青储罐保证沥青呈流动状；沥青加热罐保证沥青温度符合沥青混合料所要求的温度，内置加热管多于沥青储罐。

沥青计量和喷射，如图4-12-20和4-12-21所示。汽缸开启，则计量开始；计量结束，则汽缸关闭，同时菌形阀汽缸动作使菌形阀开启，经计量的沥青进入沥青储罐，此时喷射泵开启，沥青经喷射管喷入搅拌器内。

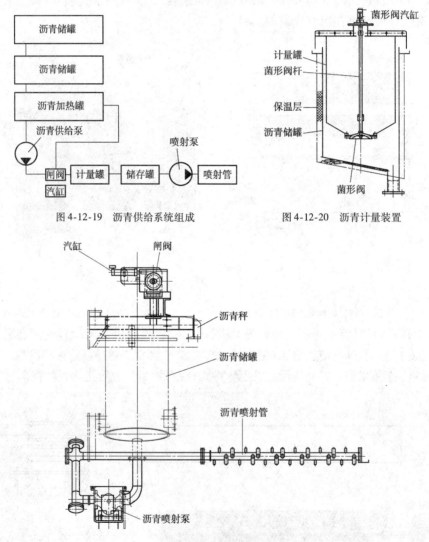

图4-12-19　沥青供给系统组成

图4-12-20　沥青计量装置

图4-12-21　沥青喷射装置组成

（11）搅拌器

经计量的集料、粉料、沥青进入搅拌器搅拌后即成摊铺路面的沥青混凝土。搅拌器按工艺分有非强制式（如图4-12-2所示的搅拌筒）和强制式；按结构分有单卧轴和双卧轴两种，以双卧轴居多。如图 4-12-22 所示为强制式双卧轴搅拌容器,主要由搅拌容器、双卧搅拌轴、搅拌臂、搅拌桨叶等组成,双卧轴由电机—减速机—齿轮驱动。为了使沥青混凝土充分拌和均匀,一是搅拌桨叶与搅拌轴呈 45°角,混合料可以轴向、周向和径向运动;二是两卧轴之间的搅拌桨叶反向安装,同一轴的两端与中间的搅拌桨叶反向安装,混合料轴向移动距离加大,从而提高混合料的均匀性。

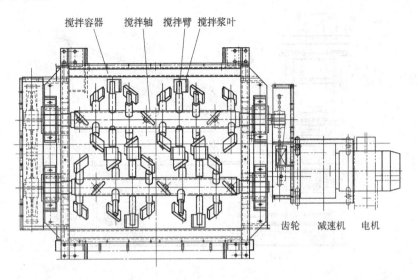

图 4-12-22 搅拌器结构图

为了延长搅拌器的使用寿命,搅拌容器内加装内衬,搅拌轴上安装保护套。因为这种内衬和保护套磨损后易更换,所以搅拌臂尽量长些,从而提高搅拌效果;但过长的搅拌臂可能导致大集料卡住;还有一种是不带内衬的搅拌容器,这种搅拌容器通常采用缩短搅拌臂来延长其使用寿命。因为搅拌臂短,部分砂子沉积在搅拌容器底部,从而减少对容器底部的磨损。

间歇式搅拌器卸料口下所用的闸门有三种形式:可抽动的闸板式、可转动的扇形门式和活瓣式。其中,活瓣式的又分为抓斗式和开闭片瓣式两种。闸门的启闭装置有电动、气动或液压等,不同形式搅拌器的卸料方式如图 4-12-23 所示。闸板式结构简单,卸料快,密封效果好,但开门时间较长;扇形门式、抓斗式和开闭片瓣式开门时间短,但卸料慢,结构较复杂。日工 NBD 采用闸板式卸料方式。

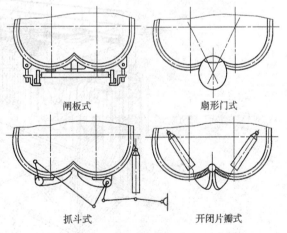

图 4-12-23 搅拌器卸料方式

(12) 成品料舱

成品料舱如图 4-12-24 所示,用于短期储存沥青混凝土,主要由多个分隔式箱体组合而成,箱体内安装加热装置,以保证沥青混凝土的摊铺温度符合设计要求。运料小车将搅拌器拌和好的沥青混凝土送到成品料仓短期储存。

(13) 除尘装置

因为粗集料在烘干加热过程中会产生大量粉尘,这些粉尘排入大气不仅污染环境,而且会加速拌和楼电机等原件损坏,还会造成原材料的浪费,因此沥青拌和楼设置了除尘装置。除尘装置有一级除尘和二级除尘;有的沥青混凝土拌和楼将两级除尘装置分开安装,有的将两级除尘装置安装在一起。一级除尘为旋风式除尘,主要收集带粒径的粒料;二级除尘采用耐热合成纤维材料制成的布袋,是一种高效除尘器,可过滤 0.3μm 以上的粉尘,可净化至排烟量小于 50mg/m³。两级除尘收集的料可以当粉料使用;也可以是一级除尘收集的料当粗集料使用,二级除尘收集的料当粉料使用。

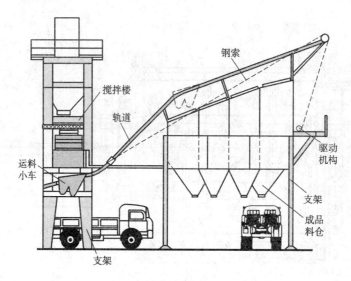

图 4-12-24　成品料舱结构

下面以日工 NBD 沥青混凝土拌和楼的除尘装置(图4-12-25)为例介绍除尘装置的结构与原理。该除尘装置主要由一级除尘(旋风式除尘)和二级除尘(袋式除尘)组合而成。

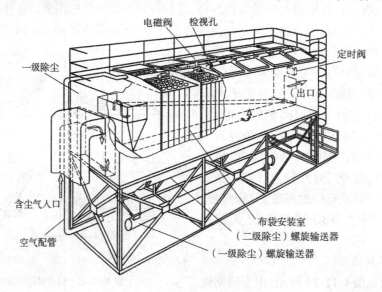

图 4-12-25　除尘装置总体结构图

一级除尘原理如图 4-12-26 所示,来自干燥滚筒的烟气经烟道进入旋风式集尘筒,在抽风机吸力作用下,在旋风式集尘筒内螺旋下降,尘粒撞击集尘筒壁,能量损失而跌落下来,剩余烟气进入袋式除尘装置(图4-12-27)。跌落的尘粒由(一级除尘)螺旋输送器送入集料提升机斗,作集料用。布袋安装见图 4-12-28。

图 4-12-26　一级除尘原理图　　图 4-12-27　布袋、骨架结构　　图 4-12-28　布袋安装

二级除尘装置有 12 个布袋安装室，每个布袋安装室内安装了 25 个布袋，含尘烟气进入布袋外侧，布袋内侧与抽风机烟道相通，在抽风机吸力作用下，烟气经布袋过滤后由抽风机烟道排出，粉尘黏附在布袋上。粉尘在布袋上的积聚会在滤袋上形成一定厚度的粉尘层，使布袋的过滤能力和透气性能大大降低，妨碍除尘器正常工作，影响除尘效果。因此，袋式除尘器在工作过程中必须经常及时清除布袋上的积尘。目前，常采用脉动压缩空气及时吹落黏附于过布袋外面的粉尘。控制器控制脉冲阀周期性地向布袋内侧与烟气反向喷入高压脉冲压缩空气，使布袋产生振动和抖动，将布袋上的粉尘抖落到箱体的下部，并由螺旋输送器送至石粉供给系统，从而节约成本，如图 4-12-29 所示。

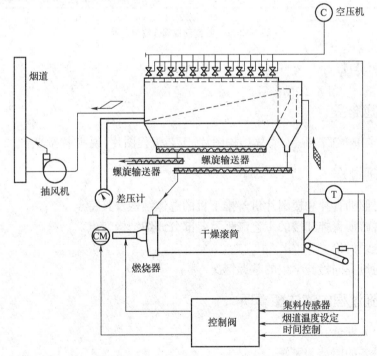

图 4-12-29　烘干除尘控制系统

由于粉尘的黏附导致布袋内外侧产生压差，图 4-12-29 中的差压计用于测量布袋内、外侧压差。当压力差超过设定值时，信号传导定时阀，确定供给脉冲压缩气体。

布袋虽然是由耐热合成纤维材料制成，但耐热温度超过 230℃（日工 NBD 拌和楼的布袋）会导致布袋烧坏。因此在干燥滚筒的烟道处安装有温度传感器（图 4-12-29），设定温度 220℃，超过此温度，温度传感器将信号传到控制阀，由控制阀调节燃烧器的燃油供给量，避免布袋烧坏。集料传感器将检测到的集料量传到控制阀，从而调节燃烧器供油量，以保证集料出料温度符合设计要求。集料过热会导致集料强度下降；温度过低会导致花料——废料产生。

(14) 空压机

空压机为拌和楼提供压缩气体，一部分用于闸门控制汽缸动作；一部分经脉冲阀提供脉冲气体，抖落袋式除尘收集的粉尘。

(15) 控制室

控制室外观类似于一间生活小屋，内置控制面板（图 4-12-30）、显示屏、配电柜等。控制面板上有多个操作按钮，可通过按钮调节电机转速，从而调节水泵排量及各种料的供给量。

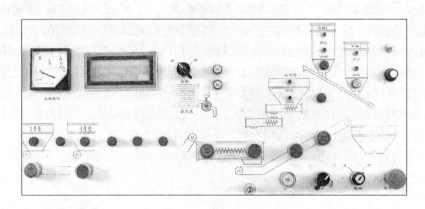

图 4-12-30　控制面板部分按钮布置

3　任务实施

3.1　实施准备

准备沥青拌和楼工作视频，总体结构图片，工艺流程图片，说明书等若干。

3.2　实施过程

(1) 老师对照沥青拌和楼图片讲解推土机的总体结构及其特点。
(2) 老师讲解沥青拌和楼的工艺流程及各部分详细结构特点。
(3) 学生分组讨论。
(4) 老师通过提问检验学生的掌握情况。

3.3　实施过程中的注意事项

(1) 注意个人安全。
(2) 保持设备的清洁和完好。
(3) 注意观察集料供给系统的组成、结构及特点；了解燃烧器的风门调节，干燥滚筒的调整，计量装置的检验。

4　知识拓展

4.1　干燥滚筒分类

干燥滚筒按工艺分有顺流和逆流干燥滚筒两种，如图 4-12-31 和图 4-12-32 所示。顺流是指集料于干燥滚筒内流动的方向与燃烧器火焰喷射方向相同;逆流则相反。顺流烘干是集料从高温区进入,低温区卸出,可能外热内冷,集料受热不均匀,从而影响混合料质量;逆流则集料从低温区进入,逐步进入高温区,内外受热均匀,混合料质量高。

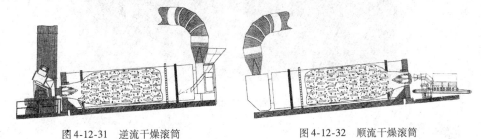

图 4-12-31　逆流干燥滚筒　　　　　　　　图 4-12-32　顺流干燥滚筒

4.2　其他类型的拌和楼

4.2.1　移动式沥青混凝土拌和楼

如图 4-12-33 所示,一般小型拌和楼采用移动式,搬迁方便。

图 4-12-33　移动强制式沥青混凝土拌和楼

4.2.2　集装箱式沥青混凝土拌和楼

如图 4-12-34 所示,主楼每一层的组成件安装在一个集装箱内,这样搬迁方便,安装省事,而且环保,但成本高。一般大型沥青混凝土拌和楼采用。

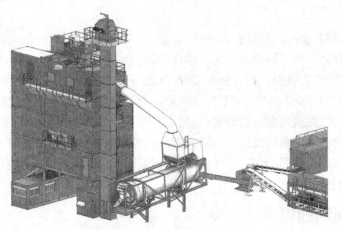

图 4-12-34　集装箱式拌和楼

4.3　沥青混凝土再生拌和楼

随着沥青混凝土高速路面使用时间的延长,路面损坏是不可避免的,因此修复旧路面是面临的一个新问题,为此就有了旧路面铣刨、旧路面材料的回收再利用,如图 4-12-35 所示。

图 4-12-35　沥青混凝土就地热再生列车

5　思考题

(1) 间歇式沥青混凝土拌和楼与连续式混凝土拌和楼在结构上有何差异？两者各有何特点？

(2) 干燥滚筒为什么倾斜安装？进料口的挡板有何作用？出料口的温度传感器有何作用？

(3) 热料提升机有何作用？安装时应注意什么？

(4) 振动筛分的目的是什么？筛网的规格根据什么确定？

(5) NBD 沥青拌和楼采用什么计量方式？因计量时间短，所以计量时应考虑采用什么方式计量？

(6) 搅拌器结构有何特点？

(7) NBD 沥青拌和楼除尘有何特点？布袋的耐热温度是多少？保护布袋的措施是什么？

(8) NBD 沥青拌和楼的干燥滚筒采用什么驱动方式？集料加热采用逆流还是顺流？

任务 13　认识沥青混凝土摊铺机

1　任务引入

沥青混凝土路面是在柔性基层、半刚性稳定土层上，铺筑一定厚度的沥青混合料作面层的路面结构。这种路面与砂石路面相比，其强度和稳定性都大大提高。因为沥青混凝土路面属于柔性路面，表面平整无接缝，行车振动小，噪声低，开放交通快，养护简便，适宜于路面分期修建，是我国主要的路面结构形式。但要保证路面平整无接缝，必须使用专用的沥青摊铺机。沥青摊铺机可以一次性完成混凝土的摊铺、整型、熨平、捣实四道工序，形成具有一定密实度、一定厚度和一定宽度的平整路面，适用于各种等级的公路、市政道路、机场等高级道路的修建，是机械化道路施工必不可少的设备。目前，世界上最大的沥青混凝土摊铺机的摊铺厚度可达 40cm，摊铺宽度可达 16m。

2　相关理论知识

2.1　沥青混凝土摊铺机的总体结构、型号

2.1.1　总体结构

因为沥青混凝土摊铺机种类较多，不能一一介绍。下面以福格勒(VOGELE) S2500 沥青

摊铺机为例介绍沥青摊铺机的结构。如图4-13-1所示,S2500摊铺机主要由推滚、受料斗、牵引臂升降油缸、行走履带、牵引臂、螺旋输送器、挡料板、振捣梁、振动器、熨平板、刮板输送器、受料斗、升降油缸、发动机、操纵系统、传动系统及找平系统等组成。

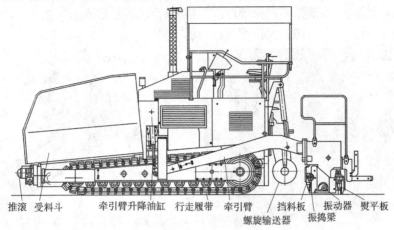

图4-13-1 摊铺机总体结构图

2.1.2 型号

S2500(机身宽度2.5m)福格勒摊铺机熨平装置型号的含义如表4-13-1所示。

熨平装置型号含义　　　　　　　　　表4-13-1

型号	基本宽度(m)	最大宽度(m)	备注
SB300T	3.0	16.0	SB-机械加宽式熨平装置;300-主熨平装置最大基本宽度(cm);T-装配振捣梁;V-装配振动器;P_1-装配一个压力梁;P_2-装配二个压力梁;AB-液压伸缩式熨平装置;
SB300TV	3.0	16.0	
SB300TP$_1$	3.0	15.0	
SB300TP$_2$	3.0	12.5	
SB300TVP$_2$	3.0	12.5	575-基本宽度3.0~5.75m;液压伸缩;最小摊铺宽度1m,带减宽靴;摊铺厚度可达到50cm;控制:手动和自动(自动找平系统);拱度: SB300T/TV/TP$_1$/TP$_2$/TVP$_2$ 可达到 +3%~2%;AB575TV/TP$_1$/TP$_2$ 可达到 +3%~1%
AB575TV	3.0~5.75	9.0	
AB575TP$_1$	3.0~5.75	9.0	
AB575TP$_2$	3.0~5.75	9.0m	

国产沥青摊铺机的型号含义如图4-13-2所示。

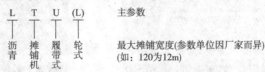

图4-13-2 沥青摊铺机型号

型号因厂家而异,没有统一的编号原则。

2.2 工作装置组成及结构特点

2.2.1 受料斗

受料斗的作用是接收沥青混合料运输车或转运车送来的沥青混合料,并将沥青混合料送到机身后面。主要由两块L形侧挡板、后挡料板及底板——刮板输送器、推滚等组成。L形侧挡板可在油缸作用下翻转(图4-13-2),避免沥青混合料在受料斗内存放时间过长,导致温度下降而影响摊铺质量;后挡料板可升降,以调节输送的沥青混合料量;推辊用于推动缓慢卸料的自卸车前进,以减少摩擦和磨损。

2.2.2 刮板输送器

刮板输送器由传动链、刮板、驱动马达、减速机等组成,如图4-13-3所示。采用液压马达驱动,可实现无级调速,以满足不同摊铺厚度的需要;刮板输送器左右两侧分开驱动,以保证在摊铺弯道等地段时满足左右两边对沥青混合料的不同需求。

图 4-13-2　受料斗结构图

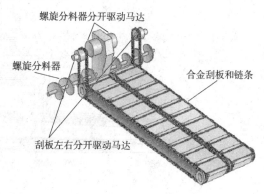

图 4-13-3　刮板输送器、螺旋分料器组成

2.2.3 螺旋分料器

螺旋分料器是将刮板输送器送来的料均匀地或按需要往两侧分,以保证摊铺厚度。螺旋分料器主要由左右螺旋(轴上安装叶轮、搅拌叶片)、驱动马达、减速机及传动链等组成,如图4-13-3所示。左右两侧螺旋反向安装,便于沥青混合料向两侧输送;螺旋叶轮通过高强度螺栓或连接卡销连接到轴上,轴外侧加装保护套,以延长轴的使用寿命;叶轮磨损到极限可更换;搅拌叶片反向安装(图4-13-4),以避免混合料离析或卡住;螺旋分料器可通过升降油缸调整安装高度,以适应不同摊铺厚度的需要(螺旋分料器的1/3暴露在混合料外为宜,如图4-13-5所示);料位传感器检测输出料的量,然后根据需要调整泵的排量,避免料过多或过少,从而影响摊铺厚度。

图 4-13-4　螺旋分料器结构图

图 4-13-5　前后挡料板构成输送料槽

叶轮、搅拌叶片有不同的大小,可根据施工要求进行选用。螺旋分料器宽度较大时,应选用大直径叶轮和搅拌叶片。

螺旋分料器采用基本长段和加长段进行加长。基本长段为与主机连接的螺旋分料器,有1.25m、2.7m两种规格;加长段有0.3m、0.8m、1.1m、1.5m四种规格。螺旋分料器的组合长段根据熨平板的宽度选择,一般应小于熨平板的宽度0.5~0.6m,因为螺旋分料器可以将混合料输送至分料器外。当摊铺宽度等于螺旋布料器的宽度时,应将最外端的一片螺旋叶片拆除。这样可以避免过多的冷料积存在熨平板两端,影响摊铺层的结构均匀性和平整度,同时还可以减轻螺旋叶片的磨损。

2.2.4 挡料板

前后挡料板与摊铺地面构成螺旋分料器的输料空间,便于螺旋分料器将混合料向左右两侧推送,如图4-13-5所示。后挡料板还可减少沥青混合料对振捣梁的推挤,减少振捣梁的磨损,维持振捣梁上下振动。

2.1.5 振捣梁

振捣梁安装在后挡料板和熨平板之间,由驱动轴、带偏心质量的连杆和振捣梁组成,如图4-13-6和图4-13-7所示。振捣梁的作用是将横向铺开的料带进行初步捣实,将大粒集料压入铺层内部。摊铺机可以安装单振捣梁或双振捣梁。振捣梁的底部前沿切有斜面,如图4-13-7所示,当机器作业时,振捣梁对松散混合料的击实作用逐渐增强。随着使用时间的增加,振捣梁的磨损会逐步增加,过度磨损会导致振捣梁的正压力过大,将集料压碎,影响路面强度。因此,使用中要经常检查振捣梁的磨损情况,以便及时更换。

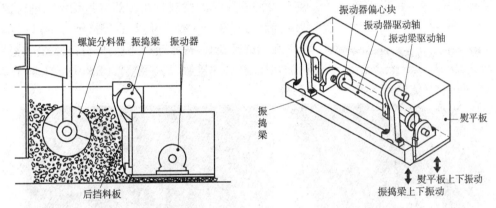

图4-13-6 振捣梁和振动器　　　图4-13-7 振捣梁、振动器安装位置

为了保证铺层材料顺利进入熨平板下,机构设计时应保证振捣梁的下止点位置高于熨平板底面3~4mm。

2.2.6 振动器

振动器的作用是提高被压实沥青混凝土的密实度。振动器由振动器驱动轴、偏心块及驱动马达等组成,如图4-13-6和图4-13-7所示,马达驱动振动轴带动偏心块转动,产生激振力,使熨平板上下振动,从而提高被压实材料的密实度。

2.2.7 熨平板和加热器

熨平板的作用是将螺旋分料器送来的松散混合料,经振捣梁振捣后,按照一定的宽度、拱度和厚度,均匀地摊铺在路基上,同时,熨平装置对铺层的作用力也有预压实作用。

熨平板有主熨平板和加长熨平板两种,如图4-13-8所示。主熨平板上带调拱装置,以调节路面的拱度。图4-13-9所示为正拱调节;图4-13-10所示为单向横坡调节;图4-13-11所示为负拱调节。加长熨平板有0.5m、1m、1.5m、2.0m、2.5m几种规格,在主熨平板两侧对称加长。

为了防止高温沥青混合料黏附在低温熨平板上,影响摊铺质量,在熨平板上安装了加热装置。S2500采用电加热,如图4-13-12所示,在熨平板上安装电热片加热熨平板;有的采用气加热,如图4-13-13所示,在熨平板上安装了气管和燃烧器对熨平板加热。

图 4-13-8 熨平板组成

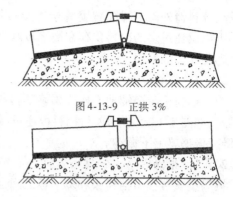

图 4-13-9 正拱 3%

图 4-13-10 单向横坡度

2.2.8 调平系统

福格勒沥青混凝土摊铺机自动找平系统有三种：一种是双边挂线控制高程方式，即路基两侧都设置钢丝基准线，用两个纵坡传感器进行控制；一种是单边挂线控制高程方式，即一侧用纵坡传感器，另一侧用横坡传感器；还有一种是不挂线的控制方式，即以锁死手动进行控制。

手动控制台适用于中面层和上面层摊铺，并铺以自动浮动平衡梁进行控制。按传感器类型分有：接触式传感器＋机械式浮动梁；非接触式调平装置；RSS 激光扫描自动找平系统。

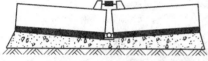

图 4-13-11 负拱 -1%、-2.5%

图 4-13-12 电加热

图 4-13-13 气加热

（1）接触式传感器＋钢丝绳

几乎所有的摊铺机均配置了两纵一横的坡度控制器，纵坡控制器控制纵向坡度，横坡控制器检测熨平板的横向斜度，控制无纵坡控制器一侧大臂调平油缸的升降。根据情况，可以采用"两纵"或"一纵一横"方案，摊铺时纵坡控制器滑杆在事先设定好的基准面上滑行，检测路面不平整度。基准可以是按道路设纵坡张紧的钢丝绳，也可以是已铺筑好的路面或路缘石。这些基准是真实存在的参照物，是一种绝对基准，因此可以很好地保证铺层平整度。在路面基层的摊铺施工中，基准钢丝绳＋坡度控制器的方案被广泛应运。

在实践中，钢丝绳架设质量完全取决于人，总会有一些人为因素影响，比如：测量和挂线是否准确、钢丝绳的张紧力是否足够、人为接触碰撞钢丝绳、摊铺机行走过程中引发的钢丝绳振动、摊铺机方向走偏、熨平板刮挤线桩，使以钢丝绳为基准的找平方式的准确性大大降低，导致路面平整度下降。

(2) 接触式传感器 + 机械式浮动梁

沥青路面摊铺施工时,为控制路面的平整度,在中面层和上面层的施工中常采用接触式浮动平衡梁(图4-13-14),由于接触式平衡梁的控制电路采用模拟电路,其反应精度较差,而且在路面上滑行,受干扰的因素不易及时调整摊铺机的工作状态,并且这种平衡梁重量较重,体积庞大(通常16~18m长),使用非常不方便,如遇到匝道、变坡、桥面、接缝、缺口、台阶、井盖等更感困难。

一般上面层摊铺时采用机械式浮动平衡梁 + 纵坡控制器的方案(图4-13-15),机械浮动平衡梁由四个部分组成,一是前着地部分(轮式或雪橇板),二是后着地部分(一般两组雪橇板),三是前后的连接横梁,四是牵引横梁。前三个部分中各结点均采用可任意旋转的轴连接。前着地部分至少由4组轮子(或雪橇板)组成,当遇到基层高低不平时,通过平衡梁传递到摊铺机传感仪设置处的高程量变化很少,

图4-13-14 浮动平衡梁图

比如当平衡梁前端遇到一粒径为2cm的石子引起高程变化时,传递到摊铺机感应装置时只有1~1.2mm,这对摊铺机的平整度反应装置来说已微乎其微了。机械式浮动平衡梁连接在摊铺机两侧,作业时随摊铺机向前运动。浮动梁长度不少于9m,中部设有张紧的钢丝绳,纵坡控制器的滑杆贴靠在钢丝绳上,平衡梁前着地部分在待摊铺的路面上滑动,后着地部分在熨平板后方已铺面层上滚动,为自动找平装置提供一个相对平直的虚拟基准线。这种调平装置完全消除了接触式传感器 + 钢丝绳方案中影响摊铺平整度的诸多因素,使上面层平整度显著提高。其缺点是机械式浮动平衡梁体积较大,摊铺弯道时会在已铺面层上产生横向拉痕;摊铺机掉头或转场时需要拆装,费工费时;多次拆装易发生变形;轮胎表面容易黏附沥青混合料,需人工清理。但它的价格相对便宜,且能满足路面施工对平整度的要求,所以这种纵坡调平控制方式在路面施工中广泛应用。

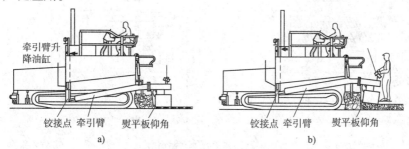

图4-13-15 摊铺厚度控制

(3) 非接触式调平装置

非接触式超声波调平装置又称为超声波平衡梁,采用超声波测距原理,微处理技术控制摊铺机的调平油缸工作。在待铺路面以上一定高度处,两侧牵引大臂上固定有平衡梁,朝下布置多个声纳传感器(一般为4个,前3后1)。摊铺作业时,声纳传感器向作为参考基准的地面发射声纳信号并接收返回信号,计算出距地面的均值,以此来控制摊铺机牵引大臂的升降,达到光滑平整的摊铺效果。它的优点是:安装方便简单,不与沥青混合料接触,无须清洗维修,无论道路多么弯曲,均能连续摊铺;摊铺机掉头也十分方便,铺层平整度好,完全符合国家标准要

求。其缺点是作为声纳传播媒体的空气成分与温度对声纳的传播速度影响较大,所以必须加设温度补偿功能,但此功能的稳定性较差,容易引起测距误差,实际应用中所铺筑的面层平整度并不比机械式浮动梁+纵坡控制器好多少。此外,非接触式超声波平衡梁采用的是相对基准,对作为参考基准的原有路面的平整度要求比较苛刻,因此只能摊铺路面面层。

(4) RSS 激光扫描自动找平系统

RSS 激光扫描自动找平系统与超声波平衡梁一样,属于非接触式调平装置。激光的传播速度比声纳快得多,又不受环境影响,故测距比声纳精确。RSS 系统在摊铺机两侧牵引大臂上仅配置一个激光发生器和接收器,在工作平面的某一角度范围内,对作为参考基准的路面进行扫描,逐步测量控头距地面的距离并加以运算平均,测点多达 150 个,在扫描范围内密集分布。RSS 激光扫描自动找平系统的扫描长度可以根据路基状况在 2~30m 范围内任意人为设定,这一功能使 RSS 激光扫描自动找平系统方便地适应不同路基条件下的摊铺控制。例如,在平直路面上采用较长的扫描长度,可获取较高的面层平整度;在横向弯道(纵向坡道)上采用较短的扫描长度,以准确地跟踪横向高程(纵向高程)的连续变化而获得连续平滑的弯道,彻底克服了采用钢丝绳基准所产生的折线误差。因此从理论上讲,RSS 激光扫描找平系统的控制精度比超声波平衡梁高得多,但由于在设计和质量上还存在一些问题,而且价格较高,国内目前很少使用。

2.2.9 摊铺厚度调节

如图 4-13-16 所示,两图比较可看出,通过调节牵引臂升降油缸与牵引臂的铰接点高度来调节熨平板的仰角,从而提高摊铺厚度。

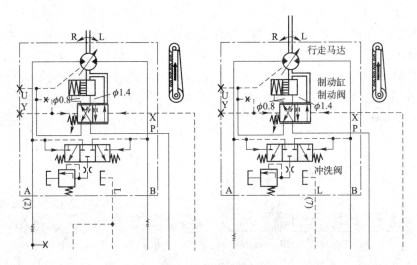

图 4-13-16 行走马达原理图

2.3 液压传动系统组成及原理

图 4-13-16 和图 4-13-17 所示分别为福格勒 S2500 摊铺机的行走马达和行走泵控制原理图。从两图中可看出,两侧履带独立驱动,以适应摊铺宽度变化的路段。

从图 4-13-16 中可知,福格勒 S2500 摊铺机行走采用定量马达驱动,制动阀控制制动缸实施马达轴的制动和制动释放。当二位四通液动制动阀左位工作时,来自电比例减压阀溢流的液压油经制动阀回油箱,马达轴靠弹簧实施制动;当二位四通液动制动阀右位工作时,来自电比例减压阀溢流的液压油经制动阀进入制动缸右腔,液压油产生的作用力克服弹簧力,释放制动。冲洗阀将部分低压油引到油箱沉淀和散热,以降低系统内液压油温度,保持系统正常工作。

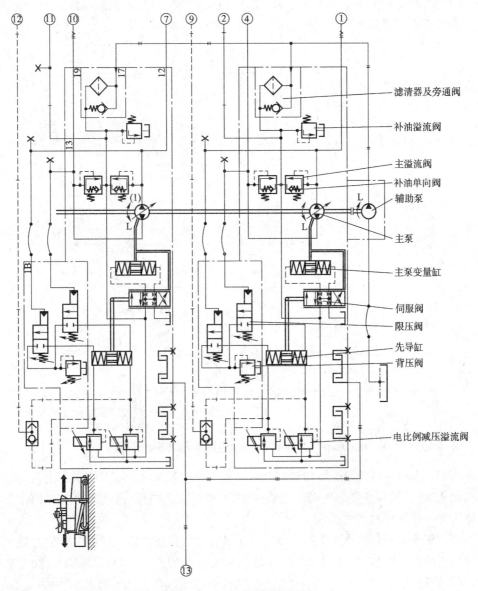

图 4-13-17 行走泵控制原理图

图 4-13-18 为福格勒 S2500 摊铺机的行走泵变量控制原理图。辅助泵提供的液压油分两路:一路直接进入伺服阀进入主泵变量缸,通过改变伺服阀的工作位置来改变主泵的进出油口方向,从而控制摊铺机前进和后退;另一路经电比例减压阀溢流减压后控制液动伺服阀的阀芯,从而释放制动器。马达上的冲洗阀将部分低压油引到油箱去沉淀和散热。

由图 3-4-17 可知,两个行走主泵与先导泵组成三联泵,主油泵输出的液压油除驱动行走马达外,还控制液动换向阀阀芯动作,从而调节系统工作压力,减少主溢流阀开启量;先导油泵输出的液压油在主油泵液压回路中分两路:一路经伺服阀到达主油泵斜盘倾角变量缸(下称"缸 2");另一路经电比例减压阀溢流进入先导缸,然后进入限压阀。给同一个电比例减压阀通入不同大小的电流可改变主泵的排量,从而实现无级调速;给不同的电比例减压阀通电,可改变主泵斜盘倾角的方向,从而使摊铺机前进或后退。

当系统压力超过限压阀的弹簧调定压力时,限压阀上位工作,来自先导缸的液压油经限压阀回油箱,使主泵斜盘倾角减小,排量下降,主系统压力下降,从而起到限压的作用。这样可避免主溢流阀长期溢流导致液压油过热,影响系统正常工作。

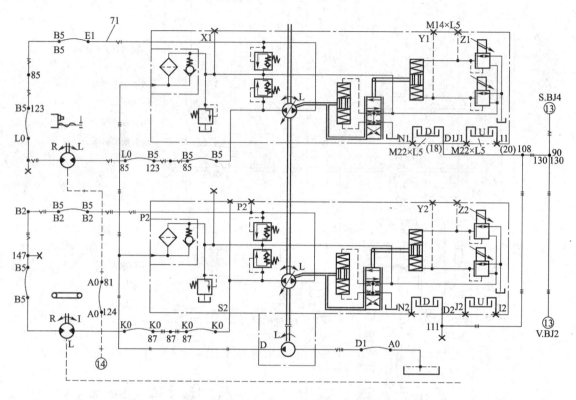

图 4-13-18 刮板输送器和螺旋分料器液压传动系统图

图 4-13-18 所示为刮板输送器和螺旋分料器液压传动系统图。该系统采用定量马达——变量泵的闭式回路,主泵变量原理同行走泵,在此不再详述。同样,通过改变主泵的排量来调节刮板输送器和螺旋分料器的速度。

图 4-13-19 所示为牵引臂升降油缸和受料斗翻转油缸控制液压系统图。三位四通电磁换向阀控制受料斗油缸动作,缓冲阀对受料斗油缸起安全保护作用。电磁铁 DT3 得电,牵引臂上升,电磁铁 DT3 失电,牵引臂下降;DT2 得电,受料斗向内翻转;DT1 得电,受料斗收回;YF1 的开启压力为 120×10^5 Pa,YF3 开启压力为 15×10^5 Pa,YF4 开启压力为 160×10^5 Pa;YF1 对受料斗翻转油缸实现过载保护,YF3 可实现受料斗快速收回,YF4 为备用油路压力控制阀;YF2 开启压力 15×10^5 Pa,当 DT7 得电时,受料斗油缸可通过 YF2 实现快速收回。

3 任务实施

3.1 准备工作

准备 1~2 台摊铺机(条件不具备的情况下,准备大量摊铺机图片和摊铺机工作视频),操作手册、使用说明书、教材等资料。仔细阅读操作手册、使用说明书、教材。

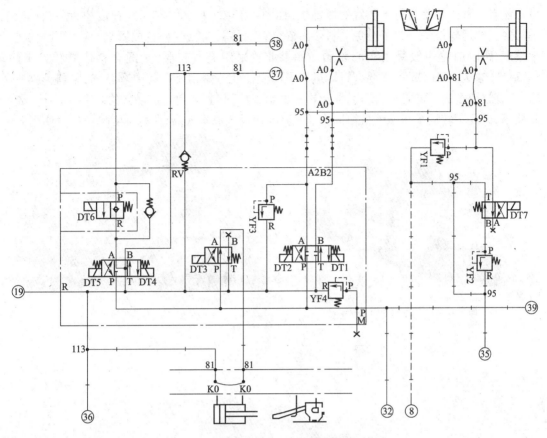

图 4-13-19 牵引臂升降和受料斗翻转液压系统图

3.2 实施过程

(1)组织学生到现场进行参观教学或通过图片,由教师讲解摊铺机的组成,结构特点。
(2)操作摊铺机或通过视频观察各工作装置的动作,以理解其工作原理。
(3)学生分组对照摊铺机或根据图片、视频熟悉老师讲解的内容。
(4)老师通过提问检验学生的掌握情况。

3.3 注意事项

(1)注意个人安全。
(2)保持设备的清洁和完好。
(3)观察螺旋分料器的结构特点,振捣梁、振动器的结构特点,相互之间的差异,牵引臂的调节,熨平板仰角的调整。

4 知识拓展

4.1 其他摊铺机的类型

沥青混凝土摊铺机除了上述类型外,为了满足变化路段摊铺的需要,设计了一种液压伸缩式沥青混凝土摊铺机,如图 4-13-20 所示,其熨平板在摊铺过程中可在液压缸作用下自由伸缩,摊铺机不需要离开摊铺面,这种摊铺机适合于摊铺宽度变化路段,如弯道、匝道、收费站等;

另外还有一种以轮胎为行走装置的摊铺机,如图4-13-21所示。其行走速度快,可自行转场,不需要其他运输设备。为了避免受料斗内混合料的量对轮胎气压造成影响,从而影响摊铺的平整度,所以前轮一般采用实心轮胎。如果前轮采用充气轮胎,则混合料依靠转运车(图4-13-22)输送。LHZ25沥青混合料转运车采用变径变节距螺旋搅拌专利技术,物料搅拌充分均匀,有效地解决了沥青混合料温度离析和材料离析问题;采用非接触式的超声波同步行走控制技术,保证了转运车与摊铺机协同作业。但因转运车成本太高,所以施工单位较少使用。

图4-13-20 液压伸缩熨平板

图4-13-21 行走采用轮胎式

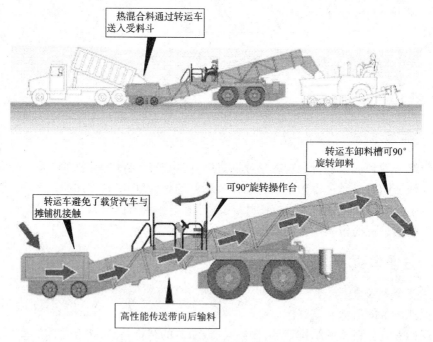

图4-13-22 沥青混合料转运车结构原理图

4.2 压实梁

图4-13-24为Vogele公司生产的Super1800型沥青混凝土摊铺机振捣熨平装置侧视图。图中预压实装置也即振捣梁。其中基本熨平板部分的振捣器偏心轴由液压马达及V形皮带驱动;延伸熨平板的振捣器直接通过法兰由液压马达驱动。振捣器冲程与摊铺材料的密实度无关,并可调至恒定的振幅4 mm和8 mm。图中辅助压实元件也即为压实梁。由振捣梁预先压实的压实层再通过两个压实梁的辅助压实可达到最大的密实度。压实梁由液压油缸作用进

行再压实。与振捣梁相反,它一直保持与压实面接触。它的压力不决定于振幅(冲程长度),而是取决于接触面积和液压油泵提供的压力。这个压力是通过油缸以脉冲形式传递到压实梁上的,并强迫它们向下传递。脉冲是由回转阀产生的,脉冲频率可以通过调节驱动回转阀的液压马达的转速来实现,最大可调至 70 Hz,压实梁的下压深度是恒定的,这就是说,压实梁的压力大小与其向下移动的深度(振幅)无关。

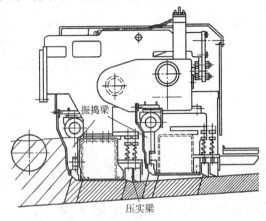
图 4-13-23　Vogele 公司生产的 Super1800 型振捣熨平装置俯视图

图 4-13-24　改进后的沥青摊铺机

由于通过脉冲液压传动得到非常大的加速度,所以,作用在压实梁上的力远远大于仅由熨平板重量所施加的力。两个压实梁仅有一点不同,第一块压实梁有较小的支承面,能够产生非常高的压力,而跟随着的第二块压实梁有较大的支承面,进一步稳定已产生的压实效果并平整表层。两个压实梁的液压压力分别调节在 5.0~15.0 MPa 之间无级变化。在同一调节压力下,对于支承面小的板来讲,有较大的压实力。

4.3　摊铺机的改进

如图 4-13-24 所示江西奉—铜高速公路摊铺路面的沥青混凝土摊铺机,受料斗下增加了一个水平油缸,受料斗尾部增加一个竖直油缸,在受料斗内增加了两层 U 形槽,上层 U 形槽可以在竖直油缸作用下向上翻转,上下两层 U 形槽可以一同在水平油缸作用下伸缩,推棍在可移动的 U 形槽上。这样可减少刮板输送器的载荷,从而提高摊铺的平整度。

5　思考题

(1)简述沥青摊铺机工作装置的组成,摊铺机的作用。
(2)刮板输送器和螺旋分料器为什么左右分开驱动?怎样调速?
(3)螺旋分料器的结构特点有哪些?其安装高度是否可调?为什么?
(4)S2500 福格勒沥青混凝土摊铺机采用何种行走驱动方式?怎样调速?
(5)振捣梁、振动器、压实梁的压实原理有何区别?
(6)熨平板为什么要加热?加热方式有哪些?
(7)熨平板的拱度和仰角怎样调整?
(8)自动找平的方式有哪些?
(9)沥青混合料转运车有何优缺点?
(10)江西奉—铜高速公路使用的摊铺机有何改进?

任务14　认识双钢轮压路机

1　任务引入

现在高速公路路面施工中,摊铺机一般采用高密实度熨平板,摊铺机熨平、整型、预压实后直接用双钢轮压路机提高被压实路面的强度和密实度,然后用轮胎压路机消除轮迹。因为双钢轮压路机多数采用全液压驱动,既可当静压压路机使用,也可当振动压路机使用。因此了解和掌握双钢轮压路机是必要的。

2　相关理论知识

2.1　双钢轮压路机总体结构与型号含义

双钢轮压路机主要由发动机、传动系统、行走系统、振动系统、制动系统、前后碾压轮(既是工作装置又是行走终端)、操作控制系统、空调系统和电气系统等组成(图4-14-1)。

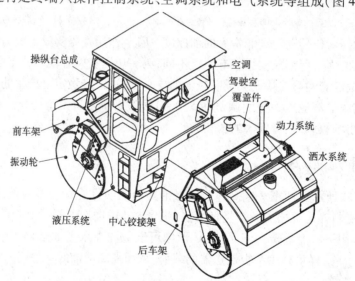

图4-14-1　双钢轮压路机整体结构图

双钢轮压路机的型号为:YZC + 主参数(已加载工作质量)。

国产YZC12压路机实物见图4-14-2,其型号各字母和数字含义图4-14-3。

图4-14-2　YZC12压路机实物图

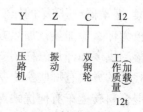

图4-14-3　双钢轮压路机型号

2.2 双钢轮压路机的工作装置

YZC12 压路机为双碾压轮兼行走。碾压轮由钢轮加振动轴组装而成,钢轮形状同 YZ18C,大小不一样,内部基本结构相似,见图 4-14-4。其中,振动轴与 YZ18C 压路机不同,它是在均匀质量的轴上加装的调幅装置(同 YZ18C),如图 4-14-5 所示。

图 4-14-4 双钢轮压路机振动轮结构　　　图 4-14-5 双钢轮压路机振动轴

2.3 双钢轮压路机液压系统

双钢轮压路机采用全液压传动(图 4-14-6),其行走系统和制动系统原理与 YZ18C 相似,这里不再叙述。

2.3.1 振动液压系统

YZC12 压路机的液压振动系统由斜盘式轴向柱塞泵和斜盘式轴向柱塞马达串联组成的闭式回路,系统中集成的功能阀块及其功能和液压驱动系统类似,在此不再叙述。

系统工作时通过操纵振动泵的伺服电磁阀,可以使振动泵的斜盘具有两种不同的摆角,从而使振动泵输出不同方向和流量的液压油,使振动马达产生不同的旋向和转速,带动振动轮实现两种不同频率、振幅的振动、调节振动泵伺服油缸上的排量限制螺钉可调节泵的输出流量,从而调节振动轮的振动频率。为适应路压实的需要,前、后钢轮通过振动阀的控制,可实现前轮振动、后轮振动和前后轮一起振动三种工作状态。振动阀主要由阀体、插装式电磁换向阀、冲洗阀和单向补油溢流阀组成。其中,插装式电磁换向阀的主油路通断,实现前后轮单独振动;冲洗阀将主油路中低压侧的部分液压油经冲洗阀流回油箱,和单向补油阀一起维持振动系统主油路液压油的交换;单向补油溢流阀防止振动马达过载和系统出现负压。

2.3.2 转向系统

压路机大多采用全液压随动转向,轻便、灵活、转向力矩大。YZC12 型压路机转向系统由定量泵、全液压转向器、2 个转向油缸、蟹行侧移油缸、转向优先阀、压力油管等组成。液压转向系统安装在后车架上,通过中心铰接转向机构实现转向(图 4-14-7)。中心铰接转向机构由两根沿车纵向布置的转向油缸分别与前、后车架铰接而成;蟹行机构由与前、后车架铰接的连接轴和蟹行油缸组成(图 4-14-8)。

YZC12 压路机的液压转向系统是一种液压开式回路,由转向齿轮泵、全液压转向器、转向油缸、蟹行油缸、优先阀等组成,系统最大工作压力 14×10^5 Pa。转向系统工作时,齿轮泵输出的液压油经优先阀至全液压转向器,通过转向器的计量和分配进入转向油缸推动铰接架实现转向。

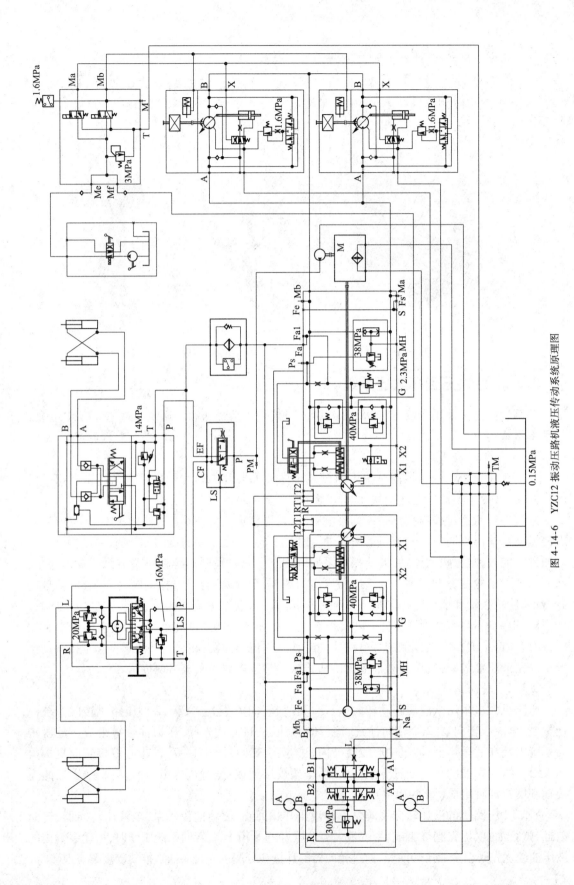

图 4-14-6 YZC12 振动压路机液压传动系统原理图

不转向时,转向器 LS 口的压力油推动优先阀的阀芯,系统进入蟹行预备状态,如蟹行阀不动作,液压油将经过 H 型中位机能的电磁换向阀直接进入液压油箱,实现系统卸荷;如蟹行阀得电动作,液压油将推动蟹行油缸实现蟹行。

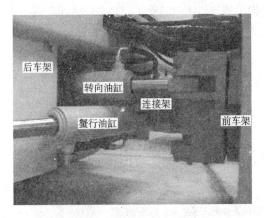

图 4-14-7 转向系统实物图

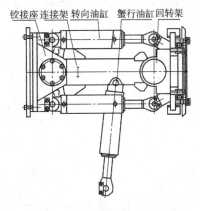

图 4-14-8 中心铰接架与蟹行油缸安装示意图

3 任务实施

3.1 施工现场参观双钢轮压路机

3.2 认识过程

(1)从外观上认识双钢轮压路机组成。
(2)从内部结构上了解双钢轮压路机各部分结构,理解碾压轮、车架、振动轴之间的连接。
(3)了解双钢轮压路机蟹行的目的和原理。

3.3 认识过程中的注意事项

(1)观察双钢轮压路机的外部组成。
(2)注意观察双钢轮压路机的车架、碾压轮的连接方式。
(3)注意观察行走马达和振动马达架构上的差异和安装方式差异。

4 知识拓展

4.1 双钢轮压路机的蟹行

蟹行即前、后碾压轮平行错开碾压。随着城市经济的发展,城市道路的质量要求也越来越高。在碾压城市道路时,由于道路中部隔离栏杆的影响,许多压路机都难接近路沿;此外在道路有障碍物(如以铺设好的较高的路面、护坡、安全防护桩等)时,压路机接近其边沿压实即贴边压实(图 4-14-9)显得尤为重要。蟹行机构就是为了提高振动压路机在压实作业时的贴边压实性能而设置的,蟹行转向对沥青路面的压实非常重要。

4.2 压路机的闭环数字转向系统

传统的双钢轮振动压路机普遍采用铰接式转向,转向不灵活且转弯半径大,蟹行量小,易产生辙痕。随着技术的发展,目前先进的双钢轮振动压路机车架为刚性整体结构,采用两个独立的中心枢轴,前后轮分别围绕各自的枢轴旋转,这样双轮转向可以获得较小的转弯半径,在狭窄的地带作业仍然有很好的机动性能,可实现真正的蟹行作业。但为了实现轮子和车架的快速方便对中,就要采用闭环数字转向控制,如 DYNAPAC、BOMAG、HAMM 、ABG 等。

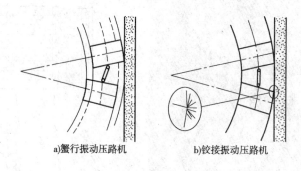

图 4-14-9 蟹行振动压路机和一般铰接式压路机贴边性能比较

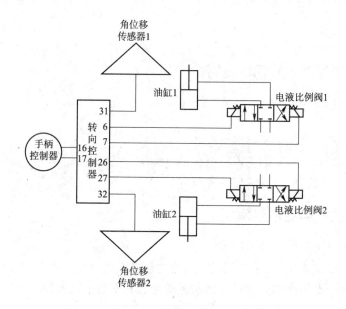

图 4-14-10 闭环转向控制框图

4.2.1 闭环数字转向的作用

因为双钢轮振动压路机采用的是整体车架,转向是靠两个独立的中心枢轴来实现的。如果采用传统的转向盘和转向器控制转向的话,有一个很大的缺点,就是无法准确判断车轮和车架是否对中,导致驾驶员在感官上以为车子在走直线,其实是在走斜线,这给压路机正常作业带来不便。因此为了解决这个问题,缩短对正的时间,先进的双钢轮振动压路机采用闭环转向控制系统(图4-14-10)来实现转向。

4.2.2 转向行走模式

在前轮转向模式下,后轮自动处于直行状态,即和车架成垂直状态;在后轮转向模式下,前轮自动处于直行状态;在双轮转向模式下,前后轮状态自由。转向模式见表4-14-1,前、后轮状态见图 4-14-11。

转向模式及原理　　　　　　　　　　　　　　　　　表 4-14-1

转向模式	手柄转向	功能	前、后轮状态
前轮转向	左旋 右旋	前轮左转向 前轮右转向	后轮与车架垂直
后轮转向	左旋 右旋	后轮左转向 后轮右转向	前轮与车架垂直
双轮转向	左旋 右旋	双轮向左转向 双轮向右转向	前后轮状态自由

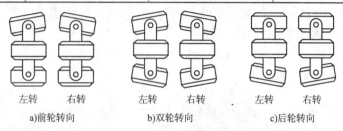

图 4-14-11　前、后轮状态

4.2.3 闭环数字转向的原理

双枢轴转向压路机采用闭环数字转向控制系统,可以方便实现压路机的各种转向功能和蟹行功能,能快速地实现轮子和整体车架的对中,大大提高了压路机的工作效率。

转向模式的选择:这种压路机有五种转向行走模式:前轮转向、后轮转向、双轮转向、左侧蟹行、右侧蟹行。

数字闭环转向的原理:首先选择转向模式,再转动手柄,转向控制器得到信号,输出一路PWM 信号给比例电磁阀;电磁阀得电,油缸动作,执行转向功能。手柄回到中位后,转向控制器又得到信号并输出信号给比例电磁阀,控制油缸动作。此时转角传感器检测转向碾压轮是否与车架对中,只有当转角传感器检测到转向碾压轮和车架对中时比例电磁阀才断电,油缸停止动作,从而保证压路机直线行驶。

5　思考题

(1)简述双钢轮压路机在沥青路面压实中的应用。
(2)双钢轮压路机动力传递路线。
(3)双钢轮压路机前、后振动轮工作状态如何通过液压系统调整?
(4)双钢轮压路机实现蟹行有何作用?
(5)双钢轮压路机蟹行如何通过液压系统实现?

任务 15　认识轮胎压路机

1　任务引入

轮胎压路机是一种依靠机械自重,通过特制的轮胎对铺层材料以静力压实作用来增加工作介质密实度的压实机械。它除有垂直压实力外,还有水平压实力。这种水平压实力不但沿机械行驶方向有压实力的作用,而且沿机械的横向也有压实力的作用。由于压实力能沿各个方向作用于材料,再加上轮胎的弹性所产生的一种"搓揉作用"产生了极好的压实效果,所以可得到最大的密实度。同时由于轮胎的柔性,不是将沥青混合料推在它前面,而是给混合料覆盖上最初的接触点,给材料以很大的垂直力,这样就会避免光轮压路机容易出现的裂缝和轮迹。此外,轮胎压路机还具有可增减配重、改变轮胎充气压力的特点,这样更有利于对各种材料的压实。

2 相关理论知识

2.1 轮胎压路机总体结构与型号

轮胎压路机主要由上车架、前后轮胎(碾压轮)、集中充气系统、操纵系统、制动系统、洒水系统、电气系统和空调系统等组成(图4-15-1)。

轮胎压路机的型号为:YL + 主参数(已加载或最大工作质量)。国产 YL25C 型号各字母和数字含义如图4-15-2所示。

图 4-15-1 轮胎压路机整体结构图

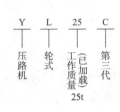

图 4-15-2 轮胎压路机型号

2.2 轮胎压路机的工作装置

轮胎压路机的压实装置兼行驶装置是成排的特制的充气轮胎,因此对充气轮胎的结构和性能提出了特殊要求。

2.2.1 轮胎压路机专用充气轮胎的特点

(1)轮胎强度高

轮胎压路机对铺层的压应力的大小及保持最大有效值的时间长短与轮胎的负荷、结构、材料、充气压力、工作速度有关。因此,轮胎压路机专用光面轮胎采用特制的合成橡胶制成,内含钢丝层,具有高强度(每个轮胎的负荷可达 10kN 以上)、耐磨损、耐切割、耐腐蚀、耐高温等综合性能。

(2)采用特制宽基轮胎

在轮胎压路机上所采用的轮胎都是特制的宽基轮胎,具有独特的外形和性能,见图4-15-3。

轮胎一般采用无花纹的光面轮胎(也有采用细花纹胎面轮胎)。普通轮胎的高宽之比为 1.0~0.95,而宽基轮胎的高宽之比为 0.65 左右,因此宽基轮胎的踏面宽度是普通轮胎1.5倍左右。

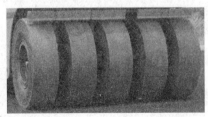

图 4-15-3 轮胎压路机轮胎

普通轮胎踏面与铺层的接触面呈椭圆形,接触面中心是高压力区,越靠近踏面边缘,压实力越低。轮胎压路机专用宽基轮胎与铺层的接触呈矩形,在整个轮胎踏面的宽度范围内,都处于高压力区,其压力分布均匀,从而保证了对沥青面层的压实不会出现裂纹等缺陷;另外,平的踏面使充气轮胎对地面的压实力垂直向下,物料颗粒很少向侧向移动,增加了压实深度,提高了压实质量。

2.2.2 轮胎压路机常用的轮胎规格

目前,轮胎压路机多用 11.00-20-16PR 或 12.00-20-16PR 规格的轮胎,断面宽度为 279.4mm(11in) 或 304.8mm(12in),轮辋名义直径为 508mm(20in),16PR 表示层级。

轮胎压路机可以通过改变轮胎的负荷(改变整机的重力)和调节轮胎的充气压力两种方法来改变轮胎对铺层的压应力,从而提高其压实质量。当轮胎充气压力为定值时,可以提高整机重力,轮胎的负荷越大,其压实力影响的范围就越大,并且向深层扩展,压实深度就越深。目前,国内轮胎压路机轮胎的充气压力范围为 0.2~0.8MPa,正常情况取 $P=0.35\text{MPa}$。

2.2.3 轮胎压路机前后充气轮胎的分布

轮胎在轴上的布置可以分为轮胎交错布置、行列布置和复合布置,见图 4-15-4。在现代轮胎压路机中,应用最广泛的是轮胎交错布置方案:前后轮分别并列成一排,前、后轮轮迹相互叉开,由后轮碾压前轮漏压的部分。由于轮胎采用宽基轮胎,因此前后轮胎面宽度的重叠度较大,使得压实更加均匀。

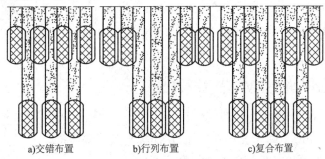

a)交错布置　　b)行列布置　　c)复合布置

图 4-15-4　轮胎压路机轮胎布置图

2.2.4 轮胎压路机前、后轮总成

轮胎压路机一般采用前轮转向,后轮驱动。

前轮总成见图 4-15-5。轮胎压路机转向系统部分由前轮总成(5 个可跟转的轮胎 7)、摆架 1、回转支撑 4 和转向油缸 2 等组成,由回转支撑与车架相连,通过固定在车架上的单个转

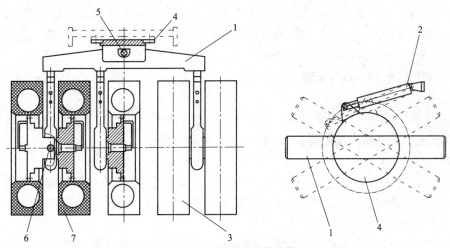

图 4-15-5　轮胎压路机前轮总成图

1-前轮摆架;2-转向油缸;3-轮胎;4-回转支撑;5-摆架摆动销;6-前轮摆动销;7-前轮

向油缸转向,转向角度为±30°。左右两侧每对轮胎均可以绕其前轮摆动销6摆动,同时摆架可以绕摆动销5摆动,轮胎可随路面的不平左右摆动距离为±45mm,因此轮胎可随铺层的高低不平随时进行调节,即使在不平的铺筑层上也能保证机架的水平和负荷均匀,可以有效地避免对铺层压实的过压及虚压现象。

后轮可采用液压驱动。图4-15-6中后轮总成中有4个光面轮胎,且等距布置,分为两组,左右两个各为一组,每组采用液压驱动,液压马达5驱动减速机7,减速机直接驱动轮辋组件2。每组轮胎相对后轮架3为简支式布置,每组的两个轮胎轮辋做成了一个整体,轮辋组件伸出两个辐板,一个辐板与减速机相连,另一个辐板通过轴承座9、轴承、半轴8等与后轮架相连。两个后轮架分别用螺栓组与箱体式车架4相连。采用这种结构使得减速机的受力状况比较好,压路机的自重能够比较均匀地通过简支结构传递到轮胎上。

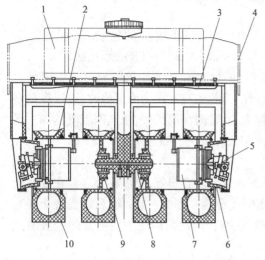

图4-15-6 轮胎压路机后轮总成图
1-洒水系统水箱;2-轮辋组件;3-后轮架;4-车架;5-行走马达;6-连接盘;7-减速机;8-半轴;9-轴承座;10-充气轮胎

2.3 轮胎压路机轮胎集中充气系统

轮胎压路机可以通过调节轮胎的充气压力来改变轮胎对铺层的压应力即轮胎接地比压,从而提高其压实质量。

2.3.1 轮胎压路机集中充气系统的作用

轮胎压路机采用人工或自动集中充气系统,前后所有轮胎的气路相互连通,以确保气压一致,从而保证轮胎接地比压一致,并且可以根据路面的变化进行人工或自动调节。

2.3.2 轮胎压路机集中充气系统组成和特点

轮胎压路机集中充气系统由气泵、气泵控制阀、安全阀、卸荷阀、水分分离器、过滤器、储气罐、手动阀、开关阀、压力表、胶管、旋转接头等组成。在驾驶内设有手动控制阀、气压表,驾驶员可根据铺层状况以及施工要求随时改变前后轮的充气压力,使压路机处于最佳工作状态,获得高效率和高质量的压实效果。在设备转场或长期停放时,可将每个轮胎气路上的开关阀单独锁死,确保轮胎气压在较长时间不泄漏。

轮胎压路机集中充气系统安装示意图见图4-15-7。

(1) 气泵

气泵安装在柴油机上。气泵能够提供的最大气压达800kPa,当压力达到要求时,气泵控制阀动作,气压推开气泵内控制阀,气泵空转,停止向系统供气。

(2) 旋转接头

每组轮胎设有密封性好的旋转接头。接头与车轮轴相连,将系统内气压输送到各个轮胎中,使前后轮胎气路相互连通,气压一致。旋转接头在车轮上的安装位置见图4-15-8。

(3) 水分分离器

水分分离器的作用是分离送气系统内的水分,确保系统元器件可靠使用。

(4) 卸荷阀

卸荷阀的主要作用是在系统出现异常升压时及时释放系统压力,确保系统安全,同时还可去除系统内气体中杂质。

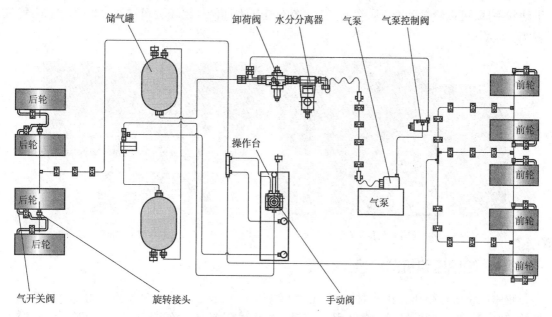

图 4-15-7　轮胎压路机集中充气系统安装示意图

(5) 气泵控制阀

该阀主要作用是在系统达到设定工作压力时,打开气泵控制管路,气压推开气泵内控制阀,使气泵空转,停止向系统供气。

(6) 储气罐

储气罐有两个,置于车架尾部,其主要作用是为蓄能和缓冲系统压力波动,稳定系统压力,同时还可使高温气体降温、除水。

(7) 手动阀

装在驾驶室内,驾驶员可以操纵手柄对前、后充气轮胎进行充、放气的控制。

(8) 开关阀

每组轮胎充放气管路上均有一个手动开关阀控制其开闭。在设备转场或长期停放时可将开关阀锁死,确保轮胎气压在较长时间内不泄漏。

(9) 气压表

系统装有两个气压表,布置在驾驶室内操纵面板上,一个可以实时监测储气罐内气体压力,另一个实时监测轮胎的充气压力。

集中充气系统的气动回路主要元器件置于车架尾部,后覆盖件可利用气弹簧助力开启。当后覆盖件开启后,主要元器件均可看到,便于维修,见图 4-15-9。

2.3.3　轮胎压路机集中充气系统原理

集中充气系统由气泵、安全阀、气水分离过滤器、压力控制阀、手动控制阀、压力表、胶管、旋转接头等组成。前后轮胎的气路相互连通,气压一致,并且可根据路面的变化进行自适应调整,气泵输出的高压气体经水分分离器除去大部分水分,进入卸荷阀调压和过滤杂质,再依次进入 2 个储气罐。如果进入储气罐气体压力高于气泵控制阀设定压力,就打开气泵控制管路,气压推开气泵内控制阀,使气泵空转,停止向系统供气。储气罐储存高压气体,起到蓄能和缓冲系统压力波动,稳定系统压力的作用,同时还可以降低气体温度和水分;另外储气罐上还装有安全阀,防止气压过高。通过手动阀,旋转接头和手动开关阀向每一组轮胎供气。通过操纵手动阀手柄,可以给轮胎充气或者放气,系统充气压力和储气罐压力可以通过仪表盘上的气压表实时监测。

图4-15-8 前轮旋转接头安装位置

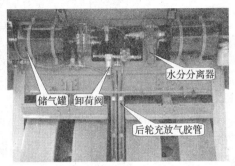

图4-15-9 集中充气系统主要元件实际布置

2.4 轮胎压路机前轮悬挂装置

轮胎压路机进行压实作业时,每个轮胎的气压不会完全一致,而且压路机为了适应凸凹不平的道路,提高压实质量,因此采用了浮动结构,也就是所谓的悬挂装置。例如三一重工YL25C型轮胎压路机前轮悬挂装置采用机械摇摆式铰接结构,结构如图4-15-5所示。

图4-15-10 摆动销安装位置图

前轮总成由5个可跟转的轮胎7、摆架1和转向油缸2组成,由回转支承与车架相连,通过固定在车架上的单个转向油缸转向,转向角度为±30°。左右两侧每对轮胎均可以绕其前轮摆动销6摆动,同时摆架可以绕摆架摆动销5摆动(图4-15-10)。这样轮胎可随路面的不平左右摆动距离为±45mm,因此轮胎可随铺层的高低不平随时进行调节,即使在不平的铺筑层上也能保证机架的水平和负荷均匀,可以有效地避免对铺层压实的过压及虚压现象。这种摇摆式前轮铰接三点支撑结构如图4-15-11所示。

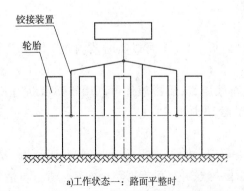

a) 工作状态一:路面平整时　　　b) 工作状态二:路面不平时

图4-15-11 机械摇摆式前轮悬挂装置原理示意图

2.5 YL25C 轮胎压路机液压系统

三一重工 YL25C 型轮胎压路机采用全液压驱动,闭式回路,转向系统采用单油缸全液压转向。轮胎压路机一般采用后轮驱动,前轮转向。YL25C 轮胎压路机液压系统传动路线如图4-15-12 所示。

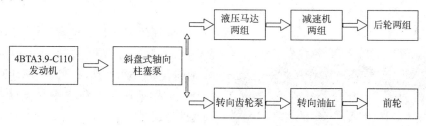

图 4-15-12 YL25C 轮胎压路机液压传动路线

YL25C 型压路机液压行走系统主要由斜盘式轴向柱塞泵与 2 个斜轴式轴向柱塞马达组成的并联的闭式回路。行走泵由柴油机驱动,它将发动机的动力转换为液动力,输出驱动后轮液压马达,达到驱动压路机的目的。转向齿轮泵串联在行走泵上,压力油经优先阀、转向器供给单个转向油缸实现左右转向。图 4-15-13 为 YL25C 压路机行走液压系统原理。

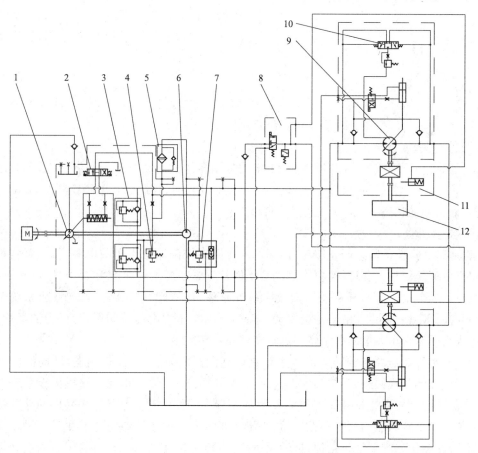

图 4-15-13 YL25C 轮胎压路机行走液压系统原理图

1-行走驱动泵;2-电磁换向阀;3-多功能阀;4-补油溢流阀;5-过滤器;6-补油泵;7-压力切断阀;8-控制阀;9-行走马达;10-冲洗阀;11-减速机;12-后轮组

YL25C轮胎压路机行走液压系统采用斜盘式轴向柱塞泵1加2个斜轴式轴向柱塞马达9并联组成闭式回路,系统工作压力为39.5MPa。

行走泵、转向泵连成一体,由发动机曲轴输出端通过弹性联轴器直接驱动。后轮驱动装置中有4个光面轮胎,分为两组,左右2个各为一组,采用液压驱动即液压马达9驱动减速机11,减速机直接驱动后轮组2。行走泵、行走马达以及减速机均为德国力士乐原装进口。行走马达安装位置见图4-15-14。

为保证闭式回路的正常工作,系统还集成了多功能阀(高压溢流阀、单向补油阀)、压力切断阀、补油溢流阀和冲洗阀。以上所述阀的功能在YZ18C型振动压路机行走液压系统类似,此处不再重复。

在闭式回路中,补油泵6起着非常重要的作用:为主泵的变量机构提供控制油;补充回路由于冲洗和泄漏损失的液压油;为系统的其他回路如制动、马达变量提供控制油。

为了确保轮胎压路机的工作和行驶安全,YL25C型压路机和YZ18C一样,制动系统也采用行驶制动、停车制动和紧急制动三级制动方式。

图4-15-14 YL25C轮胎压路机行走马达安装位置

(1)行驶制动

行驶制动采用液压制动。液压制动由控制面板上的行驶手柄来实现,手柄推至中位,行走驱动泵1的斜盘角度最小,流量降至零,压路机停止前进。

(2)停车制动

当压路机在行驶或工作时,减速机11中的常闭多片式制动器处于开启状态,不起制动作用。按下手制动开关,行走泵停止工作,经过一段时间延时,控制阀8电磁铁断电,制动器摩擦片锁紧,处于制动状态。

(3)紧急制动

紧急制动时,按下紧急停止按钮,迅速切断压路机控制器输出负载电源,行走泵斜盘立即回零位产生液压制动,同时减速机内制动器摩擦片锁紧亦产生制动作用。

图4-15-15为YL25C压路机转向液压系统原理图。YL25C压路机转向液压系统转向齿轮泵串联在行走柱塞泵上,由柴油机驱动。转向泵出口压力由溢流阀调定,压力油经优先阀、转向器供给固定在车架上的单个转向油缸实现左右转向。

YL25C型轮胎压路机的转向液压系统是由转向齿轮泵、全液压转向器、转向油缸、梭阀、优先阀等组成的开式回路,系统最大工作压力为14MPa。在第一单元压路机操纵系统中介绍到YL25C型轮胎压路机采用双操纵系统,该机型转向回路中有2套相同的转向回路并联。其转向系统中2个转向器均为闭心无反馈式,闭心即停止转向时,齿轮泵输出的液压油不能直接流回油箱,此时优先阀2处于右位,齿轮泵泄荷;当转向时,优先阀LS口的压力油推动优先阀阀芯,齿轮泵输出的液压油经优先阀至全液压转向器,通过转向器内计量马达的计量和分配进入转向油缸7推动前轮摆架回转,实现转向。

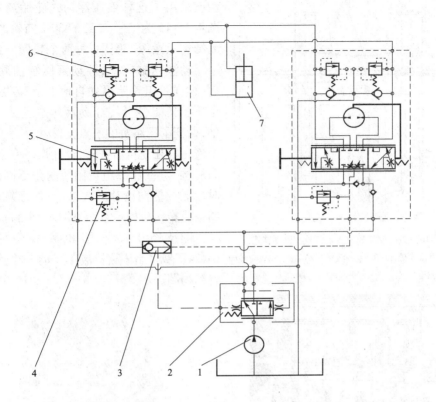

图 4-15-15 YL25C 轮胎压路机转向液压系统图
1-齿轮泵;2-优先阀;3-梭阀;4-过载溢流阀;5-转向器主体;6-双向缓冲溢流阀;7-转向油缸

3 任务实施

3.1 施工现场参观轮胎式压路机

3.2 认识过程

(1)从外观上认识轮胎式压路机组成。
(2)从内部结构上了解轮胎式压路机各部分结构原理。

3.3 认识过程中的注意事项

(1)观察轮胎式压路机轮胎布置方式。
(2)注意观察轮胎式压路机前轮悬挂装置。
(3)注意观察轮胎式压路机驱动轮驱动方式。
(4)注意观察轮胎式压路机集中充气系统组成与管路连接。

4 知识拓展

目前,轮胎压路机前轮悬挂装置除了机械摇摆式铰接结构外,还有一种液压浮动式悬挂装置。三一重工 YL30A 型轮胎压路机以及德国 BOMAG 公司生产的 BW24R 型轮胎压路机等机

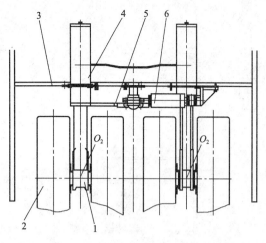

图 4-15-16 三一重工 YL30A 前轮液压浮动装置
1-轮胎摆动架;2-轮胎;3-车架;4-液压浮动油缸;5-栅格转向架;6-转向液压缸

型就采用了这种液压浮动式轮胎悬挂装置。图 4-15-16 为三一重工 YL30A 前轮的液压浮动结构示意图。图中,每两个轮胎一组,由一个浮动液压缸支撑,浮动液压缸油腔相互连通,这样每组轮胎可独自地上下移动,同时每个轮胎又能各自绕浮动液压缸上的 O_2 点摆动,保证了压路机的三点支撑性。为了保证每个液压缸独立自由升降,设计了一套栅格式转向机构,可以让每组轮胎转向角不同,使转向时轮胎的侧向滑移大大减少,保证碾压质量。栅格式转向机构示意图见图 4-15-17。

图 4-15-18 为德国 BOMAG 公司生产的 BW24R 型轮胎压路机液压浮动式轮胎悬挂装置结构图。

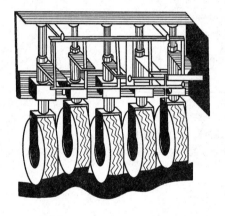

图 4-15-17 栅格式转向机构

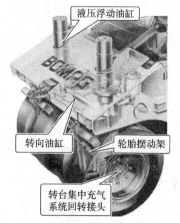

图 4-15-18 BOMAG BW24R 液压浮动式悬挂装置

5 思考题

(1) 简述轮胎压路机在沥青路面压实中的应用。
(2) 轮胎压路机与钢轮压路机相比有何特点?
(3) 轮胎压路机轮胎布置有哪几种形式?
(4) 轮胎压路机前轮悬挂装置有何作用?有哪几种形式?
(5) 试述轮胎压路机集中充气系统的作用与原理。

项目 5

铺筑水泥混凝土路面

任务 16 认识水泥混凝土搅拌站(楼)

1 任务引入

高速公路施工中,由于桥梁、隧道等结构物较多,需要的水泥混凝土量较大,需要集中拌和水泥混凝土。混凝土搅拌站(楼)是用来集中搅拌混凝土的联合装置,亦称混凝土工厂,具有集物料储存、计量、搅拌于一体的综合功能,可满足各种类型混凝土的搅拌要求,如图5-16-1所示。

图 5-16-1 水泥混凝土搅拌站实物图

2 相关理论知识

2.1 搅拌站(楼)的分类

按照生产工艺过程,混凝土搅拌站(楼)按传统的划分方法可分为一阶式和二阶式。一阶式称为搅拌楼,它的优点是设备一般采用全封闭式,所以适应一切气候条件;缺点是安装高度高,一次性投资大。二阶式为搅拌站,物料(主要集料)需经过二次提升,即计量完毕后,再经皮带机或提升斗提升到搅拌机中进行搅拌。这种结构的优点是结构高度低,投资小,但生产效率比一阶式稍低。目前国际上较盛行的一种产品是介于一阶式于二阶式之间的搅拌设备,其特点是集料计量后提升到搅拌机的上方的储料斗内,当程序要求投集料时,斗门打开将集料投入搅拌机中,这样前一盘集料在储料斗中等待时,后一盘集料计量已经开始,两者可以同时进行,从而提高了生产率。

混凝土搅拌站按其生产的用途性质可分为两类,一类是用作商品混凝土供应基地的主要生产设备,俗称商混站;另一类是用于工程施工现场拌制混凝土的搅拌设备,俗称工程站。两者对搅拌站的配置结构及适用条件的要求也不尽相同。由于搅拌站的发展经历与商品混凝土的推广应用过程几乎是同步的,因此当前流行的搅拌站普遍体现为适用于商混站的要求,当用户要求用作工程站时,也只是简化结构组件,取消封闭外装或降低配置的技术指标,因此难以满足用户对于产品技术经济指标和适用条件的要求。

下面主要介绍商品混凝土搅拌站结构与生产工艺流程。

2.2 商品混凝土搅拌站总体结构

混凝土搅拌站(楼)主要由配料站、皮带输送机、粉料罐、供液系统、计量系统、电气控制系统、搅拌主楼等组成,如图5-16-1和图5-16-2所示。

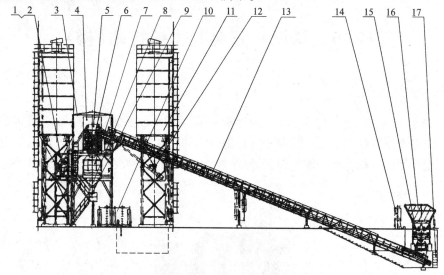

图5-16-2 商品混凝土搅拌站结构图

1-控制室;2-电气控制系统;3-主楼框架;4-主楼除尘系统一;5-待料斗;6-计量系统;7-卸料斗;9-上人楼梯;10-供液系统;11-粉料罐;12-螺旋输送机;13-斜皮带输送机发;14-气路系统;15-水平皮带输送机;16-配料站;17-安装基础

混凝土搅拌站(楼)的原理是通过控制系统将集料、水泥、水、外加剂进行计量和搅拌的过程。

搅拌主楼:搅拌主楼是搅拌站的核心,从下到上可分为出料层、搅拌层、计量层等,如图5-16-3所示。出料层主要是为了方便混凝土运输车通过,以支撑搅拌楼的钢结构为主。搅拌层内有主机,主要完成各种搅拌作业。计量层内有集料待料斗、水泥计量斗、粉煤灰计量斗、水计量斗、外加剂计量斗等,主要完成各种计量暂存工作。另外,计量层设有主楼除尘装置。

搅拌主机:如图5-16-4所示,各种原材料计量完毕后,通过平皮带机和斜皮带机的运输后依次进入搅拌主机,进行搅拌。搅拌结束后,控制系统控制搅拌主机卸料门打开,将搅拌好的成品放入混凝土输送车内。在搅拌的同时,各种原材料的计量也在同时进行,如此周而复始,完成搅拌工作。

配料站:其主要功用是对砂、石料进行配制。它是由集料仓、计量斗、皮带机组成。集料仓由3~4个独立单元组成,拆装方便,便于运输。工作时,集料仓下两个卸料门打开,当计量达到设定值的85%时,关闭一个卸料门,用另一个卸料门将余量计量完毕,用以提高精确度。计量斗的落料门打开,把计量好的砂石料落到皮带机上,由皮带机送给斜皮带机。

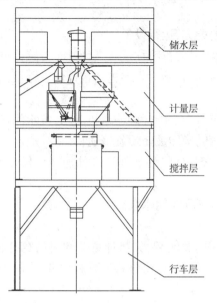

图 5-16-3　商品混凝土搅拌站主楼结构图

斜皮带机:主要是输送砂石料。它由传动装置、头架、中间架。尾架、转向滚筒、皮带、支撑脚和外设扶梯组成。来自配料站的集料经斜皮带输送机送进待料斗。

待料斗:用于储存一个循环内计量好的集料,它由料斗和卸料门组成。卸料门由气缸控制启闭,把集料放入搅拌机。

粉料储存及供给系统:其功能是对水泥、粉煤灰及矿粉料进行配制。它由粉料仓、螺旋输送机和粉料秤组成。粉料仓由3~4个独立单元组成,顶部装有除尘器,底部出口装有手动蝶阀,为防止粉料起拱,在粉料仓下锥部装有破拱装置。粉料秤由料斗、称重传感器蝶阀和气动破拱装置组成,用来计量水泥、粉煤灰及矿粉。工作时,粉料仓内的粉料通过螺旋输送机送入粉料秤的计量斗进行计量,达到设定值后,由控制系统发出信号使螺旋输送机停止输送。当控制系统发出向搅拌机内粉料指令时,计量斗下的蝶阀打开,同时开启气动破拱装置,将计量好的粉料投入搅拌机。

图 5-16-4　商品混凝土搅拌站搅拌主机实物图

供水、外加剂系统:是对水和外加剂进行供给及计量。它管道泵、管路、称量斗、称重传感器、蝶阀等组成。水由管道泵从地面的水池中通过供液管路抽入搅拌主楼的水称量斗中,供液管路中设有气动蝶阀,当水称量斗达到计量值时供水泵和气动蝶阀同时关闭。

气路系统:气路系统由空气压缩机、管路、气阀和执行机构组成,主要控制各料门、气动蝶阀的开启和关闭。

2.3　商品混凝土搅拌站生产工艺流程

在混凝土搅拌站中混凝土的拌制可分为以下六个阶段。
(1)原材料准备阶段

原材料准备阶段包括以下几个过程:装载机将集料从堆料场装入集料仓储存;散装水泥输送车将水泥掺和料分别粉料罐储存;将水及液体外加剂装入水池和外加罐储存。

(2)原材料计量阶段

启动搅拌站,设置所需要生产的混凝土原材料配方,运行设备。

集料仓的料门打开,将集料投入计量斗,开始集料的粗精称量。当计量斗传感器测得的质量值达到设定的粗称值时,关闭其中集料仓一个料门,开始对集料进行精计量。称量完毕即关闭料门。

根据设定选用的水泥及掺和料及质量值,相应料仓下的螺旋输送机启动,将水泥掺和料分别输送到水泥计量斗掺和料计量斗进行称量,称量完毕即关闭螺旋输送机。

根据设定选用的液体外加剂,启动相应的外加剂泵,将外加剂送入外加剂计量斗称量,称量完毕即关闭外加剂泵。

水泵启动将水送入水计量斗进行称量,称量完毕即关闭水泵。

(3)原材料输送阶段

集料称量完毕后,当系统检测到集料待料斗斗门关闭后,集料计量斗卸料门打开,将集料卸到已经运行的平皮带机上,称量后关闭卸料门。平皮带机将集料运到斜皮带上,斜皮带机将集料转入集料待料斗。

(4)原材料卸料阶段

当水和外加剂完成称量后,外加剂计量斗卸料气动蝶阀动作,将外加剂投入到水计量斗。根据系统设定的动作顺序,集料待料斗斗门、水计量斗卸料气动蝶阀、水泥及掺和料卸料气动蝶阀分别打开,将水、集料、外加剂、水泥及掺和料卸入搅拌机,进行搅拌。

(5)搅拌阶段

处于运行状态的搅拌机将卸入的原料,按照控制系统设定的搅拌时间,将原材料进行拌和,直到拌制成需要的混凝土。

(6)成品料卸料阶段

搅拌完成后,搅拌机驱动机构打开卸料门,将成品混凝土经卸料斗卸至搅拌运输机中。其卸料时间状态可根据使用状况调整。

在搅拌机卸完,卸料门关闭后,即进入下一个工作循环。以上所述混凝土生产工艺流程见图5-16-5。

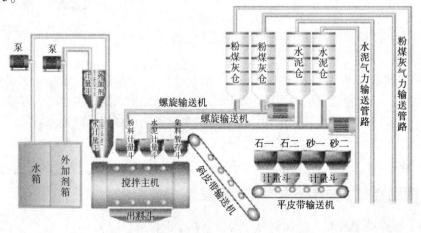

图 5-16-5　商品混凝土搅拌站生产工艺流程图

3 任务实施

3.1 施工现场参观混凝土搅拌站

3.2 认识过程

(1)从外观上认识混凝土搅拌站组成。
(2)从内部结构上了解混凝土搅拌站各部分结构原理。

3.3 认识过程中的注意事项

(1)注意观察混凝土搅拌站生产流程。
(2)注意观察混凝土搅拌站各种物料的储存和输送。
(3)注意观察混凝土搅拌站搅拌主机的类型与工作原理。
(4)注意观察混凝土搅拌站称量装置类型与工作原理。

4 知识拓展

4.1 混凝土搅拌机

混凝土搅拌机是将一定配合比的水泥、砂石、水和外加剂、掺和料拌制成具有一定匀质性、和易性要求的混凝土拌和物的机械设备。

混凝土搅拌机按工作原理分为自落式和强制式。

(1)自落式混凝土搅拌机

结构及搅拌原理:自落式混凝土搅拌机工作机构为筒体,沿筒内壁圆周安装若干搅拌叶片。工作时,筒体绕其自身轴旋转,利用叶片对筒内物料进行分割、提升、撒落和冲击作用,使配合料的相互位置不断进行重新分布而得以拌和。

自落式混凝土搅拌机的特点:搅拌强度不大、效率低,只适于搅拌一般集料的塑性混凝土。

自落式混凝土搅拌机的主要形式为双锥反转出料搅拌机。

(2)强制式混凝土搅拌机

结构及搅拌原理:强制式混凝土搅拌机搅拌机构是由垂直或水平设置在搅拌筒内壁的搅拌轴组成,轴上安装搅拌叶片。工作时,转轴带动叶片对筒内物料进行剪切、挤压和翻转推移等强制搅拌作用,使物料在剧烈的相对运动中得到均匀的拌和。

强制式混凝土搅拌机特点:拌和质量好,效率高,特别适于拌和干硬性混凝土和轻质集料的混凝土,其中卧轴式同时具有自落式的搅拌效果。

强制式混凝土搅拌机主要有卧轴式(单卧轴、双卧轴)、立轴式(涡桨式、行星式)两种类型。

4.2 混凝土搅拌站与混凝土搅拌楼的区别

很多人认为混凝土搅拌站与混凝土搅拌楼都是生产混凝土的设备,最多只是外形大小、高矮不同而已,其实不然。

(1)从结构上来看,搅拌站主要由物料供给系统、计量系统、搅拌系统、电气控制系统等系统构成,而搅拌楼则相对简单一些。

(2)从设备布置和生产工艺来看,搅拌楼的集料仓在上面,集料经计量后直接进入搅拌机;而搅拌站的集料仓在下面,集料计量后需经过斜皮带或者提升机输送后进入搅拌机。也可以这么说:集料要一次提升的就叫做"楼",要二次提升的就叫做"站"。因为搅拌楼的集料仓在上面,因此钢结构就会比较大,斜皮带也会相对的长一些。但在生产率方面,搅拌楼要比搅拌站高。另外,在运行中由于搅拌站的斜皮带频繁启动,能耗与故障率就会增加,而搅拌楼能耗与故障率相对要低。

(3)这两种设备用途也不同。由于搅拌站生产能力较小,结构容易拆装,能组成集装箱转移地点,适用于流动性较大的建筑施工现场;而搅拌楼体积大,生产率高,只能作为固定式的搅拌装置,适用于大型水利工程或产量大的商品混凝土供应。

5 思考题

(1)论述目前我国预拌混凝土行业发展状况。
(2)混凝土搅拌设备有哪些类型?各有何特点?
(3)简述商品混凝土搅拌站总体结构。
(4)简述商品混凝土搅拌站工艺流程。
(5)论述目前我国国产混凝土搅拌站行业发展状况。

任务17 认识水泥混凝土搅拌运输车

1 任务引入

桥梁施工时,商品混凝土从搅拌站接料、长距离运输到施工现场,为了减少混凝土离析,一般使用搅拌运输车(图5-17-1)。搅拌运输车是一种远距离输送混凝土的专用车辆,是在汽车底盘上安装一个可以自行转动的搅拌筒,在车辆行驶过程中,筒内混凝土仍能进行搅拌,具有运输与搅拌双重功能。

使用运输车运输混凝土,可以保证混凝土质量,缩短在搅拌楼内搅拌混凝土的时间,从而提高其生产率。近年来,随着预拌混凝土工业的迅速发展,混凝土搅拌运输车也得到不断改进和普及,并已成为一种重要的混凝土工程机械。混凝土搅拌运输车主要有以下四种输送方式。

(1)新鲜混凝土输送

该种方式适用于运距8~12km以下。其接收搅拌好的混凝土,在输送途中,对混凝土不断进行搅拌,以防止初凝和离析;输送到施工现场后,反转出料。

图5-17-1 搅拌运输车搅拌站接料

(2)半干料搅拌输送

该种方式可对尚未配足水的混凝土加足水量,边搅拌边运输。

(3)干料搅拌输送

该种方式的运距可超过12km。将干料和水泥等加入搅拌运输车,等运送到离施工现场前

15~20min 时,开动搅拌筒并加水搅拌;到达施工现场后,完成搅拌并反转卸料。

(4)搅拌混凝土后输送

该种方式没有搅拌机,把经过称量的砂、石和水泥等加入搅拌输送车的筒中,搅拌后再输送至施工现场。

2 相关理论知识

搅拌运输车使用最为普遍的是采用倾斜安装的梨形搅拌筒。这种搅拌筒较平放筒有更大的工作容量,且进料口较高,使与卸料口相连的输料和出料方便。有的搅拌筒还可举平,以加快卸料速度。搅拌筒的工作方式是:正转时进料和搅拌,反转时卸混凝土。

2.1 搅拌运输车的分类与工作过程

2.1.1 搅拌运输车的分类

按照传动方式不同,搅拌运输车分机械传动和液压传动两种。液压传动具有结构简单、操作方便和无级调速等优点,因此目前搅拌运输车普遍采用液压传动,且液压油泵多数是由汽车底盘发动机驱动。

按照动力供给的方式不同,有的搅拌筒其动力从汽车发动机的分动箱引出,或采用单独发动机驱动。

2.1.2 搅拌运输车的工作过程

搅拌运输车的工作过程如图 5-17-2 所示。

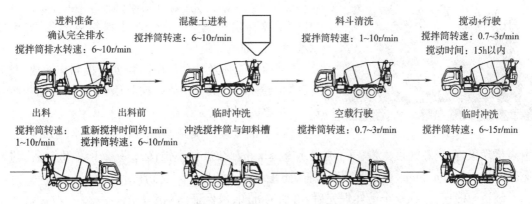

图 5-17-2 搅拌运输车工作过程示意图

搅拌车从进料到卸料完毕的最长时间为 90min,且搅拌总转数不大于 300 转。

搅拌运输车行驶时,如搅拌筒停止回转,则搅拌筒滚道与搅拌筒托轮上会产生压痕,并发生异常噪声。

搅拌车卸完料后,如不及时冲洗,不仅会造成搅拌筒内混凝土的黏结,使得装载量减少,进料不畅,使设备发生故障,是事故诱发的主要因素。

2.2 搅拌运输车结构

混凝土搅拌运输车由底盘和上车部分两大总成组成。底盘采用专用汽车底盘改装而成,上车部分由搅拌筒、副车架、进出料装置、操纵系统、液压系统、电气系统、供水系统及防护装置等组成。具体结构见图 5-17-3。

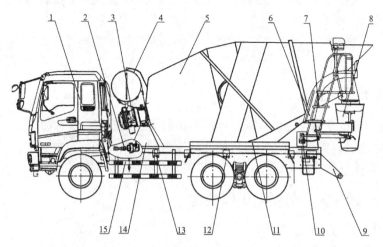

图 5-17-3 搅拌运输车结构图

1-底盘;2-油泵传动总成;3-滚筒驱动总成;4-供水系统总成;5-搅拌筒;6-托轮;7-扶梯总成;8-进出料装置;9-追尾护栏;10-操作系统;11-轮胎罩;12-副车架安装;13-电气系统;14-副车架总成;15-侧护栏

2.2.1 搅拌筒

搅拌筒是整个搅拌运输车的关键部件,作为存储混凝土的容器,对防止其固化、离析起着决定性的作用。它由搅拌筒体、托轮滚道等组成(图 5-17-4)。

图 5-17-4 搅拌筒

筒体由前锥段、后锥段、圆柱段、封头板、叶片、进料小锥、滚道等组焊而成。前端与减速机连接在一起,后部通过托轮支撑在副车架上。托轮起支撑筒体的作用,由支座、滚轮、轴、轴承等组成。

搅拌筒的壳体及叶片均由高强度钢板制作而成,具有更高的耐磨性。封头板整体一次悬压成型,与加强板焊接后具有足够的刚度与强度。

进料小锥直接影响整车的进料速度,速度太快,会产生离析现象,而进料速度太慢,又影响工作效率。因此,进料小锥设计呈漏斗状,大口径,进料速度保持在 $3.2m^3/min$,可确保顺利进料,防止混凝土溢出。

滚道为锻压件,在整个筒体焊完后,再加工外圈,以保证同轴度要求。

经过优化设计的搅拌筒,具有可靠的结构刚度,良好的耐磨性能,极低的残余率以及流畅的进出料等特点,既可搅拌混凝土,又可搅动输送预拌混凝土,无出料离析现象,确保了混凝土的匀质性能。

2.2.2 进出料装置

进出料装置由进料斗、出料斗、卸料槽、支架、卸料槽控制杆等组成(图 5-17-5),是搅拌车的重要组成部分,直接影响进出料的速度和质量。

进、出料斗通过支架与副车架的后台支撑架相连。进料斗主卸料槽内加有衬板,衬板采用高强度合金钢,大幅度地提高了耐磨性。卸料槽能使混凝土朝所要求的方向卸出。卸料槽控制杆起回转、支撑卸料槽及调节卸料槽槽口上下位移的作用,采用多孔定位,定位准确,连接可靠,调节时方便、快捷。锁紧杆将转至某一位置的卸料槽锁定,掀起手柄即可解除锁定。

2.2.3 液压系统

三一某型号搅拌运输车的液压系统是由 ZF 减速器和力士乐变量柱塞泵、马达所组成的闭式回路，接受发动机的动力和运动，驱动搅拌筒正反转。液压系统见图 5-17-6，原理见图 5-17-7。

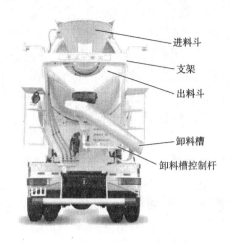

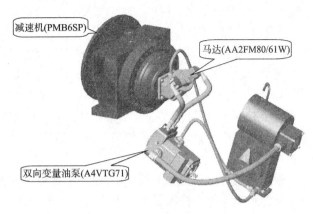

图 5-17-5　进出料装置　　　　　　　图 5-17-6　三一搅拌运输车液压系统实物图

该液压系统是一个闭式回路。补油泵的作用是补充闭式回路中因泄漏损失的液压油。

通过控制三位四通伺服换向控制阀 2 在不同的位置可以使双向变量柱塞泵 1，处于正转、反转和快速、慢速的不同状态，以满足搅拌筒工作的需要。

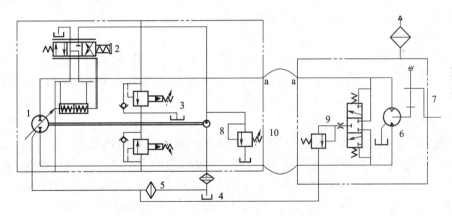

图 5-17-7　三一搅拌运输车液压系统原理图

1-双向变量柱塞泵；2-三位四通伺服换向控制阀；3-过载补油阀；4-油箱；5-冷却器；6-定量马达；7-减速器；8-补油泵；9-过载溢流阀；10-溢流阀

过载补油阀 3 的作用是当油路中压力超过一定值时，可以实现溢流；当某个支路中油液缺乏时，可以从油箱中吸油。

冷却器 5 的作用是对整个回路中的液压油进行冷却，避免系统过热。

过载溢流阀 9 的作用是当搅拌筒或减速器被障碍物卡住时，实现自动溢流，保护搅拌筒和减速器的安全。

减速器选用德国 ZF 公司生产的混凝土搅拌车专用减速器，低速大转矩液压马达驱动后置行星减速器、集滤油器、冷却器、风扇和连接电缆于一体,能提供卓越的输出性能和超长的使用寿命。柱塞泵则选用力士乐公司的产品。整个系统所使用的润滑油型号为SAE15W—40。

为了满足最低的启动温度(最低极限温度)要求,必要时采用预热系统;当环境温度低于$-5℃$时,不论采用何种润滑油等级,至少预热10min。

系统具有温度自动保护装置。在工作温度超过65℃时,温控开关自动打开,冷却器开始工作;当工作温度低于60℃时,温控开关自动关闭,冷却器则停止工作。

2.2.4 操纵系统

操作系统由旋转体、软轴、转轴—摇臂机构及连杆机构组成,主要控制搅拌筒的转速及旋转方向。搅拌车后部两侧各布置一套控制器,左右旋转体可以实现联动。旋转体上只有一根操纵杆,接出端分别通过连杆机构和转轴—摇臂机构连接到变量泵上,通过上下移动旋转体来改变泵上控制柄的角度,从而调节油泵的流量,实现控制筒体转动的方向和速度。同时,接出端还通过软轴连到发动机的节气门上,在需要加大转速时可向外拉操纵手柄来实现筒体转速的提高。

操纵系统在运输过程中可以实现自锁,即通过在驾驶室内将变量泵上连杆机构锁紧,从而使搅拌车后部两侧的控制器不能操作。安全锁定机构的作用,是防止装载预拌混凝土的搅拌筒在行驶过程中因操作手柄被树枝或其他障碍物钩住而作出料旋转。

2.3 搅拌运输车的运用与维护

2.3.1 搅拌车操作程序

(1)搅拌车开始工作前,首先检查油箱、液压泵、马达内是否有足够的、清洁的液压油,水箱是否灌满水,各润滑部位是否有足够的润滑油。

(2)发动汽车发动机运转片刻,向储气筒充足气。

(3)把操纵油泵伺服阀的手柄放在中央位置,此时搅拌筒处于静止状态。

(4)一切正常后,操纵手柄使搅拌筒在低速下正反转2~3次,检查液压传动系统是否正常。

(5)把车开到搅拌站加料漏斗下,使车的进料斗口与搅拌站的出料漏斗口对正,防止混凝土流到车外面造成浪费和污染车体。

(6)操纵手柄,使搅拌筒正转达10~12r/min,这时可向搅拌筒进料。

(7)料装到公称搅动容量时,操纵手柄,将发动机转速调为1800r/min时,使搅拌筒的搅动转速为1~3r/min;使发动机转速为最小后,在驾驶室锁住手柄,把车开至交货地点。从进料开始到卸料完毕允许的最大时间为1.5h或拌筒旋转300转(取其中时间短者)。

(8)车辆满载上坡应使拌筒旋转速度适当加快。

(9)车到交货地点后,把卸料溜槽和加长溜槽转向需卸料的位置。

(10)在操纵车辆尾部两侧手柄前,应解开驾驶室操纵定位锁紧板,才能实现拌筒尾部正反转操作;然后根据工地要求的速度进行卸料。

(11)每次卸料后,必须将进料斗、搅拌筒内外、出料溜槽等清洗干净,防止混凝土凝固在上述部件上。

(12)拌制混凝土:

①先注入总水量1/2的水。

②将1/2的粗集料、1/2的砂、全部水泥顺次送入搅拌筒,随后再将余下的1/2的砂送入。

③最后再将余下的1/2粗集料送入。

④搅拌筒转速及搅拌时间如下。

进料时搅拌筒的转速:12~14r/min;

搅拌时搅拌筒的转速:10~12r/min;

搅拌时间:3~4min;

运输转速:3~4r/min。

⑤到工地将1/2的水加入,快速搅拌1~2min(注意:拌置混凝土投料时,切忌只投水泥;搅拌完毕后的搅动及出料方法与前述相同)。

2.3.2 搅拌车使用注意事项

(1)新车开始使用时,必须进行全面检查和试车,一切正常时,方可正式使用。

(2)输送混凝土的容量、质量及坍落度应符合相关规定。

(3)搅拌车在露天场地停放时,装料前应先将搅拌筒反转,把筒内的积水(或雨水)和杂物卸出,以保证运送混凝土的质量。

(4)在出料斗、卸料溜槽旁工作时,要佩带防护用品。不要接近料斗及搅拌口,也不要向内窥看,更不得用手去摸旋转的搅拌筒。

(5)在公路上行驶时,加长溜槽必须翻转放置在卸料溜槽上用挂钩挂牢,再转至与车身垂直部位,用锁紧装置把卸料溜槽和加长溜槽锁紧在机架上,防止由于不固定而摇动,造成伤人事故和影响其他车辆运行。

(6)车穿越桥、洞、库等设施时,必须注意通过高度的尺寸及路面承受重力,以免损坏搅拌车。

(7)工作装置连续运转时间不应超过8h。

(8)交货时,如发现水分蒸发,坍落度偏低,不能满足用户要求时,可适当向筒内加水,然后以12~14r/min的速度旋转30转后卸料。

(9)搅拌车在空载运行及运送混凝土过程中,搅拌筒不得停止转动,以免滚道、滚轮局部碰损或混凝土产生离析现象。

(10)水箱的水量要加满,以备急用。

(11)水箱加水前,必须打开放气阀把箱内空气放掉,充气供水后必须及时关闭储气筒。

注意:水箱仅在供水时加压,不要带着加压水箱在公路上行驶。

危险:在水箱没有卸压之前不可打开进水阀;水箱没有卸压之前不可开车行驶。

(12)冬季停放时,水箱和供水系统里不得有剩余水。

(13)卸料溜槽、加长溜槽是否需要一起使用,由具体工作位置的要求来决定。

(14)满载混凝土正转时,如要反转,必须操纵手柄使正转停稳后,再操纵手柄反转;严禁正转过程中操纵手柄使其反转。

(15)根据路面上坡不同时,驾驶员应根据所行走路面坡度情况合理装料,避免在路上撒料,污染环境。

(16)搅拌筒重心较高并微偏向右(车后看),这种偏向当搅拌筒满载旋转时会增加,故该车在转弯时要很小心;特别是车向左转时,要更加注意,不要使搅拌筒的转速超过3r/min;路面不平时车速还应降低。

(17)严禁搅拌车满载高速急转弯。

(18)非操作人员,禁止操作。

(19)下班后,必须将整车及进料斗、搅拌筒内外、出料溜槽等清洗干净;把车门锁好,转动锁紧手柄,锁牢油门手柄和伺服手柄。

3 任务实施

3.1 施工现场参观搅拌运输车

3.2 认识过程

(1)从外观上认识搅拌运输车组成。
(2)从内部结构上了解搅拌运输车各部分结构原理。

3.3 认识过程中的注意事项

(1)注意观察搅拌运输车搅拌筒的动力供给方式与传动方式。
(2)注意观察搅拌运输车进、出料装置结构与操作。
(3)注意观察搅拌运输车手动操作装置挡位。
(4)注意观察搅拌运输车的工作过程。

4 知识拓展

4.1 前卸料混凝土搅拌运输车简介

图 5-17-8 前卸料混凝土搅拌运输车

前卸料混凝土搅拌运输车的最大特点是进、出料口均在车辆的前方,驾驶室的上方,在其进、出料口下方设有既可以左右摆动,又可以上下俯仰的布料滑槽,滑槽的运动可由驾驶员在驾驶室内操控,如图5-17-8所示。前卸料搅拌车具有特殊的底盘结构,拥有大功率的搅拌驱动系统、大容积的水罐,能实现将混凝土集料运输到工地后,再加水自行搅拌的干式搅拌功能。

4.2 前卸料搅拌车生产施工系统的优点

(1)前卸料搅拌车具有干式搅拌功能,扩大了搅拌站的覆盖范围。
(2)前卸料搅拌车在混凝土施工作业中适应性强,效率高,综合费用低。
(3)前卸料搅拌车提高了作业安全性。
(4)前卸料搅拌车通过性能好,越野能力强。

5 思考题

(1)简述混凝土搅拌运输车四种输送方式。
(2)混凝土搅拌运输车有哪些类型?
(3)简述混凝土搅拌运输车工作过程。
(4)混凝土搅拌运输车手动操作装置有哪些挡位?
(5)前卸料混凝土搅拌运输车有何优点?

任务 18　认识水泥滑模摊铺机

1　任务引入

水泥混凝土路面摊铺机械是铺筑水泥混凝土路面全套机械和设备的统称,包括摊铺混合料的水泥混凝土摊铺机,对铺层进行振实、整平和抹光的路面整形机,以及进行路面切缝、填缝、拉毛等的辅助机械。整套机械可共同组成机组,依次通过路基完成铺筑路面的全部作业。

水泥混凝土路面摊铺机按照是否使用模板可分为轨模水泥混凝土路面摊铺机和滑模水泥混凝土路面摊铺机两种。本文重点介绍滑模水泥混凝土路面摊铺机。

2　相关理论知识

2.1　滑模式水泥混凝土摊铺机的总体结构、型号

2.1.1　总体构造

滑模式水泥混凝土摊铺机主要由发动机、液压动力、主机架、驱动履带、螺旋布料器、虚方控制板、液压振捣器、捣实板、成形模板、边模、路拱系统、浮动抹光板、液压控制系统及操作仪表等部分组成,如图 5-18-1 所示。

发动机:采用卡特匹勒系列柴油发动机 DITA 提供动力。

液压动力:由发动机驱动液压油泵系统,包括螺旋布料器驱动泵、串列液压振捣器泵、压力补偿驱动泵、单级液压控制系统。

主机架:可液压伸缩,分断机架,保证基本摊铺宽度,配置的标准延伸件可保证增加摊铺宽度。

驱动履带:四履带驱动系统。

螺旋布料器:法兰连接,可任意组合宽度,大直径中间分隔安装,可两边独立实现单双向驱动。

虚方控制板:液压控制,用以计量进入水泥的流量。

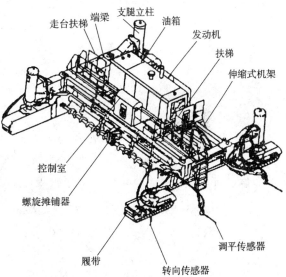

图 5-18-1　滑模式水泥混凝土摊铺机外形

液压振捣器:标准配置的液压振捣器,各自独立流量控制,振频 167 Hz。

捣实板:液压驱动,可分段调整宽度,振频及振幅可调;

成形模板:标准结构安装,液压垂直升降调整厚度、宽度,超铺调整以控制坍落度。

边模:液压控制调整依附表面。

路拱系统:液压控制调整可获得切线型、多点式或偏置型路拱。

浮动抹光板:可进行路面二次抹光及小误差修整。

液压控制系统:CMI 公司专利生产,全液压微调控制水平和转向,可选自动或手动方式操作。

2.1.2 型号编制

水泥摊铺机型号编制见表 5-18-1。

水泥摊铺机型号编制　　　　　　　　　表 5-18-1

组		型		特性	产　　品		主　参　数	
名称	代号	名称	代号	代号	名称	代号	名称	单位表示法
水泥混凝土摊铺机	HT（混摊）	轨模			轨模式水泥混凝土摊铺机	HT	摊铺宽度	mm
		滑模	H		滑模式水泥混凝土摊铺机	HTH		

2.2 工作装置的组成及特点

滑模式摊铺机的工作装置由螺旋摊铺器、刮平板、内振捣器、振捣梁、成型盘、定型盘和负机架组成，如图 5-18-2 所示。

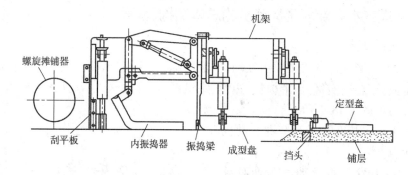

图 5-18-2　滑模式摊铺机工作装置

2.2.1　螺旋布料器

（1）结构组成

SF6004 摊铺机螺旋布料器外径为 457mm，其结构如图 5-18-3 所示，主要由螺旋轴端支撑、螺旋轴、叶片、连接板、液压马达、分料驱动装置等组成。螺旋布料器可根据实际摊铺情况来加长，加长节有 1m、0.5m、0.25m 三种规格，全部由螺栓连接。

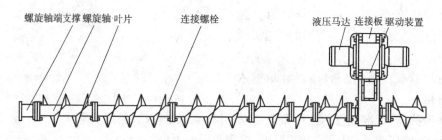

图 5-18-3　螺旋布料器结构

（2）工作原理

螺旋布料器分料驱动装置通过连接板连接在主机架上。通过两个液压马达控制分料驱动装置的输出轴，输出轴连接螺旋轴，另一端连接螺旋轴端支撑。螺旋轴端支撑连接在侧边模上。螺旋布料器通过无级变速分别控制左右摊铺螺旋进行正向和反向、同向和相向旋转，因此，可以实现从中间向两边分料，也可以从两面向中间集料，以及从一边向另一边移料。由耐磨钢板加工而成的叶片焊接在螺旋轴上,可根据前方料堆的变化来调节速度和方向。螺旋布料器可在机前两次搅拌,使混合料更均匀,不易造成离析。

2.2.2 计量门

(1)结构组成

计量门主要由箱形梁、计量门板、提升油缸等组成。箱形梁主要是给计量门板提供支撑。计量门和螺旋分料器一样可根据实际摊铺情况进行宽度调节。

(2)工作原理

驾驶员根据摊铺机前铺料的多少,通过控制油缸调节计量门的左右升降,来控制进入成型模板的混凝土数量,达到理想的效果。进料多少,直接影响着摊铺的质量。

2.2.3 振捣棒系统

(1)结构组成

振捣棒系统由伸缩油缸、连接板、安装梁、振捣棒等组成,结构如图5-18-4所示。

(2)工作原理

水泥摊铺机采用液压驱动振捣棒。液压驱动振捣棒在滑模摊铺机制造、操作,能量转换消耗,系统自动控制振捣,初始振动参数设定等方面比电驱动的振捣棒优越,现在世界上绝大多数生产厂家多采用液压驱动的振捣棒。按照混凝土的振动工艺原理,小粒径的颗粒振实依赖于高频振动,滑模摊铺机的超高频振捣棒传递给混凝土中的振捣频率随着其阻尼在混凝土中衰减,其振捣频率在混凝土振动过程中是分布在一个相当宽的频谱范围,因此,它既可以振动激发最细小的水泥颗粒活性,也可以将所有粗、细集料振动沉降稳固到位。

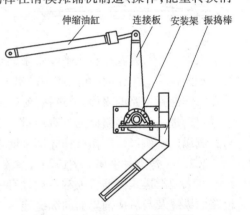

图5-18-4 振捣棒系统结构示意图

2.2.4 振捣梁系统

(1)结构组成

振捣梁由驱动马达、偏心轮、连杆机构、工作装置等机构组成。

(2)工作原理

经过振捣后的混凝土料,部分大中粒径集料因互相推挤,而浮在表面上,经过模具后,容易造成表面沟槽,又增加了模具的阻力。为了满足混凝土路面表层制作构造以及挤压出光滑表面的要求,同时也为了夯实混凝土,所以在振捣密实的混凝土进入挤压底板之前,振捣梁系统主要通过驱动马达带动偏心轮运动,偏心轮以所设计的振捣频率和振幅带动连杆机构实现振捣板的上下运动,将大中粒径集料压入成型模板以下 10~20mm 位置,并使混凝土进一步密实,形成表面灰浆层。但振捣梁系统仅适用于较稀的混凝土料。如果在干硬的混凝土料上使用时,会增加阻力,造成机构的破坏。

2.2.5 成型盘

(1)结构组成

成型盘由框架和耐磨钢板焊接而成,可根据实际情况进行调节,主要有基本模、侧边模以及各种规格的加长模,以适应多种摊铺宽度。

(2)工作原理

成型盘是通过自身重力将振实和提浆后的水泥混凝土挤压得更加密实,同时挤压拖抹出混凝土路面的标准断面、光滑的外观和良好的纵横向平整度。成型盘的前部有10°的倾角可以增加进入底板的混凝土料，更好地增加底板的挤压力。底板主要由耐磨钢板和其他辅助部件焊接而成。

左右侧模板分别装有两个液压油缸，主要控制侧模板的升降，可整体升降，也可前后分别升降，以确保所摊铺的厚度。侧模板的长度一般和模具一样长，但有的机型为了防止溜肩和塌边将侧边模加长至超级抹光器的后面，这样也可以在加长节上安装搓平梁。

2.2.6 抹光器

（1）结构组成

超级抹光器主要由抹光板、连杆、摆臂、摆臂连杆、滑架、液压马达等组成。结构如图5-18-5所示。

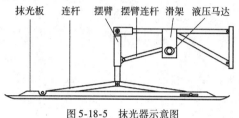

图5-18-5 抹光器示意图

（2）工作原理

滑模摊铺机一般在模具后面都配备可自动调节压力的超级抹光器装置，其左右抹面位置、压力和速度均可调整。其主要通过侧面的液压马达带动超级抹光器左右移动，同时用液压马达带动超级抹光器前后移动，保证抹光板可以前后和左右移动。其作用是消除表面上的气泡及小石头拖动带来的缺陷，并能起到提浆作用，对保障路面优良的纵向平整度有较大作用。工作时，在刚成型的水泥混凝土路面上作左右、前后的往复运动，依靠自重悬浮在水泥混凝土路的表面，通过抹光水泥混凝土摊铺层上的水泥浆，对路面表层进行最后的加工、修整，进一步提高路面的外观质量。由于超级抹光器在左右往复运动时，无法靠近边沿，容易造成塌边。所以一般超级抹光器来回运动时不能靠边，最后由人工来修复。

2.2.7 传力杆中间和侧面插入装置

在大型滑模式摊铺机上常常设计有中间和侧面插入传力杆的插入装置，以适应摊铺多车道路面纵缝及与后摊铺里面的纵缝连接。中间的拉杆插入装置分为前置式和后置式两种。前置式放置在振捣棒或螺旋分料器之前，将拉杆直接打入虚方水泥混凝土中，特点是打入阻力小，拉杆不易产生变形，但经过振捣或螺旋分料器可能产生偏移，对放置的位置要求较高。后置式放置于成型模板之后，浮动抹光板之前，拉杆打入之后，再通过一个小型振动夯，重新振动提浆，浮动抹光板重新抹光。特点是位置准确，但破坏成型路面的密实性，对平整度有影响。由于打入阻力较大，拉杆容易产生变形。

侧面插入装置主要安装在成型模板之后，依靠机械和手动来控制拉杆的打入位置和深度。

2.2.8 振动搓平梁

在滑模摊铺机的后面主要针对硬性的混凝土混合料增加了一个机构——振动搓平梁，一方面为了修复表面缺陷，保证光滑的表面，同时提出足够厚度的砂浆；另一方面为了修复使用后置式中间拉杆插入装置造成的混凝土路面上半部的缺陷。

2.2.9 自动传力杆插入装置

自动传力杆插入装置主要是为了适应在特重交通条件下，所有缩缝都带传力杆混凝土路面施工要求而开发设计的专门部件，它是一个与路面同宽、大型的自动摆放、振动插入传力杆的自动机械（图5-18-6）。

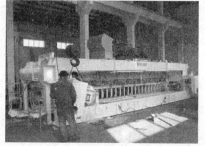

图5-18-6 自动传力杆插入装置

2.3 传动系统组成及原理

水泥摊铺机的传动系统采用液压传动方式。

发动机的动力经变速器传递给行走液压泵。由液压泵驱动行走机构行走（图5-18-7）。

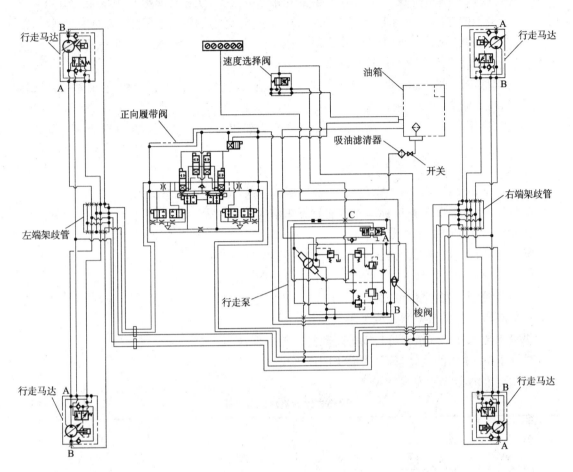

图5-18-7 行走系统液压系统图

摊铺机行走系统为闭式变量系统。一个行走泵和一个供给泵提供系统所需液压。系统采用普通油箱。供给泵通过吸油滤清器吸油，给行走泵和行走系统控制回路提供一定压力的液压油。液压马达采用并联式供油，其摊铺或行走的转速由速度选择阀控制行走泵和行走马达的斜盘来实现。前进时，行走泵从油口 B 泵油，经过正向履带阀，油被等量分成四路，分别经过左端架歧管、右端架歧管流到左边马达的 B 油口和右边马达的 A 油口（因为机器左边行走马达与机器右边行走马达转向相反，为使履带按同一方向转动，进入左侧马达的油口和进入右侧马达的油口要相反），驱动左边和右边的马达转动，使机器前进。从左边马达 A 油口和右边马达 B 油口流出来的回油合到一处流进行走泵的 A 油口。如此循环下去。

后退时，行走泵从油口 A 泵油，然后分成四路，不经过正向履带阀直接分别流经左端架歧管、右端架歧管进入左边行走马达的 A 油口和右边马达的 B 油口，驱动左边和右边的马达转动，使机器后退。经过马达之后从左边行走马达 B 油口和右边行走马达 A 油口回油，经过正向履带阀回到行走泵的 B 油口（此时正向履带阀起分流作用相当于普通歧管），如此循环下去。

行走泵从油口C泵油,到达速度选择阀,速度选择阀控制行走马达的斜盘倾角,速度选择阀工作与否由控制台上的速度选择开关控制。当速度选择开关置于"PAVE"时,速度选择阀的电磁线圈不通电,阀芯不打开,没有液压油流到马达斜盘的控制油缸。马达的斜盘在弹簧的作用下保持在最大倾角位置。输出最小速度和最大扭矩。当速度选择开关置于"TRAVEL"时,速度选择阀的电磁线圈通电,阀芯打开,液压油流经速度选择阀到马达斜盘的控制油缸,推动与马达斜盘相连的活塞,使斜盘转动到最小倾角位置。这时,输出最大速度和最小扭矩。这样,速度选择阀就实现了速度选择功能。

马达斜盘控制油缸的回油、行走马达的泄漏油及行走泵的泄漏油合到一处,流经行走泵返回油箱,对行走泵起冷却作用。

梭阀2接压力表,它能保证高压油口始终和压力表相通,由压力表测出其压力。

2.4 工作装置的操纵原理

水泥摊铺机工作装置的操纵有液压系统、电控系统和自动控制系统三种。

2.4.1 水泥混凝土摊铺机工作装置的液压系统

摊铺机液压控制的工作装置有:

从基础摊铺宽度到最大摊铺宽度范围内,摊铺宽度可调;

螺旋布料器速度可调,并可双向均匀布料,且更换方便;

计量门控制方便,定位可靠;

振捣频率可根据需要调整或关闭;

纵横向传力杆插入机构可自动等距离打入传力杆;

抹光器纵、横向的速度可调,对面板的压力可调。

其主要性能参数见表5-18-2。

滑模式摊铺机性能参数 表5-18-2

项 目	单位	数值	项 目	单位	数值
发动机功率	kW	317	标准摊铺宽度	m	3.7~7.5
可选摊铺宽度	m	3.7~13.4	摊铺厚度	mm	0~457
摊铺速度	m/min	0~9	行走速度	m/min	0~19
质量(标准宽度)	kg	49~440			

(1)螺旋布料器液压系统

螺旋布料器液压回路由螺旋布料泵、螺旋布料马达、油箱、空吸滤清器等组成。

螺旋布料器液压系统如图5-18-8所示,左布料泵和右布料泵分别为两个液压回路,分别有各自的液压输出,但两泵的回油管串联安装,两泵由一个供给泵提供压力油。供给泵经吸油滤清器从油箱中吸油,当控制板上的螺旋布料器控制手柄置于中位时,液压油不经过电位移控制器而顶开单向阀给主泵的低压侧供油,但这时由于没有油流到控制泵斜盘的伺服机构,斜盘倾角为零,泵空转没有输出。当控制板上的布料器控制手柄置于左方时,电位移控制器一端的电磁线圈通电,电位移控制器在上位工作,液压抽流到控制斜盘的伺服机构使斜盘倾角为正,同时液压油顶开单向阀中的一个给主泵低压侧供油。主泵高压油流到布料马达,布料马达正转。左泵和右泵的工作情况完全一样,但由于它们是由各自的布料器控制杆控制的,互不干涉,可分别调整左、右布料器马达的转速从而适应各种工况。当布料器控制手柄置于右方时,电位控制器在下位工作,主泵斜盘为负,布料马达反转。

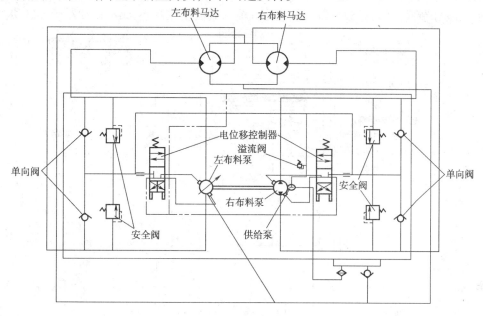

图 5-18-8　螺旋布料器液压系统图

供给泵回路中有一个溢流阀,如果供给压力在 1655kPa 以上,溢流阀打开,供给泵回路中多余的液压油由此溢流流入主泵泵体,对主泵起冷却作用。经过主泵之后,液压油从排油口流出,再进入布料马达底部的泄油口,冷却布料马达,然后从布料马达顶部的排油口流出。如果排油压力超过 172kPa,单向阀打开,过量的压力油直接流回油箱。每一个泵都含有两个溢流阀和两个单向阀并连接在主回路上。溢流阀可防止回路中的高压冲击,在快速加速、制动或突然加载时,高压侧的油可以通过溢流阀过载溢流回到低压侧。同时两个单向阀起到补油作用。因此,这四个阀为组合闭式回路里的过载补油装置。操作台上的压力仪表与泵之间有梭阀连接。这样无论泵在正转还是反转时,都可保证高压油和压力仪表相通从而测出系统的液压油压力值。

(2) 振动棒液压系统

振动棒液压系统由振动泵、振动增压泵、振动压力歧管、流量控制阀、液压油冷却器、回油冷却歧管、控制阀及油箱等组成,如图 5-18-9 所示。振动泵位于变速器输出部分的前下方;振动增压泵位于变速器输出部分后下方的末端;振动压力歧管位于机器的前中部,紧贴着伸缩套;流量控制阀分为三个部分,分别位于机器的左、中、右方;液压油冷却器位于发动机的左端;回油冷却歧管位于机器的后中部,和后面的伸缩套在一起。

振动增压泵从油箱中吸油,经过泵体输送液压油到回油冷却歧管,然后经回油冷却器或旁通单向阀流入振动回油滤清器。液压油经过过滤后流入振动泵的吸入口,这时的液压油已具有一定的压力,可以满足振动泵的自吸要求。振动泵吸油后,经过振动泵体把液压油送入振动压力歧管,振动压力歧管把液压油分成左、右两路,分别送入左、右流量控制阀,通过流量控制阀驱动振动器产生振动。

当发动机通过启动电动机启动时,振动器系统中的卸荷阀将把振动泵输出的液压油自动输入液压油冷却器,然后返回油箱。这时液压油就不会流入振动压力歧管。具体工作工程为:

当按下启动按钮,电流便到达卸荷阀的电磁线圈,使卸荷阀阀芯移到右位,使振动泵输出油直接到回油歧管。若发动机开始运转,并且放开启动按钮,电磁线圈不通电,阀芯在弹簧的作用下回到左位,卸荷阀关闭,振动泵输出的液压油流入到流量控制阀,驱动振动器产生振动。

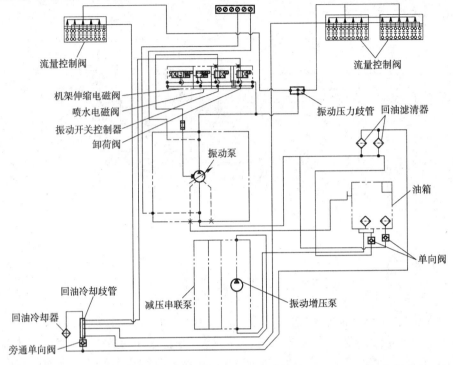

图 5-18-9 振动棒液压系统图

流量控制阀是组合阀,每个组合阀包括 5 个独立的流量控制阀。振动泵的压力补偿机构可以提供一个恒定的液压油压力,把一定量的液压油送到需要的振动棒中。从振动棒返回来的油流入回油歧管。振动泵的泄漏油经泵体上的排油口流入液压油箱。经液压油冷却回路冷却后返回的液压油,为振动系统提供补偿液压油。从捣实电动机和振动器返回的液压油也流经冷却器回路。在液压油冷却回路中,从各元件来的液压油流入回油歧管,回油歧管将油送入回油滤清器,回油滤清器直接将油液送入振动泵吸口,振动泵不需要过量的油液返回液压油箱。旁通单向阀控制回油歧管的油流方向。若液压油足够冷却,使液压油压力高于 450kPa,则旁通单向阀打开。液压油在进入振动器回油滤清器前必须先通过回油冷却器。系统中还有一振动开关控制阀,它由控制板上的振动开关控制。当振动开关置于 OFF 时,开关控制阀的电磁线圈没有通电,把从辅助泵来的控制压力油输入到振动泵斜盘控制机构,压力油使泵的斜盘转到零倾角位置,停止泵输出。

当振动控制开关打在 ON 位置,振动开关控制阀中的电磁线圈通电,移动阀芯,关闭从辅助泵来的控制压力油到振动泵斜盘控制机构,泵斜盘在弹簧的作用下移到最大倾角位置。通常泵在输出时是处在这个位置。

当采用了振动增压泵给振动泵供油以及在回油路上用了单向阀之后,液压油箱就不必采用压力油箱,而且保证了振动泵吸口有一定压力,这是此系统的重要特点之一。如果把普通油箱改为压力油箱,则可通过单向阀所在的油管吸油而不需要振动增压泵了。有压力表与泵入口及出口相连,可测出系统的压力。

(3) 捣实液压系统

捣实液压系统如图 5-18-10 所示,捣实泵经单向阀从液压油箱中吸油,经过泵体将油送入流量控制阀。当控制板上的捣实开关置于 OFF 位置时,流量控制阀中的电磁线圈断电,阀内的弹簧移动阀芯,打开通往液压油箱的油道。因为发动机一运转,捣实泵开始工作,捣实泵输出的液压油通过流量控制阀的电磁阀右位直接回油箱;当控制板上的捣实开关置于 Power 位置时,流量控制阀中的电磁线圈得电,电磁阀左位工作,捣实泵输出的液压油经流量控制阀,驱动捣实马达,然后经回油冷却器回油箱。如果回油压力高于 450kPa,则旁通单向阀打开,液压油经回油冷动歧管,回油滤清器回油箱。捣实液压系统的作用和振动系统的相同。

(4)伺服调平液压系统和转向液压系统

伺服调平液压系统如图 5-18-11 所示,它由驱动油泵(辅助泵)、电比例伺服阀、平衡阀、升降油缸等组成。其主要作用是调节升降油缸的伸缩,从而保持机架平面和设定标准一致。

转向液压系统如图 5-18-12 所示。由驱动泵(辅助泵)、电比例伺服阀、平衡阀、转向油缸等组成。其主要作用是摊铺弯道时使用。

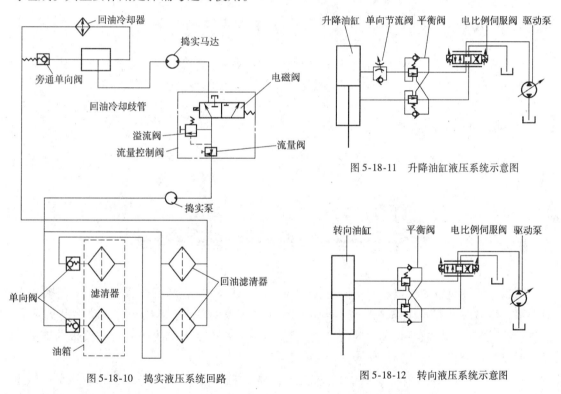

图 5-18-10 捣实液压系统回路

图 5-18-11 升降油缸液压系统示意图

图 5-18-12 转向液压系统示意图

3 任务实施

3.1 准备工作

准备 1~2 台水泥摊铺机,或到水泥路面施工现场;准备相应的水泥摊铺机操作手册、使用说明书并仔细阅读。

3.2 实施过程

(1)从外观上认识水泥摊铺机的总体结构、型号含义、工作装置的组成及特点。

(2)从内部结构上认识水泥摊铺机工作装置的操纵方式,各工作装置的运动规律和运动过程。

3.3 实施过程中的注意事项

(1)注意个人安全。
(2)注意观察摊铺过程中的注意事项。
(3)注意观察水泥摊铺机的行走和转向方式。

4 知识拓展

4.1 轨道式水泥混凝土摊铺机

轨道式水泥混凝土摊铺施工方法是指采用两条固定模板或轨道模板(钢制或混凝土)作为路面侧面支撑和路型定位,模板顶面作为表面基准,在两条固定边模中对混凝土路面进行摊铺、捣实、成型和拉毛养生的施工技术。

轨道式摊铺机组由行走机构、传动系统、机架、操纵控制系统和作业装置构成。作业装置包括布料机构、计量整平、振动捣实和光整做面机构。虽然各类轨道式摊铺机的结构形式各具特点,所采用的作业执行机构也不尽相同,但每一种摊铺机都是若干上述机构的有机组合。图5-18-13 所示列车型轨道摊铺机。

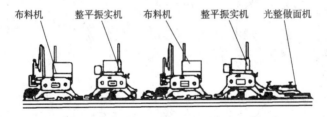

图 5-18-13 列车型轨道摊铺机

轨道式摊铺机组的优点是结构简单、造价低廉、工作可靠、容易操作、故障少、易维修以及对混凝土要求较低等,因此至今仍然受到许多发展中国家的青睐。其缺点是自动化程度较低,铺筑的路面纵坡、横坡、平直度和转弯半径的精度,在很大程度上取决于钢轨和模板的铺设质量,钢轨模板需要量大、装卸工作频繁而笨重。

轨道式摊铺机,因其作业方式、执行机构和整体功能的差异,又可进一步分为列车型轨道摊铺机、综合型轨道摊铺机和桁架型轨道摊铺机。

4.2 路缘石摊铺机

4.2.1 路缘石预制与滑模施工的优缺点

预制法路缘石施工主要是把预制好的路缘石砌在路肩预挖的沟槽中。其施工进度慢、工序多、占用场地大,路缘石的整体强度差、线条不顺畅。滑模施工法是采用路缘石滑模机在施工现场将新拌路缘石材料连续现浇并密实成型,每天可铺筑 1 500m 左右。滑模法铺筑路缘石速度快,所需人工少,不需要预制场地,铺筑的路缘石整体结构强度高、线形顺畅美观,备受施工单位和业主的青睐。二者优缺点见表 5-18-3。

路缘石两种施工方法优劣点比较　　　　　　表 5-18-3

施工方法	同一尺寸的模板使用量	工序	成型速度(m/d)	外观	质量	耗费人工	场地	混凝土要求	机械配备要求	天气影响
预制法	1 副	拌和、成型、养生	约 200	断缝、错缝多、麻面	尺寸误差大、不密实	7~9 人	需要预制场地	一般	一般	几乎不受
滑模法	大于 10 副	一般拌和、浇筑、砌筑成型、养护	700~1500	表面光平、连续无缝	尺寸确切且密实	5 人	不需要	高	专人专机	大

4.2.2 路缘石滑模机的工作原理及工作装置

根据工作原理的不同,路缘石滑模机主要分为挤压式、振捣式、锤捣式和振动式。

挤压式路缘石自动成型机的工作原理为:混合料被螺旋推进器或往复缸不断地推入成型模具,并充分地挤满,混合料内部产生一定的挤压力。形成具有一定密实度、强度及一定形状的路缘石。在路缘石形成过程中,混合料对螺旋输送器的水平反力传给机架、行走轮,使整机沿路面前进。

锤捣式路缘石滑模机的工作原理为:在滑模机成型模具的前面安装有锤捣装置,该系统将混凝土锤捣挤压进入与主机相连的成型模具里;机器的行走是靠自撞锤运动的反作用力。

振捣式路缘石滑模机的工作原理为:在滑模机成型模具的前面加有振捣棒,通过振捣棒的作用使水泥混凝土达到一定的密实度。

振动式路缘石滑模机的工作原理为:在模具上安装一个高频低幅的振动器,通过振动器使水泥混凝土达到一定的密实度;机器的行走是靠本身的动力,而不依赖混合料对机器的反作用力,因而行走较稳定。

各种路缘石滑模机的工作原理虽然有所不同,但其结构一般都由料斗、喂料器、成型模具、密实机构、升降系统及控制系统等组成。

最早的路缘石机始于 20 世纪 50 年代的美国,混凝土建筑承包人为了改变他们在公路路缘石施工中传统的低效率人工作业方式,研制了早期的路缘石铺筑机。这种机械是一种挤压式机械,利用模具中的螺旋装置将沥青混凝土料或干性水泥混凝土料挤出,形成与模具形状一致的结构物。这种机械对水泥混凝土料有特殊的要求,所以使用时很不方便。到了 20 世纪 60 年代后期,经过一些承包人的试验,一种滑模式的路缘石机出现了。这种路缘石机通过换装不同截面形状的模具,可以铺筑出路缘石、边沟、人行道和其他各种各样的混凝土路面,同时大大提高了劳动生产率,工程质量高于手工作业,所花费的成本也要低得多。1991 年获得美国专利的由 John Leone 发明的路缘石滑模机已经是一种比较成熟的路缘石滑模机械(图 5-18-14)。

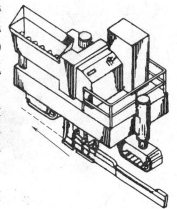

图 5-18-14　路缘石滑模机械

随着公路建设规模的不断扩大,滑模式路缘石机的使用越来越普遍,在国外,它已成为路面施工的主要设备之一。美国力霸(Power Curber)公司生产的 5700 型多功能滑模式水泥混凝土摊铺机有标准型三履带式和专用型四履带式两种,能够实现跨立式和外侧式两种摊铺,滑模摊铺各种形状、不同宽度或变截面的整体式隔离带,以及各种形状的沟渠、路缘石、护栏和水泥混凝土路面等。美国高马科(GOMACO)公司擅长于水泥混凝土摊铺技术,其生产的 GT 系列产品为多用途设计,如 GT-3200 滑模摊铺机不仅可以摊铺路缘石及边沟,还可更换不同的模具来摊铺路面、防撞墙或桥面护墙、渠道等,一机多用、灵活方便。新型 GT-3400 滑模摊铺机可对路缘石、边沟、小间距弯道、防撞墙、桥栏、侧便道、休闲小道和平整路面进行左右双向摊铺,摊铺宽度可达 1.8m,该设备既可使用引导线控制,也可配备三维无线控制系统。指挥官三号(CommanderⅢ)是高马科产品系列中最受欢迎的滑模摊铺机,自问世以来,在全球销量已超过 2400 台。其多用途设计极具灵活性,无论在路缘石、边沟、带路缘路牙的人行道、防撞墙、桥梁安全护栏、灌溉或排水沟渠,抑或宽度达 6m 的道路、机场跑道、高速铁路无渣轨道,以及整体道床、地铁、轻轨、铁路或公路隧道等,它都可胜任。国外的滑模机对混凝土的稠度要求严格,施工技术难度大,相对于传统路缘石预制工艺,施工造价太高,在国内没有得到大范围推广。

  近 20 年来,国内有些单位研制了几种比较简单的路缘石自动成型机,但与实际施工要求及与国外路缘石铺筑机相比,无论是产品的性能、质量、生产率,还是适用范围、施工条件等都有较大差距。

  20 世纪 80 年代后期。北京市第一市政公司研制出了路缘石自动成型机,并进行了产品试验鉴定;西安公路研究所 1989 年 9 月完成了路缘石自动成型机的样机试制,并在西安至三原一级公路的施工现场进行试验,于 1989 年 11 月在西三公路正式使用,效果良好;河北省交通科学研究所与河北省公路局共同研制开发的 LCI 型滑模机(图 5-18-15)于 1992 年初由秦皇岛市卢龙筑路机械厂生产了样机,经国道 107 线京石段高速公路施工现场进行试验性生产,取得了良好的效果;中国建筑科学研究院建筑机械化研究所与东光第一机械厂在吸收日本机型的基础上共同研制的 YCl5 滑模型机,于 1992 年 12 月在河北省通过鉴定。这些产品虽然形式不同,性能各异,但它们的工作原理、结构形式、技术特点及施工工艺大致相同。

  北京首瑞测控技术有限公司生产的 BL-790 全自动路缘石摊铺机采用锤击法施工。该法挤压成型的路缘石密实度高,质地坚硬,在设计相同的情况下比用振捣方式成型的路缘石强度高出 20% 左右,成型后的路缘石具有较高的抗冲击强度和稳定性。江苏四明工程机械有限公司结合进口滑模机的优点,于 2004 年自主开发了多功能路缘石滑模机(图 5-18-16)。该机既能摊铺高坍落度混凝土,又能摊铺干硬性混凝土,对混合料要求低,解决了进口滑模机存在的对混凝土坍落度要求高的问题,是一种较适合中国国情的滑模机。

图 5-18-15　LCI 型滑模机

图 5-18-16　多功能路缘石滑模机

5　思考题

(1)滑模施工与规模施工的比较。
(2)简述水泥混凝土摊铺机的基本构造。
(3)简述滑模式水泥混凝土摊铺机的工作原理。

项目6

架设桥梁

概 述

以四川雅泸高速公路桥梁施工为例，介绍桥梁施工工艺以及桥梁施工所需工程机械。雅泸高速公路建设前的原貌如图6-0-1所示，建设完成后的竣工图如图6-0-2所示。从原貌图上可以看出，雅泸高速公路地处四川盆地与高原过渡带，最低海拔为620m，最高海拔为2450m，沿线山脉连绵起伏、沟壑纵横、山峦险峻、密林叠嶂。因此，雅泸高速全线主要采用以桥代路设计，这样可大大节约成本，缩短工期。

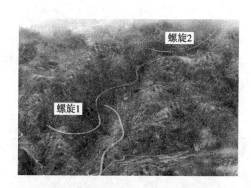

图6-0-1　雅泸高速公路设计线路原貌图

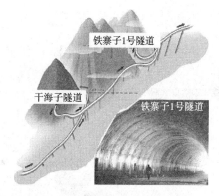

图6-0-2　雅泸高速公路成型图

一般公路桥梁施工包含下部结构和上部结构，如图6-0-3所示。雅泸高速公路桥梁的下部结构采用双圆柱式桩（当桥墩高度在40m以下时）和空心薄壁桩（当桥墩高度超过40m时）；上部结构采用20m预应力混凝土小箱梁（如荥经大桥的梁）和20m、25m、30m预应力混凝土T形梁，以简支结构为主；个别大跨桥梁，采用预应力连续混凝土钢构方案。

水泥混凝土桥梁
- 下部结构
  - 预制桩
  - 现浇桩
- 上部结构
  - 预制梁
  - 现浇梁

图6-0-3　桥梁结构、类型图

1　预制桩施工

预制桩包括钢桩和混凝土桩，预制桩施工机械包括打桩机、振动沉拔桩机和静力压桩机三大类。

2 现浇桩的施工

雅泸高速公路的现浇桩有双圆柱式桩(图6-0-4)和空心薄壁桩(图6-0-5),其施工过程基本相似,包括:场地平整施工准备、桩位测量放样、埋设护筒、钻机就位、钻进成孔、桩径检查、倾斜度清孔、泥浆试验、钢筋笼制作及安装、安置导管、混凝土坍落度测量试块制作、浇筑混凝土。此过程所需大型施工机械有:推土机、钻孔机械、混凝土搅拌站、混凝土运输车、混凝土泵送设备、塔吊、汽车起重机等。

图6-0-4 甘海子特大桥桁架墩——双圆柱式桩施工　　图6-0-5 腊八斤大桥桥墩——空心薄壁桩施工

推土机已经在路基施工中介绍,此处主要介绍钻孔机械、混凝土搅拌站、混凝土运输车、混凝土泵送设备、塔吊、汽车起重机。

3 预制梁的生产、安装

预制梁的生产、安装过程:制梁(制作钢筋骨架、建模、浇筑混凝土)如图6-0-6、图6-0-7所示,运梁如图6-0-8、图6-0-9所示,架梁如图6-0-10、图6-0-11所示。此生产过程包括的工程机械有:钢筋切割机、弯曲机、电焊机、混凝土搅拌站、混凝土运输车、混凝土泵送设备(拖泵)、运梁车、架梁设备。

图6-0-6 预制梁(箱梁)钢筋骨架制作　　图6-0-7 预制箱梁立膜、拖泵浇筑混凝土

4 现浇梁的施工

现浇梁的施工工艺流程如图6-0-12所示,雅泸高速现浇梁施工图如图6-0-13、图6-0-14所示。

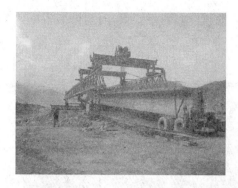
图 6-0-8 T 梁运输

图 6-0-9 箱梁运输

图 6-0-10 雅泸高速 T 梁架设

图 6-0-11 雅泸高速荥经桥箱梁架设

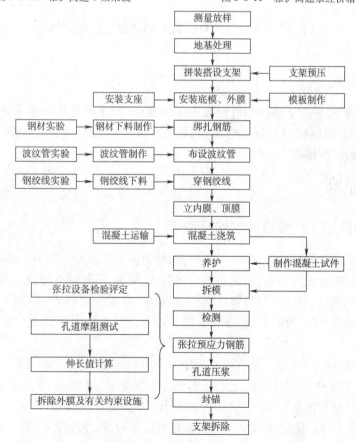
图 6-0-12 现浇梁施工工艺图

现浇梁施工需要的工程机械有：钢筋切割机、弯曲机、电焊机、混凝土搅拌站、混凝土运输车、混凝土输送设备（塔吊或索道）等。

图6-0-13　雅泸高速现浇梁0号节施工

图6-0-14　1号节现浇

综合上述分析，雅泸高速公路桥梁施工所用工程机械有：钢筋切割机、弯曲机、电焊机、钻孔机械、混凝土搅拌站、混凝土运输车、混凝土拖泵、混凝土泵车、塔吊、汽车起重机、运梁车、架桥机等。钢筋切割机、弯曲机、电焊机属小型机具，本教材因篇幅限制不作介绍，主要介绍钻孔机械、混凝土搅拌站、混凝土运输车、混凝土拖泵、混凝土泵车、塔吊、汽车起重机、运梁车、架桥机。

任务19　认识预制桩施工机械

1　任务引入

架设桥梁工程中，桥的下部结构可根据不同地质条件、不同使用环境采用预制桩（墩）和现浇桩（墩），为了将预制桩（墩）压入地面，需要依靠机械来完成，不同的预制桩（墩）、不同的地质环境所采用的压桩机械不一样。

2　相关知识

2.1　预制桩施工机械总体结构及型号

预制桩施工机械包括打桩机、振动沉拔桩机、静力压桩机三种。静力压桩机与锤击式打桩机、振动式沉桩机相比，无冲击力，可避免桩头被击碎、爆裂，压桩时对桩周土体扰动范围较小，可提高桩基础施工质量，节约桩身材料，降低工程造价；其工作无振动，无噪声，无环境污染，适于在人口稠密的城市中施工使用。但压桩只限于压垂直桩及软土地基的沉桩施工，具有一定的局限性。

液压静力压桩机压桩时，预制桩在垂直静压力作用下沉入土中时，桩周围土体发生急速而激烈的挤压，土中孔隙水压力急剧上升，土的抗剪强度大大降低，这时，桩身很容易往下沉，压桩的阻力主要来自桩尖向下穿透土层时直接冲剪桩端土体的阻力，压桩阻力并不一定随桩的入土深度的增加而累计增大，而是随着桩尖处土体的软硬程度等因素而波动。桩往下沉时，说明此时桩侧摩擦阻力非常小，但这是一种暂时现象，一旦压桩终止，随着时间的推移，桩周土体中孔隙水压力逐渐消散,土体发生固结,土的抗剪强度也可随桩侧摩擦阻力逐渐恢复而提高,从而使静压预制桩获得较大的承载力。在某些土体系数较高的较软地基,静压预制桩获得单桩极限承载力最终可比其他压桩机高出2~3倍。所以打桩机和振动沉拔桩机不作详细介绍。静力压桩机包括机械静力压桩机和液压静力压桩机,目前应用最广泛的是液压静力压桩机。下面以液压静力压桩机为主,介绍其相关知识。

2.1.1 液压静力压桩机总体结构

静力压桩机采用液压方式产生静压力,使桩在持续静压力作用下压至所需深度。液压静力压桩机分为"抱压式液压静力压桩机"(图6-19-1)和"顶压式液压静力压桩机"(对桩顶部施压进行压桩)(图6-19-2)两种,现多采用抱压式。由于施压传力方式不同,这两种桩机的结构形式、性能特点、适用范围也有显著不同。抱压式静力压桩机的压桩过程是通过夹持机构"抱"住桩身侧面,由此产生摩擦传力来实现的;可一次压入大长度的预制桩,但对桩的混凝土强度要求较高,主要由液压吊装机构(起吊装置及其操作室)、行走机构(长船及其支腿油缸、短船及其支腿油缸)、夹桩设备、压桩设备(压桩油缸位于夹桩设备下方)、纵移油缸、横移油缸等组成。顶压式液压静力压桩机则是从预制桩的顶端施压,将其压入地基,主要由液压吊装机构(起吊装置及其操作室)、压桩操作室、行走机构(长船支腿油缸、短船支腿油缸、长船、短船)、夹桩设备及导轨、压桩油缸(千斤顶——位于夹桩设备上方,与抱压式的结构区别)及配电系统、配重铁等部分组成。其核心是液压系统的设计方法及其配置,它直接影响整机的技术性能及节能效果。而压桩机构是桩机的主要工作装置,是这种压桩机的关键技术,直接影响桩机的压桩能力和成桩质量。其中,抱压式桩机主要由压桩系统和夹桩机构组成,而顶压式桩机主要由压桩系统和桩帽组成。顶压式压桩机没有夹桩机构,一般不带起重机,但增加了一套卷扬吊桩系统。

常规的顶压式压桩机由于其结构及工作特点,使其工作重心较高、安全性较差,并且存在压桩力较小、压入桩的垂直度保障能力差等问题,因而其应用受到限制;而抱压式压桩机结构紧凑、操作简便、工作重心低、移动平稳、转场方便、施工效率高,因此,抱压式压桩机已经占绝对主导地位。下面以主要介绍抱压式压桩机的相关知识。

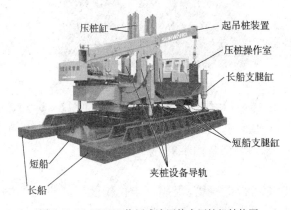

图6-19-1　ZJY800抱压式液压静力压桩机结构图　　图6-19-2　GZY500D顶压式液压静力压桩机结构图

2.1.2 型号含义(图6-19-3)

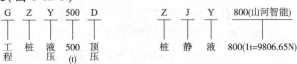

图6-19-3　静力压桩机形号

2.2 工作装置的组成及特点

如图 6-19-4 所示为 ZJY800 抱压式液压静力压桩机的工作装置组成，包括压桩油缸、夹桩设备及其上下移动的导轨、起吊装置等，这些装置安装在平台上。

2.2.1 压桩油缸

两对先后参与压桩的液压缸和与之匹配的液压系统形成的准恒功率压桩系统是这种型号的压桩机的核心专利技术之一，在高效节能方面取得了突破性进展。同时，根据地基压桩阻力变化，实施多档压桩速度，有效地克服了桩机能耗高的弊病。

2.2.2 夹桩设备

夹桩设备根据桩的形状不同分为方桩和圆桩夹桩设备；另外，根据桩的大小不同，夹桩油缸数量也不一样，有四缸（图 6-19-5）、六缸、八缸（图 6-19-6）之分，这种夹桩方式称为多点均压式。夹桩液压缸在圆周方向均布，分上下两层轴向布置，分别通过与之相连的锥形块驱动对应的钳口，同时向中心收缩对桩进行夹持。由于锥面的增力作用，多瓣钳口从多个方向可靠地夹紧预制桩。钳口的分布数量可以根据实际需要任意确定，以适应管桩的不规则性。多点均压式夹持桩技术创造性地运用了锲头的增压原理，在桩周围实施多层多瓣多点夹持，产生"手握鸡蛋"的夹持效果。采用多点均压夹桩机构，桩身周围应力分布均匀，且在夹桩油压相同时，夹桩力同比更大，而桩身应力峰值仅为采用传统夹桩机构所产生的桩身应力峰值的30%，该创新技术成功地解决了已有传统夹桩机构的不足，能在薄壁管桩施工以及大吨位桩机施压高承载力桩基础时，确保夹持可靠且桩身无破损。

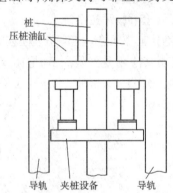

图 6-19-4　抱压式静力压桩机工作装置组成

图 6-19-5　四缸（方圆形）夹桩缸

八缸方圆形夹桩缸也称多点式夹桩缸（图 6-19-6）和四缸（方圆形）夹桩缸（图 6-19-5）都是利用锲块增力原理，将夹桩缸轴向安装在箱体外部，进一步提高了对桩夹持的可靠性，解决了对顶式夹桩箱夹桩缸径向安装在箱体内部维修换件非常困难的问题。

2.2.3 行走装置组成及特点

液压静力压桩机行走装置（图 6-19-7）由长船行走机构、短船行走机构及回转机构等组成，长船行走机构主要由长船、纵移油缸、滚轮等组成；短船行走机构主要由短船、纵移或转向油缸等组成。滚轮可在船体上滚动，纵移和横移油缸均为双杆双作用液压缸，活塞杆一端与船体铰接，另一端与滚轮铰接；四根长船支腿油缸缸体固定在压桩机平台上，活塞杆端分别与滚轮相连；同样四根短船支腿油缸缸体固定在压桩机平台上，活塞杆端与滚轮相连。

前进或后退（参照图 6-19-8）：操作短船支腿油缸的手动换向阀，使短船油缸伸出，同时操作长船支腿油缸的手动换向阀，使长船支腿油缸收回，这样压桩机机身依靠短船和短船油缸支撑在地面,而长船悬空,此时,再操作纵移油缸的手动换向阀,使纵移油缸伸出,这样长船体就相对机身前移;反之,操作长船支腿油缸的手动换向阀,使长船支腿油缸伸出,操作短船支腿油缸的手动换向阀,使短船支腿油缸收回,这样压桩机机身依靠长船支撑整机重,此时,操作纵移油缸的手动换向阀,使纵移油缸收回,带动滚轮在长船轨道上滚动,从而带动压桩机机身沿着长船移动,实现前进或后退。

图 6-19-6　八缸(多点式)夹桩缸

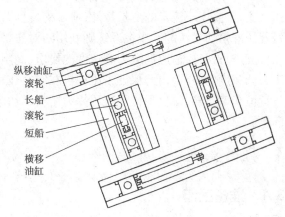

图 6-19-7　行走装置俯视图

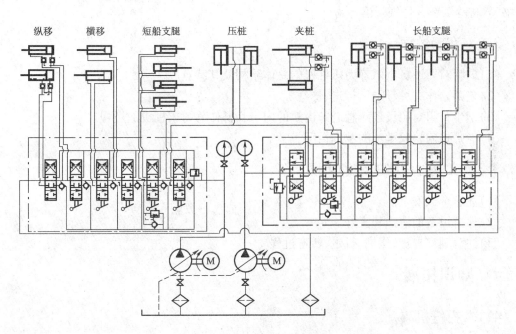

图 6-19-8　ZJY800 液压静力压桩机液压系统原理图

横移或转弯:按照上述同样的方式,当长船着地短船悬空时,操作两短船油缸的手动换向阀,使短船油缸同向伸出或收回,这样短船相对机身左移或右移,然后通过手动换向阀操作使短船着地长船悬空,此时,操作短船油缸的手动换向阀,使短船油缸收回或伸出,这样短船中心于压桩机机身中心重合,重复上述步骤,即可实现压桩机横移。若上述操作中,反向操作短船油缸即可实现压桩机转弯。

2.2.4　工作装置的操纵原理

图 6-19-8 为 ZJY800 液压静力压桩机液压系统原理图。该液压系统采用双变量泵供油,

两组手动多路换向阀分别控制纵移油缸、横移油缸、短船油缸、压桩油缸、夹桩油缸、长船支腿油缸,夹桩油缸有三组及以上,夹桩要求油缸同时动作,所以有一个手动换向阀操作,压桩油缸有两组,可单泵供油或双泵供油,各支腿油缸通过相应的换向阀单独操作。

根据实际压桩过程中低阻力阶段时间较长且有较高的压桩速度,高阻力阶段要求速度较低且有较高的压桩力(对应为高压桩油压)的特点和要求,现在的压桩机采用变量泵或恒功率泵低压大流量、高压小流量的变量特性,使压桩过程两个阶段的功率消耗基本一致,从而达到压桩过程的准恒功率匹配。压桩系统则利用两对压桩液压缸先后参与压桩,即低阻力阶段由一对压桩缸进行压桩,适应低阻力高速度的要求,高阻力阶段两对压桩缸同时参与压桩,以适应高阻力低速度的要求,由此保证了压桩机在整个压桩过程中有很高的功率利用率。系统分阶段接近恒功率运转,解决了传统液压静力压桩机功率利用率低、液压系统可靠性及使用寿命差的问题。

3 任务实施

3.1 准备工作

准备 1~2 台静力压桩机(或静力压桩机图片、工作视频),准备相应的操作手册、使用说明书、教材等资料并仔细阅读。

3.2 实施过程

(1)老师对照设备讲解静力压桩机的总体结构及其特点。
(2)老师操作夹桩、压桩、行走、转弯等。
(3)学生分组对照设备熟悉老师讲解的内容和操作静力压桩机的过程。
(4)老师提问检验学生的掌握情况。

3.3 实施过程中的注意事项

(1)注意个人安全。
(2)保持设备的清洁和完好。
(3)注意观察夹桩、压桩、行走、转弯过程。

4 知识拓展

4.1 打桩机

4.1.1 打桩机的总体结构

打桩机(图 6-19-9)由桩锤、桩架等组成,靠桩锤冲击桩头,使桩在冲击力的作用下贯入土中,故又称冲击式打桩机。根据桩锤驱动方式不同,可分为电动、蒸汽、柴油和液压三种打桩机。因为这类桩机施工机械在高速公路施工中较少使用,所以本教材只作简单介绍。

(1)振动沉拔桩机总体结构:振动沉拔桩机有两种,一种是由挖掘机更换工作装置(振动沉拔桩锤)而成(图6-19-10);另一种是以旋挖钻工作装置为基础,将动力头更换为振动沉拔桩锤而成(图 6-19-11)。这两种机械虽然在结构上存在差异,但是沉拔桩原理基本相似,基础车部分在相应的机械部分介绍,这里只介绍振动沉拔桩锤。振动沉拔桩锤有电动式和液压式两种。

电动式由振动器、夹桩器、电动机等组成。电动机驱动振动器的偏心块,振动器频率可调,以适应不同土质的不同桩;液压式振动沉拔桩机通过液压马达驱动振动器,频率可无级调节,启动力矩小,外形尺寸小,质量轻,但传动效率低,结构复杂,维修困难,价格高。

图6-19-9 打桩机

图6-19-10 振动沉拔桩机(挖掘机为基础)

振动沉拔桩机的施工工序:场地平整—探桩—地下障碍物清除—定桩位—复核验收桩位—进桩—桩机调试—对位—机身调平—沉桩—送桩。

(2)打桩机型号及参数(图6-19-12)

(3)沉拔桩机型号及参数(图6-19-13)

图6-19-11 振动沉拔桩机(旋挖钻机为基础)

```
J    Z    B    120
│    │    │    │
机    桩    步    整机重120t
械         履
```

图6-19-12 打桩机型号

```
T         50
│         │
桩机       桩机质量50t
```

图6-19-13 沉拔桩机型号

打桩机的工作装置就是桩锤,桩锤又是打桩机的动力部件,它依靠蒸汽、柴油或液压产生的冲击力使桩沉入土中。图6-19-14所示为桩锤的下部结构图,由喷油嘴、活塞环、油道、活塞、导杆、曲臂、油门调整杠杆、偏心轴、挂钩、凹坑、桩帽、承座、轴和油泵组成,其工作原理类似于柴油机,当上活塞下落时,其凸缘碰到喷油泵曲壁并将其压向外侧,此时喷油泵向下活塞锅底喷油;上活塞继续向下运动时,气体被压缩升温,直至上活塞与下活塞相撞时,气压迅速升高,使燃油从两活塞之间的楔形间隙被挤出,产生雾化;雾化后的混合气体,由于高温高压的作用立刻燃烧爆炸,产生巨大的能量。一方面通过下活塞对桩再次冲击,一方面使活塞跳起。上跳的活塞通过排气口后,燃烧过的废气从排气口排出。活塞继续上跳,此时新鲜的空气从排气口吸入,活塞跳的越高,吸入的空气越多;当上活塞从最高点开始下落后,一部分新鲜空气与残余废气混合由排气口排出(扫气过程)直至重复喷油过程,柴油锤便周而复始地工作。此过程为:吸气—压缩—冲击雾化—燃烧—排气—吸气—扫气。

打桩机的行走机构为液压步履式。前进时四个支腿液压缸支地撑起,下盘离地通过液压系统驱动行走油缸实现桩机履靴前行,然后收起支腿油缸,通过收缩行走液压缸拉动底盘前行,经过如此反复操作实现桩机前行。

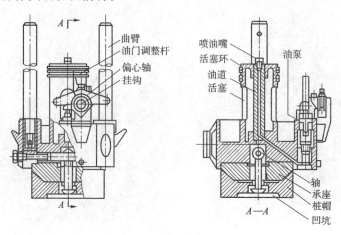

图 6-19-14 桩锤下部结构

4.1.2 振动沉拔的桩机工作装置组成及特点

这里主要介绍振动沉拔桩锤(图 6-19-15),桩锤主要由激振器、激振梁以及提升、加压、导向滑轮等组成。它是利用激振器产生的激振力使桩身产生高频振动,桩在自重和很小压力作用下沉入土中或在很小的提升力作用下被拔出。振动器有电驱动和液压驱动两种方式。

旧城改造、临近江河、山脉或其他障碍物进行桩基施工或者基坑开挖后进行基础处理时,存在"边桩"、"角桩"施工的问题。图 6-19-16 所示的压桩机是无法进行"边桩"、"角桩"施工的。为了解决"边桩"、"角桩"施工问题,在压桩机纵向移动方向(即压桩机细长方向)一端布置处理"边桩"、"角桩"的机构,就可以达到同一套装置既可以压中桩又可以处理"边桩"和"角桩"的目的。另一方面,根据杠杆原理可以最大限度地将设备自重作为"边桩"和"角桩"处理时所需的配载。ZJY800 压桩机不仅压"中桩"的边距同比最小,同时压"边桩"、"角桩"的距离也是最小的,将桩机的功能进行了较大的拓展,它的应用使静力压桩机能独立完成一项包含角桩在内的全部桩基工程任务。

图 6-19-15 振动沉拔桩锤结构图　　图 6-19-16 ZYC700 静力压桩机

对于小型压桩机,仅在此处安装一套夹桩、压桩机构;对于大中型压桩机,则需要两套夹桩、压桩机构,较简单的一套夹桩、压桩机构,在需要处理"边桩"、"角桩"时安装。在桩机配重保持正常的情况下,就能做到处理"边桩"和"角桩"时充分利用桩机的自重。

5 思考题

(1)静力压桩机由哪几部分组成?静力压桩机压桩原理与日常生活中的哪些行为类似?
(2)描述静力压桩机的行走原理。
(3)日常生活中,你是否见到过与静力压桩机行走方式相类似的机械?
(4)夹持部分采用多点式的好处有哪些?
(5)"边桩"、"角桩"怎样施工?
(6)为什么压桩缸采用两对油缸?

任务 20 认识全套管钻孔机械

1 任务的引入

雅泸高速地处四川盆地与高原过渡带,最低海拔为 620m,最高海拔为 2450m,沿线山脉连绵起伏,沟壑纵横,山峦险峻,密林叠嶂,全路桥梁 270 座,桥梁的下部均为现浇墩。现浇墩必须采用取土成孔施工,而取土成孔需要配置钻孔机械,根据不同的地质施工条件,所选用的钻孔机械不一样。钻孔机械的类型有:全套管钻孔机、旋挖钻机、螺旋钻机、冲击钻机等。以下介绍全套管钻孔机。

2 相关理论知识

全套管钻孔机可用于软土地基以及地下水含量偏高的现浇墩施工、基坑工程的挡墙结构、止水帷幕或主体承重结构。配合各种类型的抓斗,可在各种土层、强风化与中等风化岩层中施工;适用于直径为 0.8m、1.0m、1.2m、1.5m,深度在 45 m 以下的桩孔施工,合理的基坑开挖深度一般不大于 20m。

全套管施工方法与其他钻孔方法比较,具有以下优点:噪声低,振动小,用套管护壁,孔壁不会坍落,可靠近既有建筑物和地下管线施工;能有效防止孔内流砂、涌泥;易于控制桩断面尺寸形状;可挖掘小于套管内径 1/3 的石块;因使用套管护壁,挖掘土中的含水比例小,较容易处理孔底虚土,且对环境的污染小,钻孔有导向纠偏机构,桩的垂直度容易控制。全套管法也有一定的局限性,主要是:套管钻机自重大,采用全套管施工需要有较大的场地,工地边界到边桩中心的距离也较大,此外,对场地地面的承载力要求也高一些。

全套管施工原理:全套管施工法(贝诺特——Benoto 灌注桩施工法)利用摇动装置的摇动,使钢套管与土层间的摩擦阻力大大减小,在摇动套管的同时并压入套管,再利用冲抓斗挖掘取土,直至套管下到桩端持力层为止。成孔后在套管内放入钢筋笼,再从钻孔中心安放混凝土导管,边浇筑混凝土边向上提导管。

2.1 全套管钻机的总体结构

全套管钻机按照结构形式分为两大类:整机式和分体式。整机式全套管钻机(图 6-20-1)由钻机和套管机构构成一台整机。钻机主要由行走底盘、钻架、动力系统、卷扬系统、钻头、抓斗及操纵系统等组成；套管机构主要由压拔管、晃管、夹管机构组成，包括压拔管、晃管、夹管油缸和液压系统等；套管是一种标准的钢质套管，相互之间用螺栓连接，要求有严格的互换性；抓斗可以根据不同的土质选用；钻架主要是为抓斗取土用，设置有抓斗取土外摆机构等。

分体式全套管钻机(图 6-20-2)的钻机和套管机构是分开的，是两台独立的机械。钻机由履带式起重机和抓取土的抓斗组成，与套管机械配合完成取土成孔。

图 6-20-1　整机式全套管钻机结构图

图 6-20-2　分体式全套管钻机结构图

2.2　全套管钻机工作装置的组成及特点

钻孔前，先通过套管机构将钢套管压入土中，钢套管的底部装有刃齿。压管过程中，套管机构的晃管油缸(图 6-20-3)不断伸缩带动钢套管摆动，从而减少钢套管压入土中的阻力，缩短作业时间。

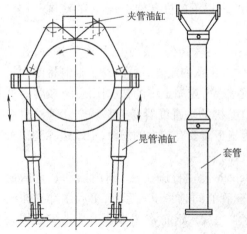

图 6-20-3　晃管装置结构图

钢套管压入土中后，如果土质松软，可直接采用抓斗从管中抓取土，如果土质较硬，则采用钻头钻松后，用掏渣筒取土成孔。随着钻孔深度的不断增加，套管不断接长，此时应保证钢套管的垂直度。

全套管法施工时，注意每压入一段钢套管，接着就将钢套管内的土去除，两工序之间不要相隔太久，否则钢套管摆动下沉时的阻力太大。除了钻软土外，最好钢套管端部和孔底在同一水平位置或略超前一点；在土中含有石块时，尤其如此。如果有地下水涌出，则向孔内灌水，以平衡地下水压力，这时可让钢套管超前于孔底 30cm 左右；如果是硬质土，钻头齿尖应超前于钢套管。钻孔结束后，通过吸泥泵清除沉积在孔底的泥沙。

工作原理类似于整体式全套管钻机，在此不再介绍。

3 任务实施

3.1 实施准备

准备 1~2 台全套管钻机或钻机图片、工作视频,准备相应的使用说明书并仔细阅读。

3.2 实施过程

(1)对照实物讲解全套管钻机的总体结构及特点。
(2)操作全套管钻机或观看视频,观察套管、压管、晃管、掏渣全过程。
(3)学生分组对照设备或图片熟悉老师所讲内容。
(4)老师提问检验学生掌握情况。

4 知识拓展

全套管钻机的成孔过程是通过抓取土成孔,地下连续墙抓斗也是抓取土成孔。地下连续墙是在地面以下用于支承建筑物荷载、截水防渗或挡土支护而构筑的连续墙体。地下连续墙开挖技术起源于欧洲。它是根据打井和石油钻井使用泥浆和水下浇筑混凝土的方法而发展起来的。1950年在意大利米兰首先采用了护壁泥浆地下连续墙施工,20世纪50~60年代该项技术在西方发达国家及前苏联得到推广,成为地下工程和深基础施工中的有效技术。

地下连续墙抓斗施工振动小,噪声低,墙体刚度大,防渗性能好,对周围地基无扰动,可以组成具有很大承载力的任意多边形连续墙代替桩基础、沉井基础或沉箱基础。对土的适应范围很广,在软弱的冲积层、中硬地层、密实的砂砾层以及岩石的地基中都可施工。初期用于坝体防渗,水库地下截流,后发展为挡土墙、地下结构的一部分或全部。房屋的深层地下室、地下停车场、地下街、地下铁道、地下仓库、矿井等均可应用。地下连续墙抓斗结构如图6-20-4所示,主要由履带式起重机底盘、变幅机构、卷扬和抓取土装置(图6-20-5)组成,起重机部分在此不介绍,抓取土装置主要依靠卷扬释放钢丝绳,在自重作用下下落,冲击挖掘层,然后靠液压缸闭合两抓斗抓取土,完成连续墙开挖。

图 6-20-4 连续墙抓斗结构图

图 6-20-5 连续墙抓取土装置

5 思考题

(1)全套管钻机适用于什么环境?整体式与分体式有何区别?
(2)简述晃管机构的作用及原理,列举日常生活中的例子说明晃管的意义。
(3)钻孔过程中的注意事项有哪些?
(4)连续墙抓斗的动作与人类活动的哪个动作相似?

任务 21　认识旋挖钻机

1 任务引入

旋挖钻机是第二次世界大战以后由意大利人发明的,因其具有施工速度快、成孔质量好、环境污染小、操作灵活方便、安全性能高及适用性强等优势,已成为钻孔灌注桩施工的主要成孔设备,高速公路设计单位为确保工程进度和质量,基本将其作为指定施工设备,被广泛应用于高速公路、铁路、高层建筑、城市交通建设等桩基础工程施工中,旋挖钻机还可配长短螺旋钻头、普通钻头、捞砂钻头、筒式岩石钻头等钻具以适应黏土层、卵石层和中风化泥岩等不同的施工要求,从而替代了传统的回转钻孔机械。

2 相关知识

2.1 旋挖钻机的总体结构及型号参数

2.1.1 总体结构

旋挖钻机的总体结构如图 6-21-1 所示,主要由基础车和工作装置组成。基础车包括发动机(电动机)、传动系统、操纵系统、行走系统等;工作装置主要由变幅机构、桅杆总成、吊锚架、随动架、动力头、主卷扬、加压装置、钻杆、钻具、峨头等组成。

2.1.2 型号及参数

生产厂家不一样,产品编号也不一样。
表 6-21-1 为几个常见生产厂家的钻机编号及含义。

钻机编号及含义　　　　　　　　　　　表 6-21-1

序号	生产厂家	型号	含　义
1	三一重工	SR100	S-三一;R-钻机(rig),100-加压力 100kN
2	中联重科	ZR220	Z-中联,R-钻机(rig),220-加压力 220kN
3	山河智能	SWDM20	SW-SUNWARD,D-Drilling,M-machine,20-加压力 200kN
4	徐工	XR200	X-徐工,R-钻机(rig),200-加压力 200kN
5	德国宝峨	BG250	B-BAUER,G-gadding,250-加压力 250kN
6	意大利 IMT(意马)	AF180	A-Automatic,F-18-加压力 180kN

2.2 工作装置组成及特点

工作装置结构:变幅机构、桅杆总成、吊锚架、随动架、动力头、主卷扬、加压装置、钻杆、钻具。

2.2.1 旋挖钻机的变幅机构

变幅机构有三种结构形式:平行四边形小三角结构、大三角支撑前落桅结构、大三角支撑后落桅结构。

平行四边形小三角结构(图 6-21-2)由动臂、三角架、支撑杆、变幅油缸组成,其特点是变幅范围大,桅杆可后落、折叠,降低运输高度和长度。缺点是前面重量偏重,稳定性稍差,不能承受超大扭矩。国内生产厂家生产的旋挖钻机基本采用这种结构。如三一旋挖钻机采用平行四边形机构,具有结构简单、转动稳定、机动灵活等优点,保证桅杆移动稳定,使钻具定位准确又不影响垂直度;四边形调整结构与桅杆的连接点尽量靠上,以增加桅杆稳定性;调整桅杆工作幅度及运输状态时的整机高度,在变幅机构各连接处采用行业首创的新型自润滑轴承。独特的变幅机构连接底盘与桅杆,支撑桅杆并调整作业装置的工作半径,主要包括动臂、三角架、支撑杆、变幅油缸、收幅油缸等部件。在保证钻机正常施工状态要求的前提下,为了解决大型设备桅杆运输超高、超长的问题,设计开发出的新型变幅机构,在传统的旋挖钻机平行四边形结构的基础上,改进了变幅机构设计,该机构可使旋挖钻机的桅杆后倾至水平状态,保证主机运输状态尺寸满足公路运输相关法规的要求,解决了大型旋挖设备运输难问题。

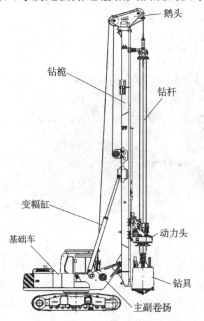 

图 6-21-1　SR100 旋挖钻机结构图　　图 6-21-2　SR200 平行四边形小三角结构示意图

大三角支撑(图 6-21-3)前落桅结构的特点是:结构简单,稳定性好,能承受大扭矩。缺点是运输时要费时拆开,而且需要辅助起吊设备。德国宝峨(BAUER)生产的旋挖钻机就采用这种结构。该结构有效地保证了宝峨 BG 钻机可承受钻岩时来自岩层对钻机所形成的强大反扭矩,同时也保证了钻岩时桅杆不会产生大的晃动。只有这样,钻杆才能保持垂直于地层,持续地加压钻进而不至于损坏。此特点决定了宝峨 BG 钻机具有优异的钻岩施工能力。

目前,国内的旋挖钻机主要采用平行四边形连杆结构,而第二代旋挖钻机采用的大三角支撑结构也是德国宝峨(BUGER)技术,此技术正在得到广泛应用。

大三角支撑后落桅结构:这种结构需加辅助起架油缸,整机也能放倒折叠,具有以上两种结构的优点,结构新颖,经济实用,如西班牙拉马达公司、意大利 IMT(意马)生产的旋挖钻机(图 6-21-4)。

图6-21-3 BG25旋挖钻机的结构特点　　　　图6-21-4 意马钻机结构

三一SR360(图6-21-5)钻机采用独特的变幅机构设计,使桅杆既可后倾至水平位置,亦可前倾至水平位置,降低了整机运输高度,提高了钻机机动灵活性。

图6-21-5 SR360桅杆后倾(左)前倾(右)

2.2.2 旋挖钻机的钻桅

钻桅的作用是安装动力头、鹅头,承受钻杆质量以及固定前置主卷扬和加压(卷扬加压型)卷扬。钻桅有箱式结构、箱式伸缩结构和桁架结构三种。

箱式结构是最普遍的结构(图6-21-6),分为上钻桅、中钻桅、下钻桅。落桅方式又分前落桅(图6-21-6)和后落桅(图6-21-5)。前落桅和后落桅的特点见变幅机构部分。

箱式伸缩式结构比较复杂,造价偏高,但操作便捷,机动灵活,无须拆卸,有利于运输,如日本建筑、郑州川岛生产的旋挖钻机。

桁架结构,桅杆上部采用桁架式结构,具有较强的抗弯、抗压能力,保证整机稳定性及桅杆刚性;桅杆下部采用箱形结构,保证抗弯、抗扭性能;主卷扬、加压卷扬均安装在桅杆下端,有效降低了质心高度,提高了整机稳定性。履带吊附着式多采用这种桅杆结构,这种结构质量轻,操作视觉也比较开阔,可兼作旋挖钻机和履带吊使用,如日本车辆、住友等公司生产的旋挖钻机。

2.2.3 旋挖钻机的随动架

随动架(图6-21-3)是钻杆上的辅助装置,起固定和导向的作用,主要功能是落桅时支承钻杆,一般前落桅、箱式伸缩、桁架式结构桅杆没有随动架(图6-21-4)。

2.2.4 旋挖钻机的动力头

动力头(图 6-21-7)是钻机工作的动力机构,作用是输出扭矩,带动钻杆回转并完成钻进动作,由变量液压马达、行星减速机、动力箱和一些辅助部件组成。工作原理:通过液压泵输送的高压油驱动液压马达输出扭矩,通过行星减速机和动力箱减速增扭并驱动钻杆。

图 6-21-6 箱式钻杆、配长螺旋钻

图 6-21-7 动力头结构

不同的生产厂家设计的动力头各有差异,宝峨、永腾生产的旋挖钻机动力头转速低,输出力矩大;而且宝峨 BG 旋挖钻机动力头具有双级减振系统,能够有效地保护动力头免受冲击破坏。土力、迈特、卡萨的旋挖钻机动力头由三个马达驱动,在钻取土时由一至两个大排量变量马达驱动,输出大扭矩;卸土时则由另外的高速小排量马达驱动。意大利 IMT(意马)的动力头直接通过行星减速机的换挡来实现高速反转卸土。前面两种结构简单,液压配管方便,成本低,后面一种液压管布管复杂,减速机结构复杂,性能差,易出故障,造价高。

SR360 旋挖钻机的动力头配置 3 组马达+减速机,提供超强的钻进扭矩;轮毂可拆换键专利技术,以及轮毂可适应安装不同规格钻杆技术,提高了设备使用的经济性能。随动架滑板机构磨损补偿技术以及动力头转速电子分挡控制,保证了整机运行的平稳性;采用两组减速机、主减速器;回转支承的回转通过其套筒式主轴内牙板驱动钻杆旋转,实现钻孔的主运动。

2.2.5 旋挖钻机的主(副)卷扬

主卷扬(图 6-21-1)是钻机的重要组成部件,主卷扬的作用是提升或下放钻杆,由液压马达、行星减速机、制动器、卷筒及钢丝绳组成;加压卷扬是卷扬加压旋挖钻机特有的结构,其作用是通过钻头对钻具加压,以提高钻进效率。在钻机每个工作循环(对孔下钻—钻进—提钻—回转—卸土)中,主卷扬的结构和功能都非常重要,钻孔效率的高低、钻孔事故发生的几率、钢丝绳寿命的长短都与主卷扬有密切的关系。工作原理:由液压泵输出高压油驱动主卷扬马达,同时打开油路和机械制动器,通过减速机减速增扭,驱动卷筒旋转来提升或下放钻杆。意马旋挖钻机设置了钻杆触地保护装置,以防止乱绳损坏钢丝绳。特别是意大利迈特公司的旋挖钻机,主卷扬的卷筒容量大,钢丝绳为单层缠绕排列,提升力恒定,钢丝绳不重叠碾压,从而减少了钢丝绳之间的磨损,延长了钢丝绳的使用寿命。国外旋挖钻机主卷扬都采用柔性较好的非旋转钢丝绳,以提高其使用寿命。

副卷扬在国内使用并不多,多数工地都采用起重机,使用更加方便,出口国外的旋挖钻机设置有副卷扬。

卷筒的跳绳、乱绳、咬绳等问题,一直是制约钢丝绳寿命的关键因素,在行业内没有得到很好的解决。为了防止跳绳,三一 SR360 采用立巴斯卷筒(图 6-21-8),保证钢丝绳的分层卷绕;设置卷筒压绳器,以防止钢丝绳的重叠乱绳、滑脱、挤压和磨损,延长钢丝绳使用寿命。

2.2.6 旋挖钻机的加压装置

加压装置作用:给动力头施加压力。压力传递:加压装置→动力头→钻杆→钻头→齿尖,实现切削、破碎或碾磨的目的。加压形式分为两种:卷扬加压和油缸加压。

卷扬加压(图6-21-9):在桅杆上安装一个卷扬总成,卷筒上对置缠绕两根钢丝绳,一根为加压,一根为提升,通过桅杆上定滑轮与动力头动滑轮连接,然后分别固定在下桅杆和上桅杆上,实现提升或加压工况。优点:通过动滑轮可实现更大的加压力,通过更换钻具可实现长螺旋工法;缺点:结构较复杂,组装拆卸麻烦,操作时注意事项多。三一SR360采用卷扬加压,最大加压力达280kN,一次性加压行程最大可达10m,动力头采用三组马达、减速机,提供350 kN·m的超强输出扭矩,确保在不同地质状况下完成施工。

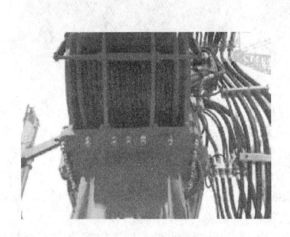 

图6-21-8　立巴斯卷筒结构图　　　　图6-21-9　SR360旋挖钻机卷扬加压

油缸加压:加压油缸缸套端固定在桅杆上,活塞杆端与动力头滑架相连接。其工作原理为:钻机辅助液压泵提供高压油,进入油缸无杆腔,推动油缸活塞运动,给动力头施加压力,停止时由单项平衡阀切断油路,防止动力头下滑。优点:结构简单,维修方便。现在的旋挖钻机多采用油缸加压(图6-21-1)。

无论是卷扬加压还是油缸加压,都是为了提高钻头的钻进效率,只是加压形式不同而已。

2.2.7 旋挖钻机的钻杆

(1)钻杆的作用:向钻具传递扭矩和压力,由钻杆体、内键、外键、挡环、方头、缓冲弹簧、托盘、钻杆销轴组成。

(2)钻杆类型:钻杆分为摩阻式、机锁式(又称凯式)(图6-21-10)和组合式。摩阻式钻杆对钻头所加压力是依靠内外键之间的摩擦力传递的,因此钻头有负载,钻杆便产生摩擦力。摩阻式钻杆具有结构简单,操作、维修方便,造价低,效率高,钻深大(比机锁杆层多),提钻顺利,无钻杆内外层脱锁问题等优点;但依靠摩擦力向钻具传递主机提供的压力,下压力较小,只适合普通地层钻进,如淤泥层、泥土、(泥)砂层、卵(漂)石层。钻杆上的减振弹簧依据不同钻杆在放绳时的惯性力而设计,利于保护主机。机锁式钻杆又分为间断式和齿条式:机锁式钻杆抗扭能力大,向钻具传递压力大,无传压损失,适合钻进硬地层,如淤泥层、泥土、(泥)砂层、卵(漂)石层和强风化岩层。其特点是:需要机锁时寻找锁点即可机锁,不需要机锁时也可当摩阻钻杆使用。间断式机锁杆常见于BAUER(宝峨)钻机(图6-20-11),齿条式机锁杆是意大利IMT(意马)旋挖钻机的专利,其特点是:多点式机锁杆,只要正转就机锁。机锁杆优点:加压力无损耗,直接传递到钻具齿尖,可以钻进较硬地质;缺点:钻进深度较浅,易损坏,使用时需注意解锁,影响效率。

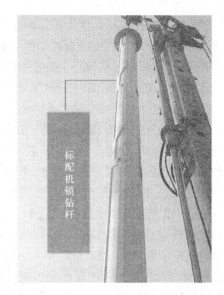

a) 机锁式钻杆　　b) 摩阻式钻杆

图 6-21-10　钻杆　　　　　图 6-21-11　宝峨间断式机锁钻杆

意马公司发明的自动内锁凯式伸缩钻杆,与传统的摩阻式钻杆相比,大大提高了动力头施加于伸缩钻杆并传递到钻具上的下压力,使钻孔的效率大大提高。正因为该钻杆能够传递很大的轴向压力,意马钻机与传统钻机相比,不但提高了进尺效率(以 1.0m 的孔径为例,每小时进尺可达 18m),也大大增强了对坚硬岩石的钻进能力。自动内锁互扣凯式伸缩钻杆,在锁紧后钻杆成为一体。同时,因每节钻杆外壁加焊了 3 根宽 60mm,厚 20mm 的凹凸齿条,增加了钻杆的刚性,减少了柔性变形,因此避免了斜孔、偏桩。钻杆伸展长度为 35 ~ 10cm 不等,可根据不同需要选择。

(3) 钻杆的提升和伸放:钻杆在完全缩进状态被安装到旋挖钻机上,整根钻杆的质量通过最内一节杆(简称 5 杆)的扁头和提引器相连接作用在主卷扬钢丝绳上。5 杆通过焊接(或安装)在其上的圆盘和安装的弹簧、弹簧座(托盘)将其他各节杆托起(弹簧座的外径与最内一节 5 杆钢管外径相同)。钻杆下放(伸出):钢丝绳下放,钻杆由于自重整体下降,1 杆在动力头内键套内滑动下降。当 1 杆上的减振环碰到动力头上平面时,1 杆被动力头托住,停止下降;钢丝绳继续下放,其余各节杆在重力作用下一起继续下降。当第 2 节杆的挡环碰到 1 杆下管内键上端面时,2 杆被 1 杆挡住,停止下降;钢丝绳继续下放,其余各节杆在重力作用下一起继续下降。当第 3 节杆的挡环碰到 2 杆下管内键上端面时,3 杆被 2 杆挡住,停止下降。如此继续,直到各节杆全部伸出,将安装在最里边一节杆方头上的钻具下放到孔底。由此可见,各节钻杆的伸出(下放)是由外向里进行的。钻杆提升(缩进):(以 5 节杆为例)每次钻进结束后,钢丝绳提升,5 杆带着钻具一起向上提升,同时 5 杆向 4 杆内缩进。当 5 杆完全进入 4 杆内时,安装在 5 杆上的弹簧座(托盘)将 4 杆托起,带着 4 杆一起上升,同时 4 杆、5 杆一起向 3 杆内缩进。如此继续,直到 5、4、3、2 各节杆全部缩进 1 杆内,并且 1 杆也被弹簧座托起在动力头内键套内滑动上升,直至钻杆和钻具全部提出地面。由此可见,各节钻杆的提升(缩进)是由内向外进行的。

(4) 钻杆扭矩传递和加压原理:钻机在钻孔作业时,钻杆要将动力头的两个作用力传递给钻具,一个是圆周方向的旋挖扭矩 M(圆周力 F);另一个是轴向的加压力 N。把这两个作用力从第 1 节钻杆传递给第 2 节钻杆;第 2 节钻杆传递给第 3 节钻杆……最末一节钻杆传递给钻具。这两个作用力的传递是靠外面一节杆下部的内键和其里面一节杆的外键相互作用完成的。由于摩擦杆和机锁杆加压力传递的作用原理不同,故分开论述。下面均以第1、2节钻杆为例论述各节钻杆传递旋挖扭矩和加压力的原理。注:在使用机锁钻杆时,要警惕钻杆每节的锁点是否解开,建议在每次每斗上提前根据钻进深度逆向旋转。也可按每节钻杆一圈逆旋,如第三节已抽出就逆旋三圈,即可有效保证每节的锁点解开。

2.2.8 旋挖钻机的钻具类型及特点

钻具主要起旋挖切削、破碎、碾磨、扩孔并把渣土取出的作用。钻具有多种类型,适合不同地质钻进,大致包括:捞砂斗、螺旋斗、嵌岩筒钻、清底斗及扩孔钻斗,可钻进黏土层、砂砾层、卵石层和一定风化程度的岩层。其中德国 BAUER(宝峨)在工法和钻具研发方面比较全面和专业(图6-21-12),下面介绍宝峨钻具的类型及特点。

(1)双底单开直筒钻斗的特点

双底单开直筒钻斗(图6-21-13)是宝峨的代表作,其特点是理论上减少了1/2钻齿,可降低1/2的扭矩负载,提高近1倍的切入力,即提高了钻机的钻进性能。宝峨钻斗的直筒结构可预防夹钻(图6-21-14);旋挖钻机钻进时,最大的阻力来源于孔壁,为了减少孔壁阻力,宝峨钻斗设计了裙边钻齿结构(图6-21-13);为了提升钻孔定位,并预防或降低偏钻,宝峨钻斗采用长先导尖结构,效果如图6-21-15所示;为了防止起钻吸空,加大提钻时的排水量,减少提钻阻力,宝峨钻斗设计了排水通道(图6-21-16)。

图6-21-12 宝峨钻具的类型

图6-21-13 双底单开直筒钻斗

图6-21-14 双底单开直筒钻斗的裙边钻齿

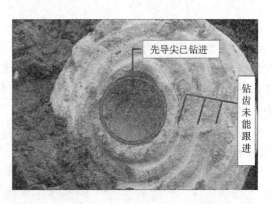

图6-21-15 先导尖钻进效果

(2) 双底双开入岩钻斗的特点

双底双开入岩钻斗的截齿呈圆弧形(图6-21-17),两侧低,中间高,目的是内外兼得。由于钻斗直径小于设计孔直径,因此边齿需向外撇出,而在中心先导尖钻进后,内齿必须及时跟进,因而内齿需向内撇,这样就导致了钻齿呈圆弧形;同样设计了裙边齿。

(3) 钻斗的替换工具

旋挖钻机的钻斗还可以更换为短螺旋、长螺旋(图6-21-18、图6-21-19),这类钻孔机适用于钻孔灌注桩、挤扩桩、软地基处理等各种基础工程,广泛应用于城建、能源、交通等中高层及桥梁基础施工工法。

图6-21-16 预防起钻吸空结构图

图6-21-17 双底圆弧钻斗

图6-21-18 钻头更换为短螺旋

图6-21-19 长螺旋钻机

2.3 三一 SR360 全液压旋挖钻机的操作系统

发动机(电动机)通过传动系统将动力传到主副卷扬电机,主副卷扬通过钢丝绳使钻杆升降,动力头驱动钻杆并带动回转斗高速旋转,切削土层;回转斗装满时,提起钻杆,卸掉切削下的土层,完成一个工作循环。这样的工作循环不断重复,从而完成钻孔。

三一 SR360 全液压旋挖钻机主油路采用了先进的负流量控制[图6-21-20a)],即泵的排量与先导压力成反比,如图6-21-20c)所示,实现了流量的按需供应。在此基础上叠加了恒功率[图6-21-20b)]和电气功率越权控制[图6-21-20d)],最充分地利用发动机功率。

辅助油路采用了国际工程机械界最为推崇的负载敏感控制系统(即恒流量控制系统,如图6-21-21所示)。其核心元件是负载敏感泵和带有负载补偿的多路换向阀,实现泵输出功率与各工况负荷的最佳匹配,把系统的传动效率提高到极致。整机操纵上采用先导控制。可靠的先导逻辑阀块控制着钻机的各种动作。先导控制灵活、安全、舒适、精确。最大限度地提高了旋挖钻机的操作性、灵敏性和安全舒适性,充分体现了人、机、液、电的一体化。先进的控制系统,选配国际品牌的液压泵、液压马达、液压阀及管接头,完美体现了三一产品的精髓——高可靠性。

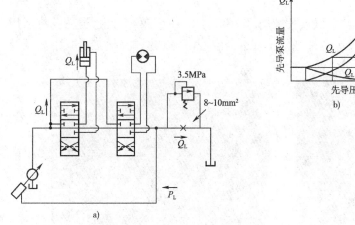
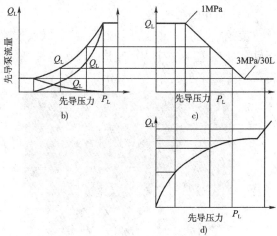

图 6-21-20　流量控制系统

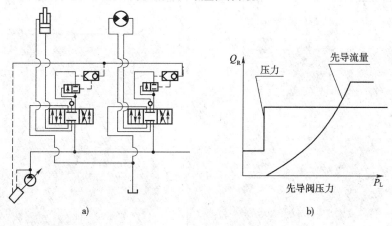

图 6-21-21　敏感流量控制

3　任务实施

3.1　准备工作

准备 1 台旋挖钻机或图片、工作视频,准备相应的使用说明书、操作手册、教材并仔细阅读。

3.2　实施过程

(1)观察旋挖钻机的外部组成及结构特点。
(2)教师对照实物或图片讲解旋挖钻机的组成机结构特点。

(3)操作旋挖钻机,观察钻孔过程。

3.3 实施过程中的主意事项

(1)主意人身安全和设备安全。
(2)保持设备清洁和完好。
(3)仔细观察钻孔、卸土过程,掌握机钻孔过程中应注意的事项。

4 知识拓展

4.1 旋挖钻机钻孔、泥浆护壁施工工艺

4.1.1 钻孔施工方法及钻机类型

旋挖钻机主要用于钻孔灌注桩施工,还可用于软基处理。目前常见的有凯氏钻杆配钻具工法、钢护筒驱动工法(如钻孔咬合桩施工)、SMW(Soil Mixing Wall 型钢水泥土搅拌墙)工法、反循环工法(硬岩)、CFA(Continuous Flight Auger)长螺旋钻进工法、内外回转式长螺旋工法(Twin Rotary drive drilling)、配搓管机工法等工法和钻干孔、静浆护壁钻孔、全护筒钻孔、造壁钻孔等施工工艺。

CFA 长螺旋钻进工法:长螺旋钻进是钻进与输送混凝土同时进行的一种连续作业工法,所以它的效率很高,在钻小孔(ϕ400~800mm)、钻干孔、钻浅孔(孔深<30m)时,有着不可替代的优势,尤其是钻 ϕ400~600mm 的小孔,很少有其他工作装置能代替长螺旋钻进。旋挖钻机长螺旋工作系统包括:混凝土管接头、滑轮、旋转动力头、长螺旋钻杆加长接头、内部带混凝土管的空心螺旋钻杆、清土器、长螺旋钻头等。

钢护筒驱动工法:钢护筒驱动工法解决了人工埋设护筒施工量大,可能要配备挖掘机等施工设备,钻预埋孔时会出现塌孔,出现边塌边钻、边钻边塌的问题,在回填土层、浅层砂卵石层、多溶洞石灰岩层可发挥明显优势。SANY 系列大扭矩旋挖钻机有能力不配搓管机而直接钻进和起拔钢护筒。选配护筒驱动器下护筒能保证护筒垂直度,有效防止塌方;钻进和下护筒可以同时进行,提高钻进效率。

配搓管机工法:搓管机比护筒驱动器能产生更大的下压力,坚硬地层也能下套管。搓管机具有地质适应性强,成桩质量高,低噪,无泥浆污染,对原有基础影响小,易于控制,造价低廉等优点,适合在如下地质中钻孔:易塌方地层、地下滑移层、有地下河、岩层、旧桩、有漂石、有流沙、紧急临时建筑物基础。

按输出功率大小分小型、中型、大型三种。

小型:钻机扭矩 100kN·m,发动机功率 170kW,钻孔直径 500~1000mm,深约 40m,整机质量约 40t。

中型:钻机扭矩 180kN·m,发动机功率 200kW,钻孔直径 800~1800mm,深约 60m,整机质量约 65t。

大型:钻机扭矩 240kN·m,发动机功率 300kW,钻孔直径 1000~2500mm,深约 80m,整机质量 100t 以上。

4.1.2 施工工艺

钻机定位—泥浆制备—钻进成孔—第一次清孔—钢筋笼制作安装—下导管—二次清孔—水下混凝土浇筑。

4.2 钻孔主意事项

成孔前必须检查钻头保径装置、钻头直径、钻头磨损情况。施工过程中,钻头磨损超标应及时更换。成孔中,按试验确定的参数进行施工,设专职记录员记录成孔过程的各种参数,如加钻杆、钻进速度、地质特征、机械设备损坏、障碍物等情况。记录必须认真、及时、准确、清晰。

旋挖钻机配备电子控制系统显示并调整钻杆的垂直度,同时在钻杆的两个侧面均设有垂直度仪,随时指挥机手调整钻杆垂直度,通过电子控制和人工观察两方面来保证钻杆的垂直度,从而保证成孔的垂直度。

钻孔过程中,根据地质情况控制进尺速度,由硬地层钻到软地层时,可适当加快钻进速度;当软地层变为硬地层时,要减慢速度;在易缩径的地层中,应适当增加扫孔次数,防止缩径;对硬地层采用快转速钻进,以提高钻进效率;砂层则采用慢转速钻进并适当增加泥浆比重和黏度。

5 思考题

(1)旋挖钻机的作用及使用条件有哪些?
(2)旋挖钻机工作装置的组成有哪些?
(3)变幅机构的类型有哪些?宝峨(BUGER)、意大利(ITM)、三一变幅机构的类型及特点有哪些?
(4)钻杆的类型有哪些?宝峨(BUGER)、三一各采用什么样的钻杆?

任务22 认识冲击钻机

1 任务引入

冲击式钻机是各种灌注桩基础施工的一种重要钻孔机械,它能适应各种不同的地质情况,特别是卵石层中钻孔,冲击式钻机较其他形式钻孔机械适应性强。同时,冲击式钻机钻孔成孔后,孔壁四周形成一层密实的土层,对稳定孔壁,提高桩基承载能力具有一定的作用。如果在这种地质状况下,采用旋挖钻机或全套管钻机,易造成偏桩、坍塌等问题。

2 相关知识

2.1 冲击钻机的总体结构及型号含义

(1)冲击钻机的总体结构如图6-22-1所示,主要由车架、电动机、减速机、卷扬机、钻头、桅杆及操作杆等组成。冲击钻结构简单,操作方便,成本低,成孔桩基稳。其工作原理为:电动机通过减速机驱动卷筒转动,实现钢丝绳的收或放,从而完成提钻或放钻;钻头下放产生的冲击力,使土层松动变稀,与护壁的泥浆一起成为泥浆。

图6-22-1 冲击钻机的总体结构

(2)型号及参数

例如 CZ—9 的含义如图 6-22-2 所示：

```
C  Z  —  9
冲  钻     主
击  机     参
            数
```

图 6-22-2　冲击钻机型号

2.2　工作装置的组成及特点

冲击钻机的工作装置主要有电动机、卷扬机、钻头等。其结构简单，操作方便，可以根据施工要求选用不同形状的钻头，如图 6-21-3 所示。电动机经减速机驱动卷扬机，通过钢丝绳滑轮组，使电机的回转运动转换为冲锤的上下往复运动，冲锤自由下落的冲击作用将卵石或岩石破碎，碎渣随泥浆排出或用掏渣筒掏出。

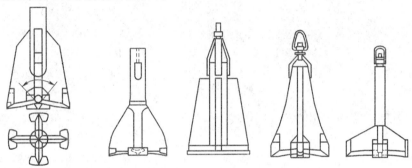

图 6-22-3　冲锤形状

冲锤的形状各种各样，但冲击刃基本上是十字形的(图 6-21-4)。

2.3　泥浆循环护壁过程

冲击钻孔其实跟很多水下桩基施工的工艺是等同的，有一个最重要的关键点，就是泥浆护壁，护壁泥浆含沙量一定要小。护壁的浓度可以根据经验判断，也可以试验测定。泥浆太浓钻孔速度慢，泥浆太轻护壁容易坍塌。泥浆制作还应根据工程难度来定，有些地质用普通黏土造浆即可，有些地质应根据要求合理选择泥浆配合比(试验确定)。特别是沿海地区盐碱化很严重，需特殊考虑。

调制好的泥浆通过泥浆泵(反吸砂石循环泵)、管道送入新钻的孔底，泥浆对孔壁的静压力和在孔壁形成的泥皮对孔壁进行保护，防止孔壁坍塌。因为钻孔过程中被冲松的土层随泥浆变稀，这样就会导致泥浆浓度加大，增加冲击成孔的阻力，降低成孔率。因此冲击成孔过程中，需要不断通过循环泵(图 6-22-5)将大浓度的泥浆液送到沉淀池，经过沉淀的泥浆再由泥浆池中的泵送到冲击钻槽，沉淀的泥浆通过泥浆净化装置将泥水分离，水进入泥浆池，泥土被运送到其他地方。

3　任务实施

3.1　准备工作

准备 1 台冲击钻机或钻机图片、工作视频，仔细阅读使用说明书、操作手册。

3.2 实施过程

(1)观察冲击钻机的外部组成及结构特点。
(2)通过操作(或视频)讲解冲击钻机的钻孔过程及泥浆制备、循环工艺。
(3)学生分组观察,熟悉老师所讲内容。
(4)老师提问检验学生掌握情况。

图6-22-4 方孔和圆孔的冲锤形状

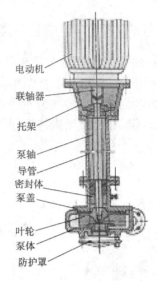

图6-22-5 反吸砂石循环泵结构图

3.3 实施过程中的注意事项

(1)主意人身安全和设备安全。
(2)仔细观察钻孔过程中的泥浆护壁工艺。

4 知识拓展

泥浆循环、净化工艺。

4.1 泥浆制备

泥浆调制的好坏是钻孔桩施工是否顺利的一个关键性指标。一般泥浆采用优质膨润土、烧碱、纤维素制成,其各组成成分用量见表6-22-1。

泥浆净化装置(ZX-200m³/h)　　　表6-22-1

膨润土 (t)	纯碱占用土量 (kg)	纤维素占用土量 (kg)	水 (m³)	相对密度	黏度 (Pa·s)	酸碱性 (pH)	胶体率 (%)	砂率 (%)
1	5	0.5	13	1.08~1.20	19~23	8~10	≥95	6~8

4.2 泥浆循环

随着成孔深度的增加,泥浆浓度会随之加大,从而加大钻孔阻力。因此,泥浆需要进行净化处理,以降低泥浆浓度。

4.3 泥浆净化装置的组成

泥浆净化装置主要由振动筛、渣浆泵系统、旋流器等组成（图 6-22-6）。

（1）振动筛由两台振动电机、一个振动箱、一付粗筛板、一付细筛板、四组隔振弹簧、两组调整垫板组成。两台振动电机带动偏心装置作同步反向运转，使振动筛产生单向振动。通过调整偏心块的夹角大小可实现激振力的大小调整。

（2）渣浆泵系统由渣浆泵、驱动电机组成。卧式离心渣浆泵采用副叶轮轴封。运转中应注意及时添加润滑脂、润滑密封填料。渣浆泵不能空转，以免烧损填料。

（3）旋流器。整个泥浆净化装置对泥浆的最终净化效果，主要取决于旋流器的颗粒分选指标。

图 6-22-6　泥浆净化装置

4.4 泥浆分离原理

反循环砂石泵由孔底抽吸出来的污浆通过管道输送到泥浆净化装置的粗筛，经过其振动筛选将粒径在 3mm 以上的渣料分离出来。经过粗筛筛选的泥浆进入泥浆净化装置的储浆槽，由泥浆净化装置的渣浆泵从槽内抽吸泥浆，在泵的出口具有一定储能的泥浆沿输浆软管从水力旋流器进浆口切向射入，通过水力旋流器分选，粒径微细的泥沙由旋流器下端的沉砂嘴排出落入细筛。经细筛脱水筛选后，较干燥的细渣料分离出来，经过细筛筛选的泥浆再次返回储浆槽内。处理后的干净泥浆从旋流器溢流管进入中储箱，然后沿总出浆管输送回孔。

在泥浆净化装置渣浆泵的出口安装了一条反冲支路与储浆槽连通。通过反冲支路，可以扰动储浆槽内沉淀的渣料，使储浆槽内不致因长期使用而导致淤积漫浆。在泥浆循环过程中，由中储箱与储浆槽之间的一个液位浮标保持泥浆净化装置储浆槽内的液面高度恒定。一旦储浆槽内输出的浆量大于供给的，那么液位浮标将随液面的下降而下落，此时中储箱的泥浆就通过开启的补浆管转送到储浆槽内，液面因此上升而恢复原状，液位浮标也随之上升并封住中储箱补浆管；如果供给浆量大于输出的，储浆槽的溢流管将会溢流以防止储浆槽漫浆。当要求更高质量的泥浆时，可通过减少总进浆量，重复旋流器中的泥浆分选过程以达到目的。

5　思考题

（1）冲击钻机的作用及使用条件有哪些？
（2）简述钻机工作装置的组成，冲击成孔的特点有哪些？
（3）冲击钻孔过程中的关键工艺是什么？
（4）泥浆净化装置的作用有哪些？

任务 23　认识混凝土输送泵

1　任务引入

混凝土输送泵是利用管道输送混凝土的一种设备。在现场浇灌钢筋混凝土结构的施工中,混凝土的运输和供应,约占其总耗工时的 1/3 左右。混凝土泵主要用于:大型的高层或超高层建筑工程、大型桥梁工程、隧道工程等。通过混凝土泵把混凝土泵送到一定距离和高度位置进行浇灌,与其他方法相比,既可减轻繁重的体力劳动,又能进行连续作业,从而缩短工期,降低工程造价,施工更加文明。

按混凝土泵的驱动方法分类,有活塞式和挤压式,目前大部分是活塞式。另外,还有水压隔膜式和气罐式泵等形式。

按混凝土泵的传动方式分类,在活塞式混凝土泵中,分为机械式活塞泵和液压式活塞泵,目前大都是液压式活塞泵。而液压式活塞泵按推动活塞的介质不同,又可分为水压式和油压式两种,大多数为油压式。

按泵体能否移动分类,有拖式水泥混凝土输送泵(拖泵)、汽车式水泥混凝土输送泵(车载泵)和水泥混凝土输送泵车(泵车)三种。本文重点介绍泵车。

2 相关理论知识

2.1 水泥混凝土输送泵车的总体结构、型号

2.1.1 泵车结构

泵车在结构上可大致分为底盘、臂架系统、泵送系统、液压系统及电控系统五个组成部分(图 6-23-1)。

2.1.2 型号编制

泵车的型号含义见图 6-23-2。

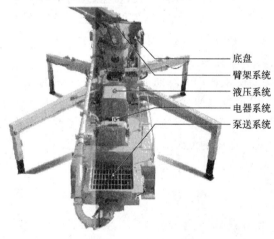

图 6-23-1 泵车基本构造

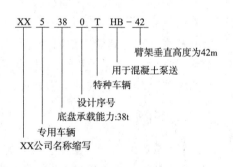

图 6-23-2 泵车的型号

2.2 工作装置的组成及特点

2.2.1 泵送系统

泵送系统是混凝土泵车的执行机构,用于将混凝土拌和物沿输送管道连续输送到浇筑现场。泵送系统由料斗、泵送机构、S 阀总成(闸板阀)、摆摇机构和输送管道组成。

S 阀混凝土泵由柴油机(或电动机)带动液压泵产生压力油驱动两个主油缸带动两个混凝土输送缸内的活塞产生交替往复运动。

图6-23-3为S阀混凝土泵送系统。泵送机构由两只主油缸、水箱、两只混凝土输送缸、两只混凝土活塞组成，分别与主油缸的活塞杆连接，主油缸在液压油的作用下，作往复运动，一缸前进，另一缸后退；混凝土进料口与出料口连通，分配阀的右端是出料口，另一端在摆阀油缸的作用下左右摆动，分别与混凝土出口连通。

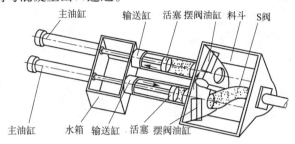

图6-23-3　S阀泵送系统

泵送混凝土时，在主油缸的作用下，左活塞前进，右活塞后退。此时左摆阀油缸处于伸出状态，右摆阀油缸处于后退状态，通过摆臂作用S管阀接通左混凝土缸，左混凝土缸里面的混凝土在左活塞的推动下，由S管进入输送管道。而料斗里的混凝土被不断后退的右活塞吸入右混凝土缸，当左活塞前进、右活塞后退到位以后，控制系统发信号，使左摆阀油缸缩回、右摆阀油缸伸出；左摆阀油缸后退，摆阀油缸换向到位后，发出信号，使左右主油缸换向，推动右活塞前进，左活塞后退，上一轮吸进右输送缸里的混凝土被推入S管进入输送管道，同时，左输送缸吸料。如此反复动作，完成混凝土料的泵送。

反泵时，通过反泵操作使吸入行程的混凝土缸与S摆阀连通，使处在推送行程的混凝土与料斗连通，从而将管路中的混凝土泵回料斗。

S管阀的主要优点是：摆动的管口为平面，既便于加工，磨损后又易于调节，同时省去了Y形管，降低了压力损失，且它的密封性能很好，所以S管形阀泵比同规格的闸板阀泵泵送高度高。S管阀采用抛物线原理进行设计，使料流最为合理，进一步降低了阻力，其内表面均用高耐磨材料堆焊而成，提高了使用寿命；采用了能自动调整间隙的浮动切割环，保证了S管阀的密封性能，降低了换向时的冲击。但S阀体安装在料斗中，给搅拌轴的布置带来困难。

图6-23-4为闸板阀泵送系统。

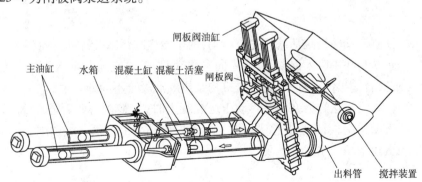

图6-23-4　闸板阀泵送系统

闸板阀的主要优点是构造简单，维修方便，换向力大，吸料性好，对混凝土的要求无S阀拖泵高，可泵送自拌混凝土（适应于低坍落度混凝土的泵送）；但闸板阀需要复杂的密封结构，难以清除残留物，它还不可避免地需用Y形管去连接混凝土泵的双缸体和输送管，而Y形管是主要的压力损失部件。另外，采用闸板阀泵输送时，要求在垂直输送管道的前方安装一个水平输送管段，其长为混凝土提升高度的1/2，因为闸板对混凝土垂直方向产生的流体压力所造成的回流有很大的敏感性，形成液压阻力，而这种阻力将会降低混凝土的输送高度，这也是闸板阀混凝土泵的输送高度受到限制的主要因素之一。

(1) 料斗

料斗主要用于储存一定量的混凝土，保证泵送系统吸料时不会吸空和连续泵送。通过筛网可以防止大于规定尺寸的集料进入料斗内。在停止泵送时，打开底部料门，可以排除余料和清洗料斗。

料斗的结构如图6-23-5所示，它主要由筛网、斗身、料门板、O形圈、小轴等零部件组成。料斗上有多个安装孔，用来安装S阀总成、搅拌机构、摆摇机构等部件，以保证泵送机构正常工作。

(2) 泵送机构

来自液压系统的压力油，驱动两个主油缸带动两个混凝土输送缸内的活塞产生交替往复运动。通过S管阀与主油缸之间的顺序动作，使得混凝土不断从料斗被吸入输送缸，并通过S管阀和输送管道送到施工现场。

泵送机构的结构如图6-23-6所示，主要由主油缸、水箱、活塞体、连接杆、盖板、吊耳输送缸、蝶形螺杆等零部件组成。

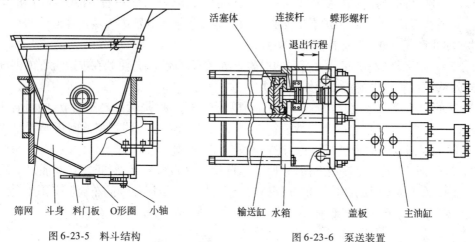

图6-23-5　料斗结构　　　　　　图6-23-6　泵送装置

工作时，主油缸带动输送缸活塞作往复运动，两个输送缸活塞的运动方向相反。当活塞向右移动时，输送缸从料斗中吸入混凝土；活塞向左移动时，输送缸通过泵送阀的管道压送出混凝土。两输送缸交替输出的混凝土，使泵送机构泵出的混凝土不间断。

水箱中存有水，当输送缸活塞向左移动压送混凝土时，水跟在活塞后进入输送缸内，起到冷却、润滑和清洗的作用；当活塞右移吸料时，水就被活塞挤回水箱。水箱中的水可通过放水螺塞放出，以便更换干净的水。

(3) S阀总成

S阀总成是以S管的摆动来达到混凝土吸入和排出的目的，它具有二位(吸料和排料)三通(通两个混凝土输送缸、输送管)的机能。S管置于料斗中，其本身即是输送管的一部分，它一端与输送管接通，另一端可以摆动，泵送时，其管口与两个输送缸的缸口交替接通，对准哪一个缸口，哪一个缸就向管道内排料，同时另一个缸则从料斗内吸料。

S管阀是目前应用最广泛的一种混凝土分配阀。其主要特点如下：

①结构简单,流道畅通,混凝土流动阻力小。
②密封性能好,泵送压力高。
③使料斗的离地高度降低,便于混凝土搅拌运输车向料斗卸料。
④换向速度快,噪声小。

S阀总成的结构如图6-23-7所示。

S阀是在摆摇机构的操纵下,以图6-23-7中的上轴线为轴心左右摆动,使切割环的孔对准眼镜板的排料孔,使左右输送缸泵送出的混凝土进入S阀而送到输料管内。

(4) 摆摇机构

摆摇机构中摆阀油缸通过液压系统的控制,保持与主油缸的顺序动作,驱动摇臂,从而带动S管,使S管与主油缸协调动作,保证S管的切割环口与泵送混凝土的输送缸对准。

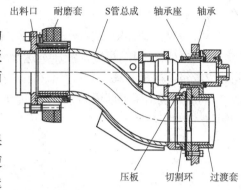

图6-23-7　S阀总成

摆摇机构的结构如图6-23-8所示,它主要由左油缸座、承力板、油杯、下球面轴承、限位挡板、摇臂、上球面轴承、球头挡板、摆阀油缸、右油缸座等零部件组成。

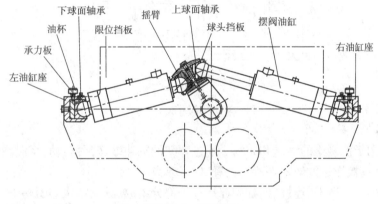

图6-23-8　摆摇机构

2.2.2　搅拌系统

搅拌机构用于对料斗中的混凝土进行再次搅拌,以防止混凝土泌水离析和坍落度损失,保证其可泵性。

搅拌机构的结构如图6-23-9所示,它主要由端盖、轴承座、左搅拌叶片、搅拌轴、右搅拌叶片、马达轴、液压马达等零部件组成。

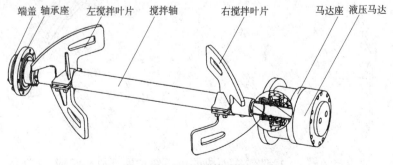

图6-23-9　搅拌系统

2.2.3 冷却系统

液压油的冷却有水冷和风冷两种方式。

水冷:水冷却器安装在主阀块至油箱的主油泵回油路中。直接冷却主油泵的回油具有良好的冷却效果。泵送工作时,必须接通冷却水源。当油温达到50℃时,打开冷却器进水闸阀,使之冷却液压油。

风冷:风冷却器安装在覆盖件顶部,主要冷却辅助油泵的回油和主油泵的泄漏油,当达到55℃时,电磁阀动作,风冷却液压马达旋转,系统自动开启,加强液压油的冷却。

2.2.4 润滑系统

润滑系统由手动润滑脂泵、干油过滤器、单向四通阀、片式分油器、润滑中心和管道组成,见图6-23-10。

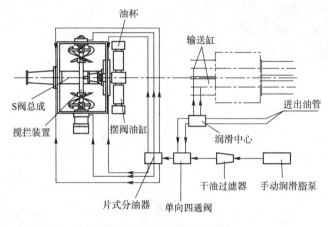

图6-23-10 润滑系统示意图

2.2.5 臂架系统

臂架系统用于混凝土的输送和布料。通过臂架油缸伸缩、转台转动,将混凝土经由附在臂架上的输送管,直接送达臂架末端所指位置,即浇筑点。

臂架系统由多节臂架、连杆、油缸和连接件等部分组成,具体结构如图6-23-11所示。

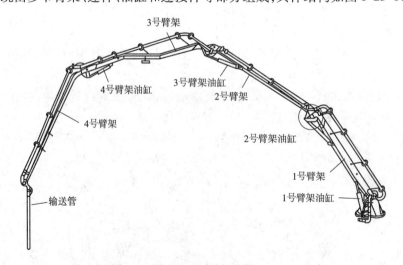

图6-23-11 臂架系统

臂架系统主要由多节臂、连接件铰接而成的可折叠和展开机构组成,根据各臂架间转动方向和数序的不同,臂架有多种折叠形式,如 R 型、Z 型、(或 M 型)、综合型等。各种折叠方式都有其独到之处。R 型结构紧凑;Z 型臂架在打开和折叠时动作迅速;综合型则兼有前两者的优点而逐渐被广泛采用。由于 Z 型折叠臂架的打开空间更低,而 R 型折叠臂架的结构布局更紧凑等各自的特点,臂架的 Z 型、R 型及综合型等多种折叠方式均被广泛采用,具体结构形式如图 6-23-12 所示。

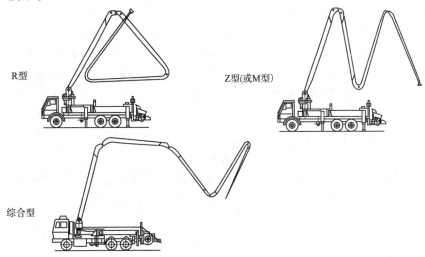

图 6-23-12 臂架折叠形式

2.2.6 转塔

转塔主要由转台、回转机构、固定转塔(连接架)和支撑结构等几部分组成。转塔安装在汽车底盘中部,行驶时其载荷压在汽车底盘上;而泵送时,底盘轮胎脱离地面,底盘和泵送机构也挂在转塔上,整个泵车(包括和转塔自身)的载荷由转塔的四条支腿传给地面。

转塔结构底盘、泵送机构、臂架系统统安装在转塔上,转塔为臂架地面上。

(1)转台

转台是由高强度钢板焊接而成的结构件,作为臂架的基座,它上部用臂架连接套与臂架铰接,下部用高强度螺栓与回转支承相连,主要承受臂架载荷,同时可随臂架一起在水平面内旋转,结构如图 6-23-13 所示。

(2)回转机构

回转机构集支承、旋转和连接功能于一体,它由高强度螺栓、回转支承、回转减速机、主动齿轮和过渡齿轮组成,结构如图 6-23-14 所示。

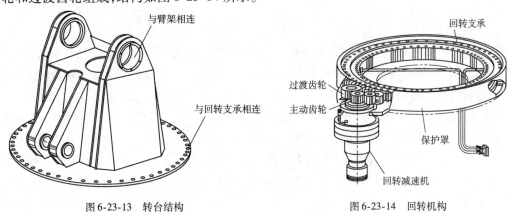

图 6-23-13 转台结构　　　　图 6-23-14 回转机构

转台与固定转塔之间即可实现低速运动,而转台与固定塔之间的工作载荷通过回转支承传给固定转塔。固定转塔是由高强度钢板焊接而成的箱形受力结构件,是臂架、转台、回转机构的底座。

回转减速机带动主动齿轮,经过渡齿轮(某些车型无此件)驱动回转支承外圈,实现回转支承内外圈之间的慢速旋转。回转支承的外圈与上部转台、内圈与下部固定转塔用高强度螺栓相连,内外圈之间由交叉滚子(或钢球)连接。因此,它上部连接的臂架、转台和固定转塔之间可实现低速旋转,而臂架、转台的工作荷载通过回转支承传递给固定转塔,而臂架、转台的工作荷载通过回转支承传给固定转塔。混凝土泵车臂架的回转支承常用的还有另一种驱动方式:带齿条的旋转驱动油缸往复运动,驱动与转台连成一体的齿圈,从而使臂架随转台一起转动。

(3)固定转塔结构

混凝土泵车行驶时,固定转塔主要承受上部的重力,而混凝土泵车泵送时,其主要承受整车的重力和臂架的倾翻力矩;同时,高强度钢板围焊的空间,又可作液压油箱或水箱。转塔结构如图6-23-15所示。

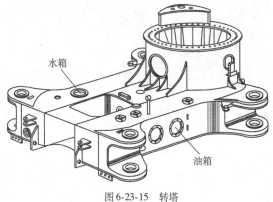

图6-23-15 转塔

(4)支撑结构

支撑结构的作用是将整车稳定地支撑在地面上,直接承受整车的负载力矩和重量。支撑结构如图6-23-16所示。

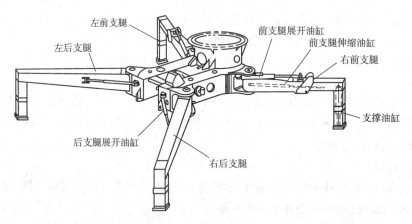

图6-23-16 支腿结构

其中,四条支腿、前后支腿展开油缸、前支腿伸缩油缸和支撑油缸构成大型框架,将臂架的倾翻力矩、泵送机构的反作用力和整车自重安全地由支腿传入地面;支腿收拢时与底盘同宽,展开支撑时能保证足够的支撑跨距。工地上的占地空间和整车的支撑稳定性由负载力矩、结构重量、支撑宽度、结构力学性能、支撑地面状况等因素决定。因此,它应具有合理的结构形式、足够的结构力学性能和有效的支撑范围,保证其承载能力和整车的抗倾翻能力,确保泵车工作时的安全稳定性。同时,应将支腿支撑在有足够强度的或用其他材料按一定要求垫好的地面上,且整车各个方向倾斜度不超过3°,为此在混凝土泵车左右两侧各装有一个水平仪来辨别倾斜度。

2.3 传动系统组成及原理

混凝土泵车底盘的作用,主要是为泵车移动和工作时提供动力。通过气动装置推动分动箱中的拨叉,拨叉带动离合套,可将汽车发动机的动力经分动箱切换到汽车后桥使泵车行驶,切换到液压泵则进行混凝土的输送和布料。

底盘部分由汽车底盘、分动箱、传动轴等几部分组成。

分动箱由以下零部件组成,如图 6-23-17 所示。

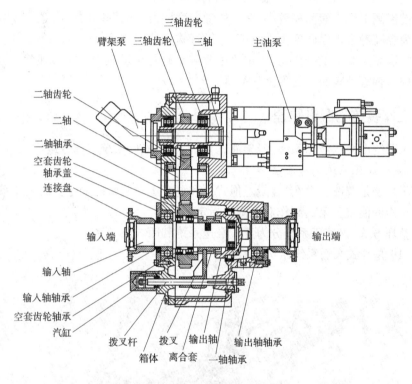

图 6-23-17 分动箱组成示意图

泵车处于正泵状态,离合套将输入轴和输出轴连接,直接将发动机的扭矩传递到后桥,使混凝土泵车处于行驶状态;当操作员将翘板开关扳到泵送位时,汽缸动作,带动拨叉件向左移动,离合套件在拨叉的作用下也向左移动,将输入轴件和空套齿轮件连通。同时空套齿轮件带动二轴齿轮转动,二轴齿轮带动三轴齿轮转动,三轴齿轮通过花键带动三轴转动,三轴左端直接带动臂架泵工作的同时,右端本身带动主油泵工作,使混凝土泵车处于泵送状态。通过汽缸的作用使混凝土泵车在泵送和行驶状态转换。

万向节传动用动力。前置发动机后轮驱动的汽车在行驶过程中,由于悬架的不断上下跳动,变速器与驱动桥的相对位置也在不断变化,因此它们之间需要用可伸缩的万向传动轴连接。这时当连接的距离较近时,常采用两个万向节和一根可伸缩的传动轴;当距离较远而使传动轴的长度超过 1.5m 时,常将传动轴分成两根或三根,用三个或四个万向节,且后面一根传动轴可伸缩,中间传动轴应有支撑。对于既要转向又要驱动的转向驱动桥,左、右驱动车轮需要随汽车行驶的轨迹而改变方向,这时需采用球笼式或球叉式等速万向节传动,其最大夹角即车轮的最大转角可达 32°~42°。传动轴由万向节、传动轴管组成。传动轴管管径较大,由扭转强度高、弯曲刚度大、适于高速旋转的低碳钢管制成,结构如图 6-23-18 所示。

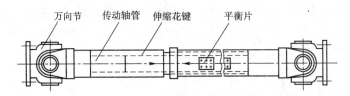

图 6-23-18　传动轴的机构

由于花键齿侧工作表面面积较小,在大的轴向摩擦力作用下将加速花键的磨损,引起不平衡及振动。为提高键齿表面硬度及光洁度,应进行磷化处理、喷涂尼龙,以改善润滑,减少摩擦阻力及磨损。混凝土泵车上的传动,一定要注意避免破坏传动轴总成的动平衡。动平衡的不平衡度由点焊在轴管外表面上的平衡片补偿。

2.4　工作装置的操纵原理

泵车液压系统由泵送液压系统、臂架液压系统、支腿液压系统三部分组成。

2.4.1　泵送液压系统工作原理

泵送液压系统是混凝土泵车、混凝土拖式泵和混凝土车载泵的最主要的工作系统,系统的功能是把料斗中的混凝土泵送到作业范围内指定的位置。

按油液循环方式,该液压系统分为开式泵送系统和闭式泵送系统。

图 6-23-19 是开式泵送系统结构示意图。

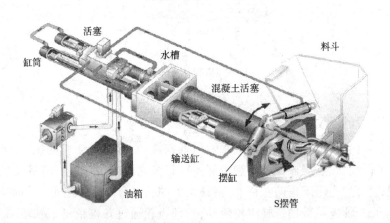

图 6-23-19　开式泵送系统结构示意图

在开式回路中,液压泵从液压油箱吸油,泵出的高压油通过换向阀供给主油缸,主油缸出油回到油箱。

开式回路的主要优点是:结构较简单,散热条件好。缺点是振动较大,效率稍低。

混凝土拖式泵和混凝土车载泵常采用开式液压系统。

图 6-23-20 是闭式泵送系统结构示意图。在闭式回路中,主油泵泵出的高压油进入主油缸进油口,主油缸的回油不是到回油箱,而是回到液压泵吸油口。主油缸的换向通过主油泵改变斜盘倾角的正负来实现。

闭式回路的主要特点是:换向平稳,振动小,效率较高。

图 6-23-21 是泵车泵送液压系统的原理图。

泵送液压系统的组成按动力元件不同,该液压系统可分为泵送回路、分配回路、搅拌(供水、冷却)回路。

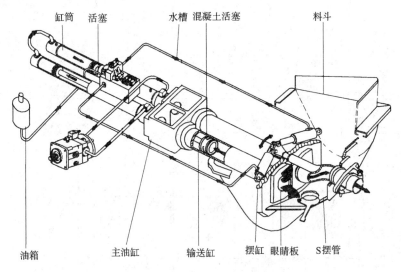

图 6-23-20　闭式泵送系统结构示意图

(1) 泵送回路

泵送系统泵送回路的液压原理如图 6-23-22 所示。

泵送回路的动力元件是两个油路并联的双向变量柱塞泵,使用两个油泵可以增大流量,提高执行元件的工作速度。执行元件为两个主油缸,工作中交替吸入、泵出混凝土。在主油泵和主油缸之间,没有其他液压元件,只有管路相连。

图 6-23-22 管路连接方式,称为低压泵送状态,即主油泵的进出油口与主油缸有杆腔相连,两主油缸无杆腔相连。这种连接方法,由于高压油作用面积小,混凝土出口压力低,泵送高度低,泵送距离近,但可以提供较快的泵送速度,最大理论泵送速度可达 $150m^3/h$。泵车通常采用低压泵送连接方式。

如果主油泵的进出油口与主油缸无杆腔相连,两主油缸有杆腔相连,这种管路连接方式,称为高压泵送状态。

要想使主油缸交替进行泵送动作,必须使主泵斜盘倾角进行正负交替摆动,其控制路线如下:

主油缸吸入混凝土到位→接近开关感知混凝土活塞到位信号→控制器输出控制电流→换向阀 6 换向→伺服阀阀芯位移方向反转→伺服阀阀套位移方向反转→伺服缸活塞位移方向反转→斜盘倾角方向反转→主泵压油口、吸油口转换。

(2) 分配回路

泵送系统分配回路的液压原理如图 6-23-23 所示。

正泵工作时,配合主油缸泵送动作,交替切换 S 摆管与两个输送缸的出口接合,保证主油缸打出的混凝土进入输送管。反泵工作时,配合主油缸泵送动作,交替切换 S 摆管与两个输送缸的出口接合,保证输送管中的混凝土被吸入主油缸。

恒压泵泵出的液压油,经高压过滤器和单向阀,进入下游油路,如果电磁球阀电磁铁未得电,恒压泵处于卸荷状态,此时虽然恒压泵以最大排量供油,但系统压力为零。只有电磁球阀

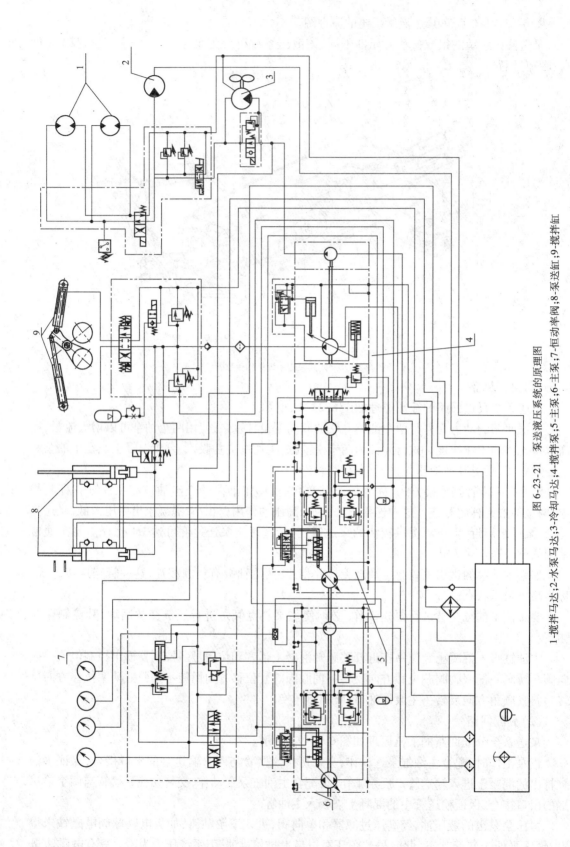

图 6-23-21 泵送液压系统的原理图
1-搅拌马达;2-水泵马达;3-冷却马达;4-搅拌泵;5-主泵;6-主泵;7-恒动率阀;8-泵送缸;9-搅拌缸

电磁铁得电,恒压泵泵出的液压油才能进入工作机构。

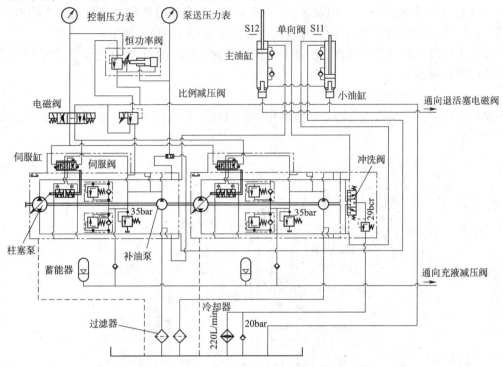

图 6-23-22　泵送回路液压原理图

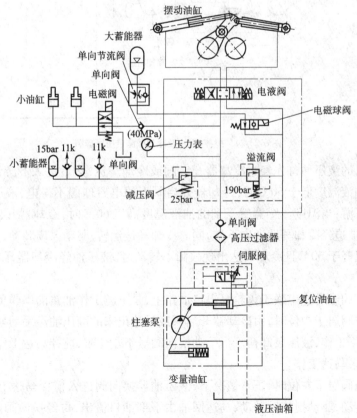

图 6-23-23　分配回路液压原理图

泵送工作时,在摆动油缸摆动到位后的停留期间,恒压泵的压力油进入大蓄能器,油液压缩已充气的皮囊,储存能量。当电液阀换向时,大蓄能器中的液压油迅速补充到摆动油缸里,使摆动油缸带动 S 管阀快速换向,同时吸收摆动油缸制动时的液压冲击。

可见大蓄能器的设置可以作为摆动油缸快速换向的临时油源,配合恒压泵的使用,可以达到节约能源的目的。

(3)搅拌、供水及冷却回路

泵送系统中,搅拌、水洗及冷却回路共用一个齿轮泵作为动力元件,回路的液压原理如图 6-23-24 所示。

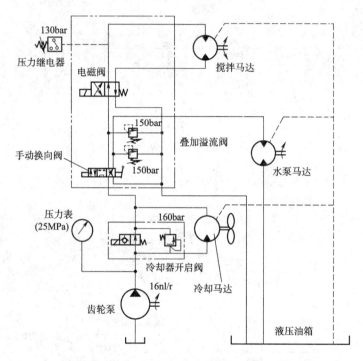

图 6-23-24 搅拌、供水及冷却回路液压原理图

齿轮泵输出的液压油首先经过冷却器开启阀或冷却马达,然后进入下游油路。当温度传感器感受到的油液温度低于 60℃时,冷却器开启阀上的电磁球阀不得电,液压油经电磁球阀的常态位通向下游;当温度传感器感受到的油液温度高于 60℃时,冷却器开启阀上的电磁球阀得电,液压油被迫经冷却马达通向下游,同时冷却马达运转,驱动风扇转动,强制空气对流进行散热。当油温高于 60℃且冷却马达出现故障不转动时,液压油经冷却器开启阀上的安全阀流向下游。

冷却器开启阀或马达串联于齿轮泵出口油路上,是下游工作油路的串联负载。

当手动换向阀居于中位时,由冷却器开启阀或马达出来的液压油经手动换向阀回油箱,搅拌、供水马达均不工作,液压泵卸荷。当手动换向阀居于左位时,搅拌马达工作;当手动换向阀居于右位时,水泵马达工作。

当手动换向阀居于左位时,正常情况下,液压油经换向阀进入搅拌马达上部油口,马达在压力油作用下转动,驱动搅拌轴转动,马达回油由下部油口流出,再经换向阀回油箱。马达的这种转动方向可以防止集料在输送缸出口下部堆积,并使混凝土料搅拌得更均匀。

搅拌马达进油口工作压力与搅拌阻力大小有关,当搅拌阻力足够大时(如搅拌叶片被卡住),使进油口压力达到压力继电器设定值130bar时,压力继电器给出电信号,经控制电路使换向阀得电换向,搅拌马达进出油口液流方向颠倒,马达反向旋转,延迟5s后,换向阀失电复位,搅拌马达恢复正转。这是搅拌回路的自我清障功能,可使搅拌叶片被卡住后,自动反转清除障碍物,混凝土料总是处于正常搅拌状体。

搅拌回路的最高工作压力由叠加溢流阀限定,由于该溢流阀在不超压时,没有油液溢流,所以叠加溢流阀起安全阀作用。当搅拌马达进口工作压力达到150bar时,液压油经安全阀溢流回油箱。

当手动换向阀居于右位时,液压油进入水泵马达,马达在压力油作用下转动,驱动水泵转动,马达出油直接回油箱。

马达进油路最高工作压力也由叠加溢流阀限定,当因故障马达或水泵卡住不转且进口压力达到150bar时,液压油经安全阀溢流回油箱。

2.4.2 臂架液压系统工作原理

该系统由一个臂架泵供油,压力油经高压过滤器通向比例多路阀,然后由比例多路阀分配到支腿液压系统、臂架液压系统。

臂架泵的来油,进入臂架多路阀,由各联比例换向阀控制相应执行元件的动作。多路阀的第二联用于控制转台的回转运动,第三、四、五、六、七联用于控制臂架总成第一、二、三、四、五节臂的收放动作,回转与收放协同工作,可使出料口到达需要浇筑混凝土的地方。

臂架多路阀是一个比例多路阀,可电控操作,也可手动操作。电磁铁电流的大小或操作手柄摆动角度的大小决定了液压油的流量大小,因此也就决定了各执行元件的运动速度。图6-23-25是臂架液压系统原理图。

臂架多路阀主溢流阀设定压力为330bar。每一联换向阀上都设有溢流阀,用于设置二次溢流压力。回转机构溢流阀设定压力为140bar。各变幅油缸有杆腔和无杆腔进油溢流压力是根据各油缸所需控制压力的不同而设定的,数值有300bar和330bar两种。

(1)转台回转机构回路

比例阀第二联换向阀的出油经回转缓冲阀进入回转马达,驱动液压马达转动,经回转减速机减速,由小齿轮带动回转支撑的齿圈旋转,促使转台顺时针或逆时针转动,使布料杆到达指定的方向。马达回油经回转缓冲阀回到换向阀,再经回油背压阀回到油箱。

(2)臂架收放控制回路

各节臂的动作是在相应的执行元件——变幅油缸带动下完成的。在每个变幅油缸的有杆腔和无杆腔油口上,都安装了一个单向平衡阀,在油缸动作时,油液不受阻碍进入油缸,出油则必须经过回油侧平衡阀主阀芯的节流口才能回到换向阀,然后回到油箱。图6-23-26是泵车变幅油缸控制回路液压原理图。

2.4.3 支腿液压系统工作原理

支腿液压系统原理如图6-23-27所示。

支腿液压系统的工作油液来自于比例多路阀的第一联出油口(只有当第一联操纵手柄有动作或比例电磁铁有控制电流时,第一联出油口才有压力油输出),压力油先到右侧支腿多路阀,然后再到左侧支腿多路阀,两侧多路阀均设有各自的回油口,回油直接回油箱。支腿多路阀为手动换向阀,通过控制手柄的摆动角度,可以控制液压缸的收放速度。每个支腿多路阀均配有一个溢流阀,设定压力都是200bar。

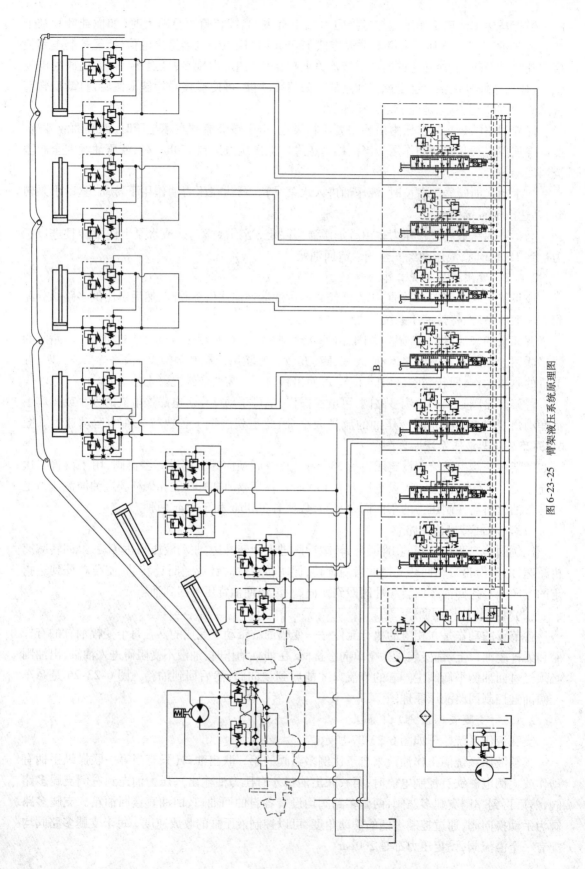

图 6-23-25 臂架液压系统原理图

每侧多路阀的总进油口与各联换向阀进油口相通,总回油口与各联换向阀回油口相通,即每侧多路阀的各联之间组成并联换向回路。因此,每侧支腿多路阀所控制的五个液压缸可以任意几个同时动作,但总是负载轻的液压缸优先动作。

左边支腿多路阀总进油口与右边支腿多路阀各联换向阀中位出油口相通,即右侧支腿多路阀与左边支腿多路阀采用顺序单动连接方式。只有当右侧多路阀的每一联换向阀都处于中位时,左侧多路阀才能得到液压油实现支腿的动作。

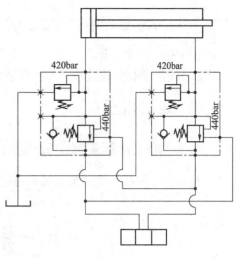

图 6-23-26 变幅油缸控制回路液压原理图

3 实施过程

3.1 准备工作

准备 1~2 台水泥混凝土输送泵车,或到水泥泵送施工现场,准备相应的水泥混凝土输送泵车操作手册、使用说明书并仔细阅读。

3.2 认识过程

从外观上认识水泥混凝土输送泵的总体结构、型号含义、工作装置的组成及特点;

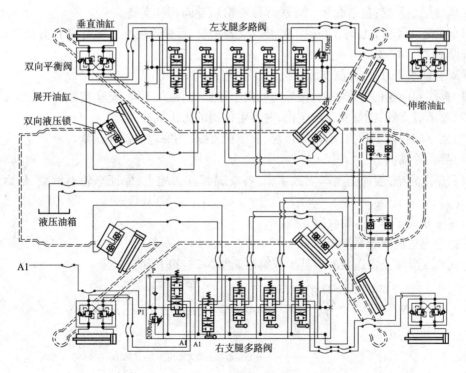

图 6-23-27 支腿液压系统图

从内部结构上认识水泥混凝土输送泵工作装置的操纵方式,各工工作装置的运动规律和运动过程。

3.3 认识过程中的注意事项

(1)注意个人安全。
(2)注意观察泵送过程中各工作装置的操纵方式及运动过程及规律。

4 知识拓展

4.1 拖式水泥混凝土输送泵

拖式水泥混凝土输送泵的基本构造如图6-23-28所示。

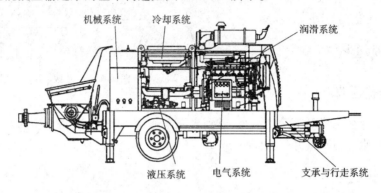

图6-23-28 拖式水泥混凝土输送泵的基本构造

支承与行走系统:包括底架、车桥(含行走轮)、导向轮和支腿。

汽车在拖动混凝土泵时,应先将导向轮、支腿上收,行驶速度在二级公路上不大于15km/h,三级公路不大于8km/h。

混凝土泵作业时,由支腿支承整机。放下支腿方法如下:
(1)操作导向轮的升降手柄,使导向轮向上缩回,前拖架下降,整车前倾。
(2)放下后支腿,插好支腿定位销,并将定位销的防松机构锁紧。
(3)使导向轮向下顶出,前拖架顶起,放下前支腿,插好定位销并锁紧。
(4)导向轮缩回。

以上操作完毕,须保证整车大致水平,各支腿都在实地上,保证车轮不承载,最后缩回导向轮。

以相反方式操作导向轮收回支腿。

其他系统与混凝土泵车相同。

拖式水凝混凝土输送泵的产品型号编制如图6-23-29所示。

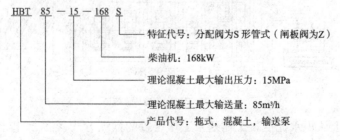

图6-23-29 拖式水凝混凝土输送泵的产品型号编制

4.2 车载式混凝土输送泵

车载式混凝土输送泵的结构如图 6-23-30 所示。

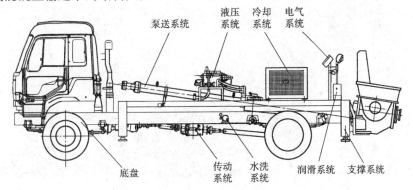

图 6-23-30 车载式混凝土输送泵的结构

5 思考题

(1)水泥混凝土泵车主要包括哪几部分?
(2)泵车与拖泵施工有哪些不同?
(3)泵车臂架液压系统如何防止下降过速?

任务 24 认识运梁车

1 任务引入

预制梁一般是在专门的制梁场生产并经过时效,其强度符合设计要求后运送到施工现场。制梁场一般设在该合同段桥梁施工段的中间位置,由制梁场向两端运输,以减少施工成本。因此预制梁的运输是关键。在雅泸高速公路施工中,有 20m、25m、32m 等不同规格的预制梁。为了保证超长超重梁安全运输到架梁点,必须配备专业的运梁车,才能保证梁不至变形、折断等。本教材仅介绍转业的运梁车。

2 相关理论知识

2.1 总体结构及型号含义

2.1.1 总体结构

因为梁的类型多种多样,运梁设备也各异。下面以箱梁运输车 YL900 为例(图 6-24-1)介绍运梁车的总体结构及特点。运梁车主要由主梁、走行轮组(图 6-24-2)、转向机构、托梁台车、支腿、动力系统、液压系统、电气系统、制动系统及前、后驾驶室等组成,其主要特点如下。

YL900 运梁车采用双发动机后置,每台发动机驱动两个主泵和其他控制泵;两端各设一个功能相同的驾驶室,通过控制转换开关,选择其中之一对运梁车进行控制。前驾驶室安装在回转悬臂上,运梁时,回转悬臂转到中间;喂梁时,回转悬臂转到侧面,方便运梁车最大限度靠近架桥机的 O 形腿。运梁车控制方式分为驾驶室控制和遥控两种,即一种是运梁过程中,驾驶员在室内操纵;一种是实施运梁车与架桥机对位、喂梁等工序时,驾驶员通过遥控器在驾驶室外最佳观察点对运梁车进行微动遥控。

图 6-24-1　YL900 运梁车结构图

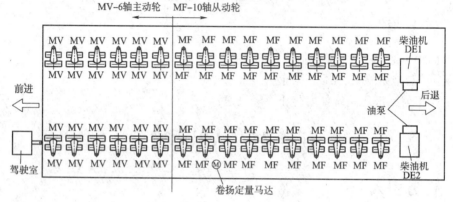

图 6-24-2　YL900 运梁车行走轮组

驾驶室内的控制面板上主要有两台柴油机的仪表、系统工作指示灯、发动机故障指示灯、操作按钮、控制系统显示器、后视显示器、跑偏监视器。运梁车设置故障报警装置,显示故障类别和故障位置。整机采用驾驶室集中控制(监控),在驾驶室内,车体前、中、后两侧设有紧急停车装置,紧急情况下运梁车所有的操作均可以通过急停按钮停机;运梁车前端两侧设有测距雷达,当车体两侧接近障碍物时,发出报警信号,距离小于设定值时,控制器将自动发出停车指令。

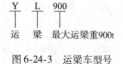

图 6-24-3　运梁车型号

2.1.2　型号含义(图 6-24-3)

2.2　工作装置组成及特点

YL900 运梁车的工作装置包括主梁、驮梁小车、钢丝绳、卷扬机及卷扬驱动马达、导向滑轮组等(图 6-24-1)。

主梁由五个纵横向节段拼装而成,每个节段均为箱型焊接结构,其上设有驮梁小车走行轨道,如图 6-24-4 所示。

轨行式驮梁小车由电控变量液压马达经卷扬机、钢丝绳及导向滑轮牵引驱动。驮梁小车装有两个均衡液压缸,支撑箱梁后端,与运梁车前端承重横梁的两个固定支撑(图 6-24-5)组成三点支撑箱梁。喂梁时,在架桥机尾部喂梁。由架桥机的前端吊梁小车首先吊起混凝土梁前端前移,同时驮梁小车沿运梁车的主梁与前端吊梁小车同步向前移动,直到架桥机后端吊梁

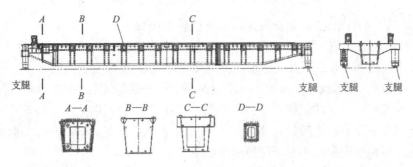

图 6-24-4 主梁节段拼装图

小车吊起梁的后端;两台吊梁小车一起将梁送到待架梁孔,然后落梁。

喂梁同步控制:卷扬机上设置转速传感器,喂梁时将卷扬机的控制权及转速传感器的信号交给架桥机,由架桥机的控制系统完成吊梁小车与驮梁小车的同步运行控制。

2.3 行走系统组成及特点

YL900 运梁车行走系统由 32 套走行轮组和液压支腿油缸组成。32 套走行轮组分布在车体两侧各 16 套,构成整车的 16 条轴线,

图 6-24-5 运梁车组成

如图 6-24-5 所示。前 6 组走行轮组为主动轮组,后 10 组走行轮组为从动轮组,主动轮组由斜盘式柱塞变量泵(A4VG250-EP/DA)和柱塞变量马达(A6MVE80E24/63W-VAL020DB)组成的闭式回路驱动,具有驱动力大、无级调速的优点;32 套走行轮组采用大截面低压轮胎,确保对地接触压力较小。

运梁车前后各设两个液压支腿,作为辅助支撑,给架桥机喂梁时,支撑在已架箱梁的腹板上,以确保轮胎承载不超限。

32 套走行轮组与主梁之间采用 32 套液压悬挂,前 12 套为主动悬挂,后 20 套为从动悬挂,如图 6-24-5 所示。主动悬挂由走行轮组、平衡油缸、弯臂、平衡臂、轮胎、主动轴和驱动马达等组成;如图 6-24-6 所示,从动悬挂将主动悬挂的主动轴改为从动轴,而且没有驱动马达。悬挂平衡油缸能自动伸缩达到自动调节与其他轮胎承载均衡的目的,并使轮胎自动适应运梁

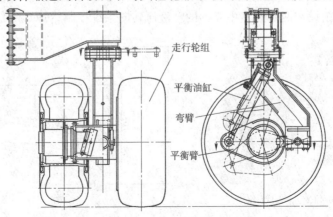

图 6-24-6 走行轮组结构图

过程中道路高低不平的变化,使走行轮组可上下摆动150mm。

32套悬挂平衡油缸分三组,前部左侧8组油缸大腔连通,前部右侧8组油缸大腔连通,后部16组油缸大腔连通,形成三点支承系统使主梁三点受力,确保主梁始终水平。运梁车行走过程中,悬挂油缸处于浮动状态,确保在不平整路面上行驶的稳定性,并自动调节各轮组对地的接地压力,避免某一单元件超载。悬挂油缸设置双管路安全阀,防止因油缸软管爆破而引起整车倾覆;运梁车还设有车体倾斜报警装置,当路面出现凹凸不平、纵横坡时,平衡油缸会随机提供补偿,通过调整平衡油缸来保证保持水平状态。

运梁车设置了自动纠偏装置,即运梁车沿桥梁中心线运行时能自动纠偏,且运梁车和参照线之间的偏差保持在±100 mm之内。跑偏超过50mm时报警,超过最大设定值时自动停车。自动纠偏行驶方向控制原理如图6-24-7所示。运梁车两端各设一排光电管,对准事先描画在路面上的标志线,根据光电管感光率计算机分析头、尾的偏移,判别整车姿态,自动修正或者进行报警直至切断运行,可实现无人驾驶,近距离控制。运梁车两端设置普通车用倒车雷达,控制运梁车与架桥机的相对纵向位置。

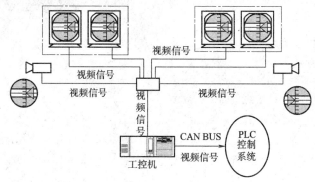

图6-24-7 纠偏系统原理图

自动纠偏功能开启时,同时启动防疲劳驾驶功能。运梁车在传感器故障、精度不足以及没有正确参考线的情况下,控制系统将自动发出紧急停车指令。

2.4 转向系统组成及特点

转向系统由转向泵、转向油缸、转向臂和走行轮组等组成,如图6-24-8所示。32组走行轮组独立驱动的液压转向系统,可以实现全轮转向、后轮转向、前轮转向、斜行和停车,如图6-24-9所示。转向由设在两驾驶室中互锁的全液压转向系统控制,转向方式采用闭环控制。

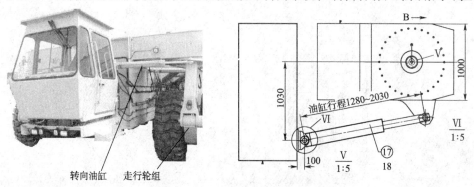

图6-24-8 转向机构图

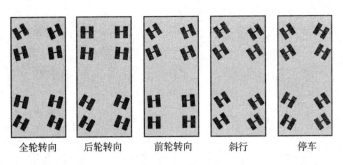

图 6-24-9 转向状态图

2.5 液压系统组成及原理

如图 6-24-10 所示,运梁车液压系统的 4 台主泵(变量柱塞泵)和 8 台齿轮泵(P1～P8)由 2 台发动机驱动。液压系统主要包括行走系统、转向系统、悬挂系统、支腿系统等。4 台主泵合流为 12 组行走马达提供液压油;齿轮泵 P1 为转向系统和支腿缸系统提供液压油,P2 为行走马达提供变量液压油,P3 为释放停车制动提供液压油,P4 为右前悬挂系统提供液压油,P5、P6 为冷却系统的马达提供液压油,P7 为悬挂系统的液控单向阀提供控制油,P8 为左前悬挂系统提供液压油。

2.5.1 行走液压系统组成及原理

图 6-24-11 所示为行走泵变量控制原理图,由电比例伺服阀和伺服油缸控制泵的斜盘倾角大小。改变通入比例电磁铁电流的大小,可实现运梁车行走速度的调整;比例电磁铁左右通电,实现运梁车的前进和后退;主溢流阀控制泵的最高工作压力,压力切断阀调节系统工作压力,并尽量减少主溢流阀溢流,从而减少能量的损失和液压油发热;补油泵补充主油路因为泄漏导致的油量不足;冲洗阀将部分低压油引到油箱沉淀和散热。

行走马达的排量由电磁换向阀控制,如图 6-24-12 所示。电磁换向阀断电时,马达排量处于最大位置;电磁换向阀通电时,马达排量处于最小位置。也就是说,通过操纵电磁换向阀的通、断电,可以调节运梁车的行走速度。

运梁车的停车制动(图 6-24-12)采用机械制动,液压释放。

2.5.2 转向系统组成及原理(图 6-24-13)

转向系统由电液比例伺服阀和 4 个(前、后各 2 个)转向油缸组成。通入不同大小的电流,可得到不同的转向角度,系统压力低于 50bar 时报警。

2.5.3 悬挂系统组成及原理(6-24-14)

运梁车的 32 组悬挂系统主要由走行轮组、平衡油缸、弯臂、平衡臂、轮胎等组成。前部左侧 8 组平衡油缸的大腔、小腔分别串通,前部右侧 8 组平衡油缸的大腔、小腔分别串通,后部的 16 组平衡油缸的大腔、小腔分别串通,组成三点支承系统使车体三点受力,确保主梁始终水平。悬挂系统主油路的液压油由齿轮泵 P1 提供;液控单向阀的控制油由齿轮泵 P7 提供。给架桥机喂梁时,ZD19 通电,来自齿轮泵 P1 的液压油经电磁换向阀右位,一路进入两位两通换向阀左边的活塞缸,拖动活塞左移,一路进入平衡油缸有杆腔,无杆腔的液压油经液控单向阀—平衡阀左位—三位四通换向阀右位回油箱,实现轮胎起升,此时运梁车靠支腿支撑;运梁时,ZD18 通电,来自齿轮泵 P1 的液压油经三位四通电磁换向阀左位—平衡阀右位单向阀—液控单向阀—无杆腔,有杆腔的液压油经三位四通换向阀左位会油箱。平衡阀限制平衡缸的下降速度;系统中设置了两个先导式溢流阀,一个限制系统最高工作压力,一个对平衡缸起保护作用。

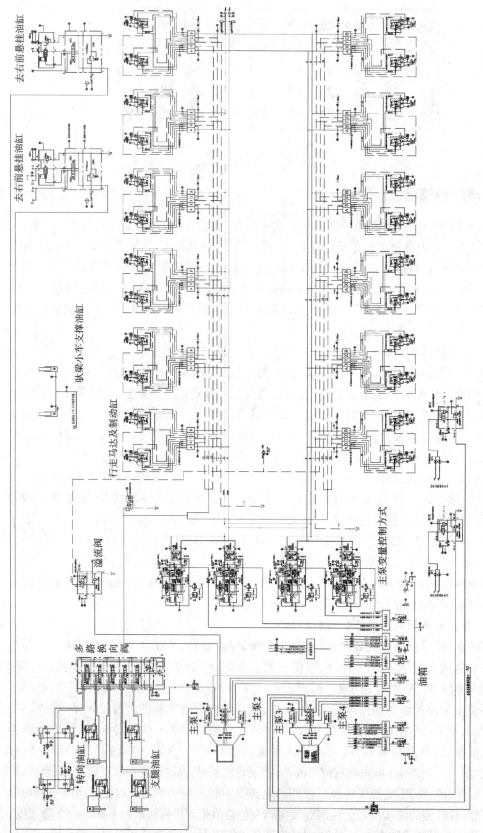

图 6-24-10 运梁车液压系统原理示意图

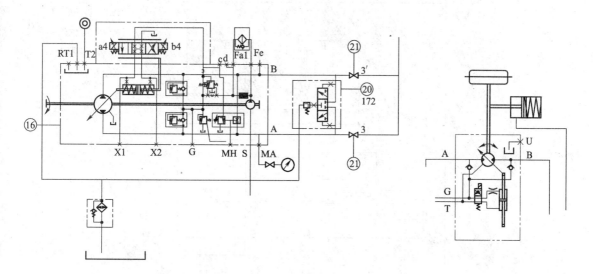

图 6-24-11　行走泵变量控制原理图　　　　图 6-24-12　行走马达变量控制原理图

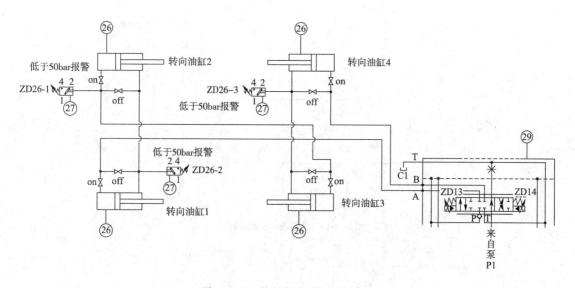

图 6-24-13　转向液压系统组成原理图

2.5.4　支腿液压系统组成及原理

运梁车前、后各设置了两个支腿,喂梁时起支撑作用。图 6-24-15 为一个支腿液压系统图,主要由电液换向阀、平衡阀、液压缸组成。ZD5 通电时,来自 P1 泵的液压油经三位六通液动换向阀左位进入支腿液压缸有杆腔,同时进入二位二通液动换向阀左侧,使二位二通液动换向阀左位工作,无杆腔的液压油经二位二通液动换向阀左位—三位六通液动换向阀左位回油箱,收起支腿;ZD6 通电时,来自 P1 泵的液压油经三位六通液动换向阀右位—单向阀—支腿液压缸无杆腔,有杆腔的液压油经三位六通液动换向阀右位回油箱,伸出支腿;ZD5、ZD6 断电时,运梁车依靠支腿支撑,一旦运梁车负载过大,则溢流阀开启,对支腿缸起过载保护作用。

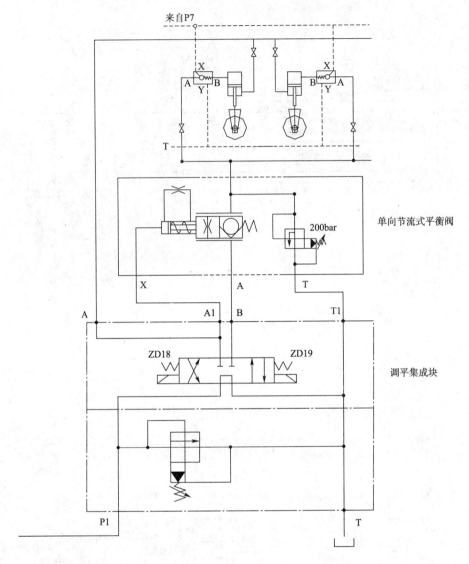

图 6-24-14 悬挂液压系统原理图

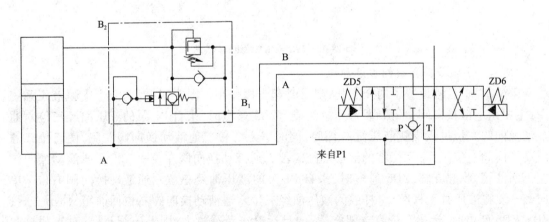

图 6-24-15 支腿液压系统原理图

3 任务实施

3.1 准备工作

准备1台运梁车或运梁车图片、运梁车工作视频,运梁车使用说明书及维修手册若干。

3.2 认识过程

从外观上了解运梁车的总体结构、型号含义、工作装置的组成及特点,了解行走系统的组成及特点,了解转向系统的组成及特点。

通过操作或视频观察,了解运梁车运梁过程中的行走、转向驱动方式以及怎样保持梁体平衡。

3.3 认识过程中的注意事项

(1)注意人身安全和设备安全。
(2)注意观察驮梁小车的运行方式。
(3)注意观察行走系统和转向系统的驱动方式。

4 知识拓展

4.1 T形梁运输设备

T形梁运输设备(图6-24-16)由蓓蕾架组装而成,其上安装吊梁小车和行走驱动,结构简单,成本低,安全性能低,效率低。

图6-24-16 T形梁运输

4.2 TLMEL900t-36m-9m 轮胎提梁机

图6-24-17所示为雅泸高速公路使用的单主梁双龙门轮胎提梁机。主要由龙门及走行系统、主梁、吊梁天车、吊梁提升系统等组成。

图6-24-18所示为双主梁双龙门轮胎提梁机结构图,其结构与单主梁的区别在于将吊梁天车的单行走轨道改成了双行走轨道,提高了吊梁天车的稳定性。这种提梁机的顶升油缸数(配合换向用)为12个,以调整偏载受力,实现不落梁轮胎转向。

图6-24-17 雅泸高速公路使用的轮胎提梁(移梁)机

图6-24-18 双主梁双龙门提梁机结构图

5　思考题

(1)运梁车主梁的受力方式有哪些？驮梁小车受力均衡方式有哪些？
(2)运梁车采用多轮胎行走支承结构，怎样保证轮胎受力均匀？
(3)运梁车怎样转向？转向方式有哪些？
(4)轮胎提梁机的转向方式有哪些？转向时轮胎受力情况如何？
(5)行走速度的调节方式有哪些？

任务25　认识架桥机

1　任务引入

雅泸高速公路建造桥梁270座，其中特长桥12座，主要采用预制梁，有钢管格构墩桁架连续梁桥。桥梁长度可能占线路总长75%以上，其中中小跨度桥梁将达到90%以上，因此从工期、造价、质量和效益上分析"全跨预铸、逐跨架设"的简支箱梁及小跨度连续梁将成为主体。

2　相关理论知识

雅泸高速公路桥梁施工中使用的架梁设备主要有：用贝雷架组装成导梁的架桥机(图6-25-1)；双梁三支腿架桥机(图6-25-2)；双梁双支腿导梁式架桥机(图6-25-3)；双梁龙门三支腿式架桥机(图6-25-4)。本教材主要介绍双梁双支腿导梁式架桥机(图6-25-3)。

图6-25-1　贝雷架组装的架桥机

图6-25-2　双梁三支腿架桥机

图6-25-3　双梁双支腿导梁式架桥机JQ900C在荥经大桥架梁施工

图6-25-4　双梁龙门三支腿式JQ900A架桥机

2.1 架桥机的总体结构及型号含义

2.1.1 总体结构

如图 6-25-5 所示，JQ900C 双梁双支腿导梁式架桥机主要由主梁、导梁、前支腿、后支腿、辅助支腿、起重(提梁)小车(两辆)、辅助小车、液压系统、电气系统等组成。主梁用双悬简支架梁，导梁用于架桥机过孔。

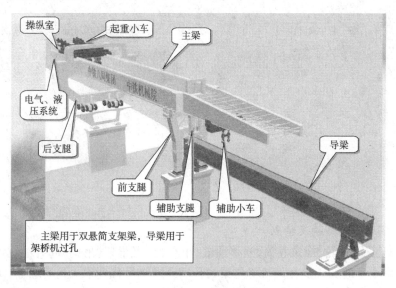

图 6-25-5　JQ900C 架桥机总体结构

2.1.2 型号含义(图 6-25-6)

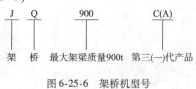

图 6-25-6　架桥机型号

2.2 工作装置(提梁小车)的组成及特点

2.2.1 主梁的结构及特点

主梁由卷扬架、起重小车轨道、中间段、前横联、前悬段、前支腿、辅助支腿轨道、辅助小车轨道等部分构成(图 6-25-7)。主梁为双悬双箱形结构，全长 76m，分为 7 段，起重小车轨道采用 80mm×100mm 方钢，辅助小车轨道采用工字钢。主梁后部与后支腿固结，前部与前支腿铰接，形成剪支架梁。后部两主梁中间安装操作室，提梁小车可在卷扬架和前支腿之间行走，起吊梁、运梁和架梁的作用；辅助小车可在前悬段上行走，将导梁吊送到前孔墩上，便于主梁和起重小车过孔。这种架桥机过双线隧道时不需拆卸。

2.2.2 起重小车的结构及特点

起重小车包括走行驱动机构、起升机构、横移机构、小车架、大车架、走行轮组和吊具等(图 6-25-8)。电动机通过走行驱动机构驱动走行轮组，使起重小车沿主梁前后走行，横移机构能够使箱梁左右横移 ±220mm；电动机驱动起升机构完成吊具的升降，吊具横向距离可调，以满足不同箱梁吊孔变化的要求。

2.2.3 导梁结构及特点

导梁包括导梁后支腿、后支腿调整节、辅助支腿轨道、卷扬拖拉机购、箱形导梁、挂轮、导梁前支腿等,如图6-25-9所示。导梁上部为箱形梁,下部为高度可调、位置可变的A形支腿。前后A形支腿可通过卷扬拖拉,前支腿可沿导梁后退8m并可向后翻转,后支腿可向前翻转,这样方便架设末孔梁。支腿下部0.6m高的调整节在架设24m、20m梁时,可拆卸。

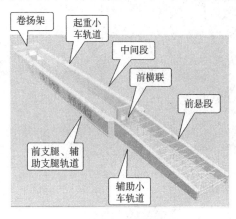

图6-25-7 主梁结构　　　　　图6-25-8 起重小车结构及特点

2.2.4 辅助小车结构及特点

辅助小车包括:挂轮、拖拉卷筒、横移油缸、小车架、大车架、吊钩、起升油缸等,如图6-25-10所示。辅助小车的作用是在架桥机主梁过孔后将导梁吊移到下一孔桥墩上,16个被动挂轮由两台卷筒拖拉着沿两根工字形悬臂梁走行,一个横移油缸实现±220mm横移,使导梁在曲线桥墩上定位。两个起升油缸可起吊70t,实现1m的起升高度。

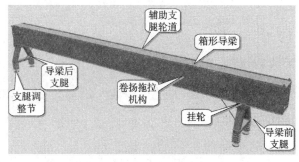
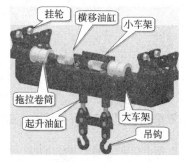

图6-25-9 导梁结构　　　　　图6-25-10 辅助小车结构组成

2.3 行走装置的组成及特点

2.3.1 后支腿的组成及特点

后支腿由上下横梁、立柱、支承腿、均衡油缸、分配梁、支腿油缸、走行轮组等组成(图6-25-11)。O形结构的后支腿以法兰形式与主梁固结,形成刚性支撑。下部有16个实心轮胎,其中8个主动,8个被动,主动轮由45mL/r的液压马达通过减速机驱动,实现架桥机0~3m/min的过孔走行速度,8个均衡油缸可保证轮胎均载;两侧支承腿在驮运架桥机过程中支承架桥机重量,避免轮胎受载。4个支腿油缸和两个支撑梁(垫箱)可实现过孔与架梁时受力转换。后支腿设计了较大的内空,可满足喂梁的要求。后支腿总质量98t,可分解为7段,最大质量节段19t。

2.3.2 前支腿结构组成及特点

前支腿由导向轮、承力平台、挂轮、铰支座、固定柱、折叠柱、调节柱、支腿油缸等组成,如图 6-25-12 所示。4 个主动挂轮和 8 个导向轮可使前支腿沿主梁移动,承力平台与主梁法兰连接,主梁与前支腿通过铰支座铰接。门式固定柱可拆散运输,固定柱下部的上支腿油缸在架设末孔梁时使用,此时将折叠柱折起。下部为 170mm、600mm、200mm 高的调节柱,前两个为方形结构,后两个为半方形哈佛结构,在架设 24m、20m 梁时拆除 600mm 节段,以调节前支腿高度。哈佛调节柱可调整前支腿高度范围为 ±600mm,使架桥机主梁在 2.5%~0.8% 的纵坡上架梁。

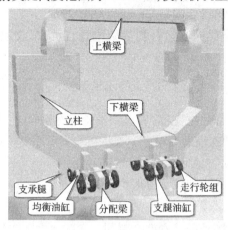

图 6-25-11　后支腿结构组成　　　图 6-25-12　前支腿结构组成

2.3.3 辅助支腿结构组成及特点

辅助支腿由固定法兰、上横梁、挂轮、导向轮、伸缩柱、支腿油缸、走行轮组、导梁挂轮等组成,如图 6-25-13 所示。4 个主动挂轮和 8 个导向轮可使辅助支腿沿主梁移动,满足变跨架梁要求,固定法兰与主梁形成刚性连接;在大坡度线路上架梁时,可通过伸缩柱和支腿油缸调整主梁的水平度,并可吊起导梁,实现导梁过孔;下部 4 个被动走行轮可使架桥机沿导梁过孔,4 个主动挂轮辅助导梁过孔。

2.3.4 操作室及平台

操作室及平台布置在主梁尾部的吊架上,有效地利用了尾部空间,架桥机整体过隧道时不需拆卸(图 6-25-14)。

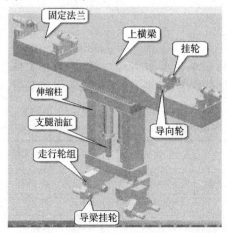

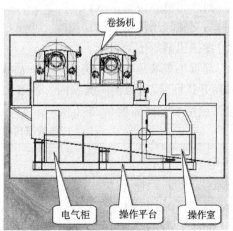

图 6-25-13　辅助支腿结构组成　　　图 6-25-14　操作室及平台

2.4 架梁、过孔及转场工序

2.4.1 架梁

(1)运梁:运梁车驮运预制混凝土箱梁到架桥机后部,运梁车支撑油缸支撑在桥面上。

(2)喂梁①:架桥机前吊梁小车将混凝土箱梁前端吊起,此时混凝土箱梁的后端支撑在运梁车上可移动的托梁上。吊梁:前后天车走行到位,后跨提梁。

(3)喂梁②:托梁小车和前吊梁小车同步向前运动至架桥机后吊梁小车下方位置。

(4)喂梁③:架桥机后吊梁小车将混凝土箱梁后端吊起。

(5)喂梁④:前吊梁小车和后吊梁小车吊梁同步运行到待架位置,运梁车收起支撑油缸退出。

(6)落梁。

2.4.2 过孔

(1)在桥面铺设临时钢轨,解除后支腿底部油缸支撑,后支腿滚轮落在钢轨上。解除前支腿底部油缸支撑,主梁前部通过自行支腿支撑在辅助导梁上。架桥机主梁后端支撑在滚轮上,架桥机向前自行。

(2)架桥机后支腿走行至已架梁的前端,前支腿位于待架桥墩前端。

(3)架桥机后支腿油缸支撑受力,前支腿支撑在桥墩上受力。

(4)前吊梁小车与辅助导梁尾端连接,解除辅助导梁前支腿和后支腿与桥墩的支撑。

(5)辅助导梁向前运行到图示位置,辅助导梁提升绞车与辅助导梁连接。

(6)辅助导梁走行到前方墩顶位置。

(7)辅助导梁前后支腿支撑在桥墩上受力,准备进行下一孔箱梁的架设。

2.5 架桥机传动系统组成

架桥机分为7个单独的传动系统,每个传动系统有单独的电动机作为动力机械,通过液压传动驱动工作装置。7个独立系统分别是:

(1)辅助小车液压传动系统;

(2)辅助支腿液压传动系统;

(3)前支腿液压传动系统;

(4)后支腿液压传动系统;

(5)卷扬机液压传动系统;

(6)起重小车液压传动系统(2个)。后支腿行走系统采用闭式回路,其余6个液压传动系统采用开式回路,电磁换向阀换向。各系统均设有油堵、油温、欠压检测等保护装置。各液压传动系统主要元件如表6-25-1所示。

各液压传动系统主要元件 表6-25-1

泵站	油泵	电机功率(kW)	系统压力(bar)	执行元件
辅助小车	10CC柱塞泵	5	80	移油缸:100/55-450—1个;升油缸:200/100-1000—2个
辅助支腿	10CC柱塞泵	7.5	230	支腿油缸:280/220-1300 2个
前支腿	10CC柱塞泵	7.5	230	上支腿油缸:280/220-500 2个;下支腿油缸:280/220-1400 2个
卷扬机	5CC柱塞泵	3	190	钳盘式制动器 8个

续上表

泵站	油泵	电机功率(kW)	系统压力(bar)	执 行 元 件
起重小车(2个)	5CC柱塞泵	3	190	横移油缸:160/90-450　2个
后支腿	71CC柱塞泵 +19CC齿轮泵 +4CC齿轮泵	45	280 180	走行液压马达:45CC　8个 支腿油缸:250/180-280　4个 转向油缸:220/90-240　4个 均衡油缸:140/100-500　8个

2.6 工作装置的操纵原理(架梁、过孔步骤)

(1)架桥机进入待架梁状态,运梁车将梁运送到架桥机尾部,如图6-25-15所示。

(2)前起重小车吊起箱梁前端,与运梁车上的驮梁小车一起吊拖箱梁,将箱梁另一端拖至后起重小车位置,由后起重小车将梁吊起,如图6-25-16所示。

(3)前、后起重小车共同将梁运到待架桥墩(落梁位置),同时运梁车返回梁场运梁。两起重小车同时落梁,架单孔梁完成,如图6-25-17所示。

(4)架桥机主梁过孔,然后架设第二孔梁。前、后起重小车后退,辅助支腿油缸伸出,使架桥机主梁等通过辅助

图6-25-15　架桥机待架梁状态

支腿支承在导梁上,而前支腿悬空,然后驱动后支腿走行轮胎,使架桥机沿导梁前行,如图6-25-18所示。

图6-25-16　前后起重小车走行运梁　　　　图6-25-17　梁运送至落梁位置

(5)架桥机主梁过完一孔,前支腿到达下一个桥墩时,收回辅助支腿油缸,由前支腿支撑架桥机重量,如图6-25-19所示。

图6-25-18　架桥机主梁过孔中　　　　图6-25-19　架桥机主梁过孔完成

(6)前起重小车吊起导梁尾端,辅助支腿的挂轮托起导梁前端,驱动前起重小车使导梁前行。当导梁前行至重心距离辅助支腿约 1m 时,由辅助小车吊起导梁中心,然后继续前行,完成导梁过孔。

3 任务实施

3.1 准备工作

准备 1 台架桥机,维护保养手册、维修手册若干。

3.2 实施过程

首先教师理论讲解;学生对照实物观察,熟悉架桥机的结构,理解其架桥过程;小组间相互讲解架桥过程。

3.3 注意事项

(1)注意个人安全。
(2)注意观察架桥机的外部结构,理解其架桥过程。

4 知识拓展

架桥机转场:架设完末孔梁后,将架桥机纵移到路基上,支起前、后支腿两侧支撑,依靠辅助小车、辅助支腿、前起重小车将导梁收回;借助后起重小车拆除后支腿下横梁;再由两台起重小车将导梁吊到主梁内部;运梁车携升降托架进入架桥机中部,支撑主梁;拆除后支腿两侧支撑和前支腿下部接长节,使架桥机成驮运状态,如图 6-25-20 所示。

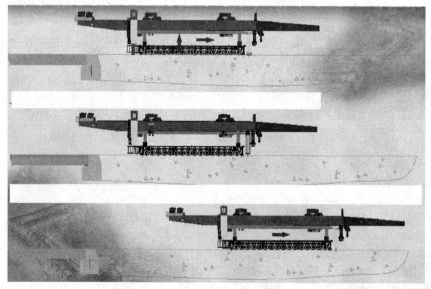

图 6-25-20 架桥机装车、驮运

5 思考题

(1)简述架桥机的组成及型号含义。

（2）后支腿、前支腿、辅助支腿的作用有哪些？
（3）描述架梁过程。
（4）描述主梁、导梁过孔的过程。

任务 26　认识汽车起重机

1　任务引入

雅泸高速公路建桥 270 座，多采用预制梁。其中有 20m、24m、30m、32m 等不同规格的梁。为了节约成本，20m 梁可采用汽车起重机架设，其次在装载设备器材、吊装厂房构件、安装设备、调运浇筑混凝土、模板、开挖废渣及其他建筑材料等均需使用汽车起重机。因此，学习汽车起重机是必要的。

2　相关理论知识

2.1　起重机的总体结构及型号含义

2.1.1　总体结构

汽车起重机的总体结构如图 6-26-1 所示。汽车起重机主要包括：主臂、副臂、变幅油缸、回转平台、上车驾驶室、下车驾驶室、底盘和支腿等。

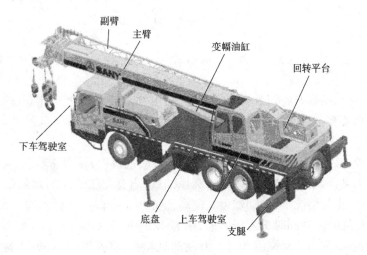

图 6-26-1　汽车起重机总体外形图

2.1.2　型号及参数

产品型号由组、形式、特性代号与主参数代号构成。如需增添变型、更新代号时，其变型、更新代号置于产品型号的尾部，如图 6-26-2 所示。

字母 Q 表示汽车起重机，QL 表示轮胎式起重机；字母 Y 表示液压传动，字母 D 表示电力传动，不标字母时表示机械传动；字母后面用数字表示起重机的吨位。在型号的末尾还用 A、B、C、E 等字母表示该起重机的设计序号。

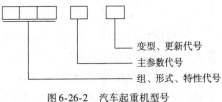

图 6-26-2　汽车起重机型号

其中，字母 Q 为"起"字汉语拼音的第一个字母；Y 为"液"字汉语拼音的第一个字母；D 为"电"字汉语拼音的第一个字母。QAY 为徐工集团全路面汽车起重机代号。型号含义举例：QY8 表示最大额定起吊质量为 8t 的液压汽车起重机，QLD16B 表示起吊质量为 16t、电力传动、第二代设计产品的轮胎式起重机，QD100 表示最大额定起吊质量 100t 的电动式汽车起重机，QAY160 表示最大额定起吊质量为 160t 的全路面液压汽车起重机（又称 AT 起重机）。

2.2 工作装置的组成及特点

汽车起重机的工作装置主要由起升机构、回转机构、起重臂、变幅机构和支腿机构等组成，如图 6-26-3 所示。

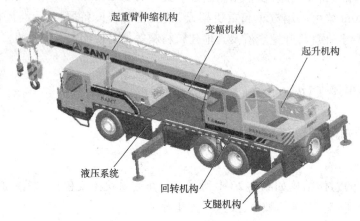

图 6-26-3 汽车起重机工作机构

2.2.1 起升机构

起升机构由定量液压马达、减速器、离合器、制动器及主、副卷筒等组成，如图 6-26-4 所示。

其主起升卷筒和副起升卷筒装在同一根轴上，由一个液压马达通过减速器集中驱动。在主、副卷筒上分别装有各自的制动器和离合器，以便保证主、副卷筒各自独立工作和实现重力下降。

主、副卷筒轴前后并列安置，由同一液压马达及闭式圆柱齿轮减速器驱动。在卷筒轴上装有蹄式离合器，当离合器作用液压缸中通入高压油后，离合器张开使制动鼓张紧，并通过制动鼓带动卷筒旋转。正常情况下，制动器可在制动油缸弹簧力作用下将卷筒刹住。在吊钩动力升降时，各制动油缸的左腔同时进入压力油，压缩弹簧，使制动器松开。当吊钩作重力下降时，控制回路的压力油经重力下降操纵阀进入制动油缸左腔，将弹簧压缩，制动器松闸，同时离合器油缸和回油路连通，使离合器脱开。此时，制动力矩完全靠踏下制动踏板获得。因此，在扳动重力下降操纵阀时，必须先踏下相应的制动踏板，否则会使吊重失控而掉下。

2.2.2 回转机构

起重机回转机构主要由回转减速机、回转液压马达、回转支承等部件组成，如图 6-26-5 所示。

回转机构的工作过程：将上车操纵先导手柄（或操纵拉杆）扳到转台回转位置时，液压油通下车管路、中心回转接头、上车管路、上车主阀后，输送给回转减速机的动力元件——液压马达。液压马达驱动回转减速机回转，减速机输出端的小齿轮与回转支承的内齿圈相啮合，驱动回转支承内圈转动。但因回转支承内圈是用螺栓固定在底盘坐圈上，内圈无法转动，因此，安装在转台底板上的回转减速机连同转台一起回转,即实现转台360°回转运动。

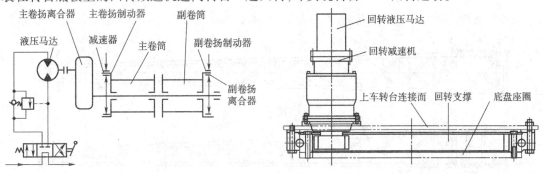

图 6-26-4 汽车起重机起升结构   图 6-26-5 汽车起重机回转结构构造

2.2.3 起重臂

汽车起重机起重臂主要包括伸缩箱形结构主臂和桁架结构副臂。

主臂伸缩臂绳在主臂组装后,只有5节臂的缩臂绳可以在外部调节,四节臂的缩臂绳、四节臂和五节臂的伸臂绳均不能在外部进行调节。伸臂绳的松紧度只能调节臂头垫块厚度的方式来解决。

起重臂是由钢板焊制的箱形结构,共五节(一节臂、二节臂、三节臂、四节臂、五节臂),汽车起重机起重臂伸缩机构工作原理如图6-26-6所示。二节臂采用一个单级双作用液压缸实现伸缩。液压缸倒置安装,活塞杆端头用销轴固定在基本臂根部,液压缸中部铰点将缸体连接在二节臂后端。因此,当从活塞杆端头通入压力油后,二节臂随同液压缸体一同伸出或缩进。

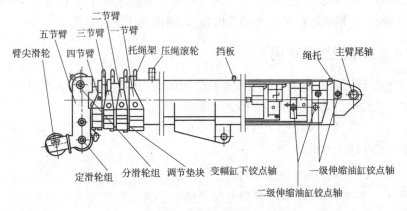

图 6-26-6 主臂机构

三节臂采用钢丝绳系统进行伸缩。伸缩钢丝绳一端固定在基本臂前端一侧,然后穿过立装在二节臂前端同一侧的滑轮及平装在三节臂后端的滑轮,再穿过立装在二节臂前端另一侧的滑轮,最后固定在基本臂前端另一侧。缩臂钢丝绳一端固定在基本臂前端,然后穿过固定在基本臂前端及二节臂尾部的导向滑轮,再固定在三节臂尾部。这样,当二节臂在液压缸的作用下向外推出时,通过伸臂钢丝绳同时将三节臂拉出;同样,二节臂缩回时,通过伸臂钢丝绳将三节臂拉回。

伸缩臂钢丝绳端部均装有调节螺栓,用以调节钢丝绳的长度,使之松紧适当。各节起重臂相对滑动部位(上、下方及两侧)都装有滑块,以减少磨损。起重臂全部滑轮均安装在滚动轴承上,以减少伸缩臂的阻力。

副臂是桁架式结构,其组成部分主要有:臂座、臂架、连接杆系统、臂头、支承架、托架总成等部件组成图 6-26-7。

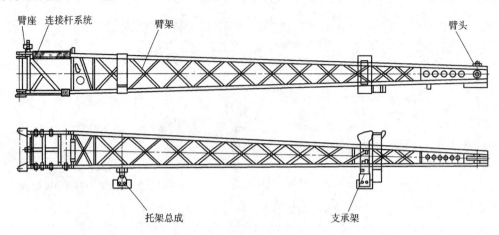

图 6-26-7 副臂

2.2.4 变幅机构

起重臂的变幅由一个前倾安装的双作用液压缸控制。液压缸铰接在回转台上,活塞杆铰接在基本臂上,以活塞杆的伸缩改变起重臂仰角,实现变幅动作。液压缸上装有平衡阀,以保持平稳的变幅速度,以及防止液压软管突然破裂时起重臂跌落。

2.2.5 支腿机构

支腿为 H 形。支腿由型钢焊成,两个一组,焊接在车架主梁下表面上。装有升降液压缸的四个支腿横梁分别装在支腿箱的四个空腹中,可在水平液压缸作用下伸缩。升降液压缸上端装有双向液压锁,可将活塞杆锁止在任意位置,以确保支腿的可靠性。

2.3 传动系统组成及功用

汽车传动系是位于汽车发动机与驱动车轮之间的动力传递装置,其功用为:
(1)将发动机输出的动力按照需要传递给驱动车轮;
(2)保证汽车在各种行驶条件下所必需的牵引力与车速,使它们之间能协调变化并有足够的变化范围,实现减速增矩;
(3)使汽车具有良好的动力性和燃料经济性;
(4)使动力传递能根据需要而顺利接合与分离;
(5)保证汽车能倒车及左右驱动车轮能适应差速要求。

按结构和传动介质的不同,汽车底盘传动系的形式分为机械传动、液力—机械传动、液压传动和电力传动等类型。传动系的组成取决于发动机形式和性能、汽车总体结构、行驶系及传动系本身的结构形式等。

2.3.1 机械传动系

机械传动系由离合器、变速器、传动轴和万向节组成的万向传动装置,以及安装在驱动桥壳中的主减速器、差速器和半轴等组成,如图 6-26-8 所示。

2.3.2 液力—机械传动

液力—机械式传动系统主要由液力变矩器和动力换挡变速器组成(图 6-26-9)。变矩器是一种以工作液体动量矩的变化来传递扭矩的装置,它实质上是一个无级变速器。液力机械式传动系统具有以下优点:

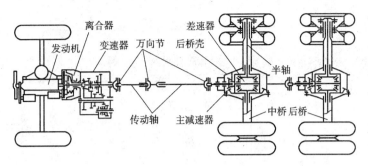

图6-26-8 机械传动系基本构造

(1)使装载机有自动适应性,即当外载荷突然增大时,它能自动降低输出转速,增大扭矩即增大牵引力,以克服增大的外载荷;反之,当外载荷减小时,自动提高车速,减小牵引力。

(2)提高了车辆的使用寿命。液力传动利用液体作为工作介质,传动非常柔和平稳,能吸收振动和冲击,不但使整个传动系统寿命提高,也延长了发动机的使用期限。

(3)提高了车辆的舒适性。由于起步平稳,振动和冲击小,提高了驾驶人员的乘坐舒适性。

(4)操纵轻便、简单、省力。液力变矩器本身相当于一个无级自动变速器,在变矩器的扭矩变化范围内,不需换挡;超出变矩器的扭矩变化范围时,可用动力换挡变速器换挡。而动力换挡变速器可不切断动力直接换挡,使操纵简化而省力,大大减轻了驾驶人员的劳动强度。

它相对机械式传动系统来说,结构复杂得多,成本高,维修困难;此外,牵引效率也较差,如无特殊装置,无法实现拖起发动机。

2.3.3 液压传动

液压传动是由液压泵、控制阀和液压马达组成的一种传动装置,如图6-26-10所示。

2.3.4 电力传动

电力传动主要包括发电机、控制器、电动机等,如图6-26-11所示。

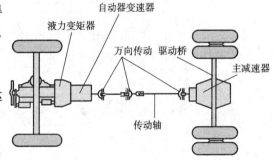

图6-26-9 液力—机械传动系

电力传动是由发动机驱动发电机发电,再由电动机驱动驱动桥或由电动机直接驱动带有减速器的驱动轮。

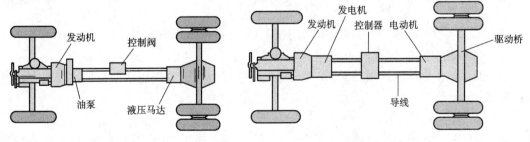

图6-26-10 液压传动　　　　图6-26-11 电力传动

2.4 工作装置的操纵原理

汽车起重机液压系统由油泵、支腿操作阀、上车多路阀以及回转、伸缩、变幅、起升(主、副)等油路组成(图6-26-12)。

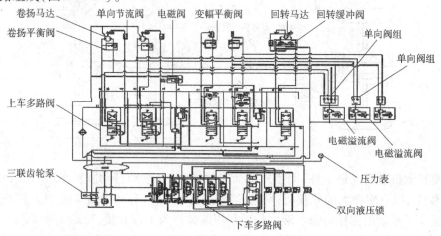

图6-26-12 汽车起重机液压原理图

2.4.1 下车液压系统(支腿油路)

下车多路阀为六联多路阀组成,其中第一片(从左到右)为总控制阀。二~六片为选择阀,分别选择水平或垂直位置(操作杆上抬为水平,下压为垂直),如图6-26-13所示。

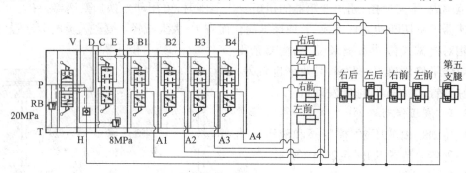

图6-26-13 下车多路阀原理图

当选择阀处于水平(垂直)位置,操作第一片阀,可以实现水平(垂直)油缸的伸出与缩回(上抬为缩回、下压为伸出)。支腿操作可以联动,也可以单独操作,实现动作的微调。多路阀中设有安全阀RB1以及RB2。RB1的设定压力为20MPa,其作用是限制供油泵最高压力。对系统起保护作用。RB2的作用是限制第五支腿的伸出最高压力,保护底盘大梁,防止其受力过大而变形损坏。

在K口装有测压接头,可以快速安装测压工具,以便检测系统压力。

当操作阀在中位时,泵通过V口向上车回转供油。

在垂直油缸上装有双向液压锁,作用是防止行驶时由于重力作用活塞杆伸出以及在作业时油缸回缩。

2.4.2 上车液压系统

上车液压系统由五联多路阀控制卷扬(主副)、变幅、伸缩、回转五条油路,从左到右依次是主卷扬、副卷扬、变幅、伸缩、回转五个阀片。其原理如图6-26-14所示。

在多路阀中设置了两个溢流阀,压力调定为22MPa。卷扬进油口设置了定差减压,保证主副卷扬同时动作。图6-26-14中V2为压力补偿阀,其作用是在中位时液压油通过该阀回油;当卷扬工作时该阀会根据反馈压力的大小,将该阀关闭,使压力油参与工作。

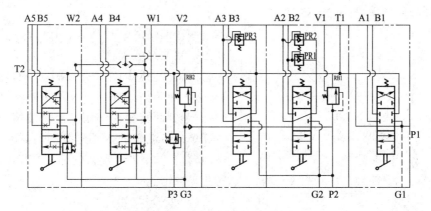

图 6-26-14 上车多路阀原理图

在变幅下降侧设置有二次溢流阀,压力为10MPa。

在伸缩片中设置有两个二次溢流阀。伸侧调定压力为14MPa,防止吊臂伸臂压力过高,对伸缩油缸起保护作用;缩臂侧压力调定为20MPa,其作用是使吊臂缩臂平稳。

(1) 卷扬油路

卷扬油路原理如图6-26-15所示。

主副卷扬油路相同,在起升侧装有平衡阀。当起升时压力油通过平衡阀中的单向阀给马达供油,实现重物的起升;当下降时高压油打开平衡阀中的顺序阀,通过顺序阀回油。其作用是为了防止重力失速,起平衡限速作用。

卷扬上装有长闭制动器,当卷扬工作时,通过多路阀的K口取压,开启制动器。在制动器油路上装有单向节流阀,其作用是使制动器缓慢开启,快速关闭。图6-26-15中,四联单向阀组和两联单向阀组接安全保护油路,将在后面详细介绍。

(2) 变幅油路

变幅油路原理图如6-26-16所示。在无杆腔侧装有平衡阀,其作用是防止在落幅时失控。在有杆腔和无杆腔装有压力传感器,给力矩限制器提供压力信号。

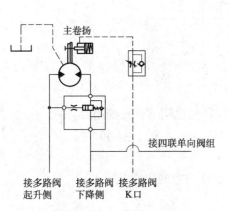

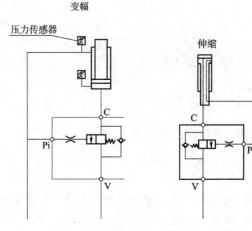

图 6-26-15 卷扬油路原理图　　图 6-26-16 变幅油路原理图　　图 6-26-17 伸缩油路原理图

(3) 伸缩油路

在无杆腔装有平衡阀,其作用是防止缩臂时失控,如图6-26-17所示。

(4) 回转油路

回转油路原理如图 6-26-18 所示。

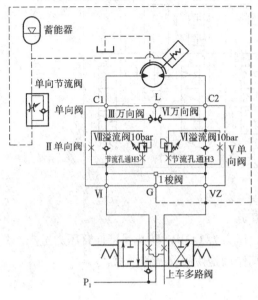

图 6-26-18 回转油路原理图

回转油路由回转马达、回转缓冲装置以及制动器控制油路组成。

回转缓冲阀的作用是在制动停止时为马达补油,防止回转马达吸空以及延缓回转马达的制动时间,起到回转缓冲作用。控制油路中通过蓄能器和单向节流阀的作用延缓制动器的制动时间,与回转缓冲阀相互配合,使回转柔和制动,避免回转制动冲击。

(5) 安全保护

四联单向阀组分别接主副卷扬起升、下变幅、伸臂油路。当出现危险信号时,1DT 通电,危险动作油路卸荷,动作停止,只能向安全方向操作。两联单向阀组 1 接主副卷扬下降侧。当卷扬上钢丝绳剩下三圈时,2DT 通电,动作停止。两联单向阀组 2 接伸缩臂,当吊臂伸缩超过设定值时,3DT 通电,吊臂伸缩动作停止,如图 6-26-19 所示。

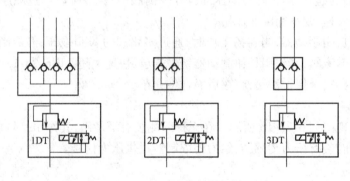

图 6-26-19 安全保护油路

3 任务实施

3.1 准备工作

准备 1~2 台起重机,准备相应起重机的操作手册、使用说明书并仔细阅读。

3.2 实施过程

(1)从外观上认识起重机的总体结构、型号含义、工作装置的组成及特点。
(2)从内部结构上认识起重机工作装置的操纵方式。

3.3 注意事项

(1)注意个人安全。
(2)注意观察起吊过程中各工作装置的操纵方式。

（3）注意观察起重机臂架的伸缩方式。

4 知识拓展

4.1 塔式起重机的分类

塔式起重机按有无行走机构可分为移动式塔式起重机和固定式起重机。

移动式塔式起重机根据行走装置的不同又可分为轨道式、轮胎式、汽车式、履带式四种。轨道式塔式起重机塔身固定于行走底架上，可在专设的轨道上运行，稳定性好，能带负荷行走，工作效率高，因而广泛应用于建筑安装工程。轮胎式、汽车式和履带式塔式起重机无轨道装置，移动方便，但不能带负荷行走，稳定性较差，目前已很少生产。

固定式塔式起重机根据装设位置的不同，又分为附着自升式（图6-26-20）和内爬式（图6-26-21）两种。附着自升塔式起重机能随建筑物升高而升高，适用于高层建筑，建筑结构仅承受由起重机传来的水平载荷，附着方便，但结构用钢多；内爬式起重机在建筑物内部（电梯井、楼梯间），借助一套托架和提升系统进行爬升，顶升较繁琐，但结构用钢少，不需要装设基础，全部自重及载荷均由建筑物承受。

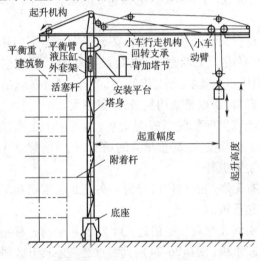

图6-26-20　自升式塔式起重机

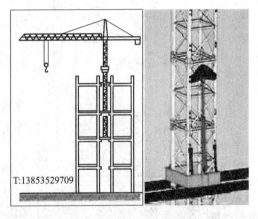

图6-26-21　内爬式塔式起重机

按起重臂的构造特点可分为俯仰变幅起重臂（动臂）和小车变幅起重臂（平臂）塔式起重机（图6-26-22）。

俯仰变幅起重臂塔式起重机是靠起重臂升降来实现变幅的，其优点是：能充分发挥起重臂的有效高度，机构简单，缺点是最小幅度被限制在最大幅度的30%左右，不能完全靠近塔身，变幅时负荷随起重臂一起升降，不能带负荷变幅。

小车变幅起重臂塔式起重机是靠水平起重臂轨道上安装的小车行走实现变幅的，其优点是：变幅范围大，载重小车可驶近塔身，能带负荷变幅，缺点是：起重臂受力情况复杂，对结构要求高，且起重臂和小车必须处于建筑物上部，塔尖安装高度比建筑物屋面要高出15~20m。

按塔身结构回转方式可分为下回转（塔身回转）和上回转（塔身不回转）塔式起重机。

下回转塔式起重机将回转支承、平衡重主要机构等均设置在下端（图6-26-23），其优点是所受弯矩较少，重心低，稳定性好，安装维修方便；缺点是对回转支承要求较高，安装高度受到限制。

上回转塔式起重机将回转支承、平衡重、主要机构均设置在上端,其优点是由于塔身不回转,可简化塔身下部结构,顶升加节方便;缺点是当建筑物超过塔身高度时,由于平衡臂的影响,限制起重机的回转,同时重心较高,风压增大,压重增加,使整机总重量增加。

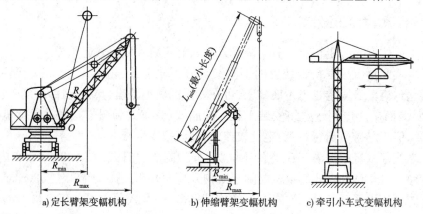

a) 定长臂架变幅机构　　b) 伸缩臂架变幅机构　　c) 牵引小车式变幅机构

图 6-26-22　俯仰变幅和小车变幅塔式起重机

按起重机安装方式不同,可分为能进行折叠运输、自行整体架设的快速安装塔式起重机和需借助辅机进行组拼和拆装的塔式起重机。

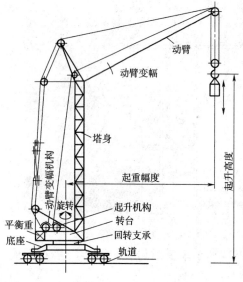

图 6-26-23　下回转塔式起重机

能自行架设的快装式塔机都属于中小型下回转塔机,主要用于工期短、要求频繁移动的低层建筑上,主要优点是能提高工作效率,节省安装成本,省时省工省料,缺点是结构复杂,维修量大。

需经辅机拆装的塔式起重机,主要用于中高层建筑及工作幅度大、起重量大的场所,是目前建筑工地上的主要机种。

按有无塔尖的结构可分为平头塔式起重机和尖头塔式起重机。

平头塔式起重机是最近几年发展起来的一种新型塔式起重机(图 6-26-24),其特点是在原自升式塔机的结构上取消了塔尖及其前后拉杆部分,增强了大臂和平衡臂的结构强度,大臂和平衡臂直接相连,其优点是:整机体积小,安装便捷安全,降低运输和仓储成本;起重臂耐受性能好,受力均匀一致,对结构及连接部分损坏小;部件设计可标准化、模块化、互换性强,减少设备闲置,提高投资效益。其缺点是在同类型塔机中平头塔机价格稍高。

4.2　塔式起重机的总体构造

塔式起重机的总体构造见图 6-26-22。

(1) 门架

它是整个起重机的基础,所有机构和压重均装于其上。门架由两个侧架(一为活动端,一为固定端)和一个长方形平台组成,活动侧架的两端用上下两副铁链与三角形刚体构架相连接,三角形构架下面各装有被动运行台车架。在固定侧架两端下部各装有主动台车架,四个台车架上装有两个运行车轮,两侧架的支柱上各装有夹轨钳,起重机停止工作时将夹轨钳锁牢。

(2)塔身

塔身由若干标准节组成,使用时可按高塔、中塔、低塔分别组成不同高度。中塔总高40m,塔身为6节,每节5m,门架上压铁30t;高塔总高50m(增加两个标准节);低塔总高30m(减少两个标准节)。

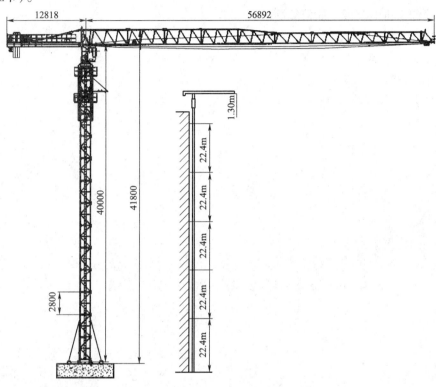

图6-26-24 平头塔式起重机(尺寸单位:mm)

(3)起重臂

起重臂的长度可根据工作需要接成15m,20m,25m,也可增接到30m。每节可以互换,臂架的首末两节变窄,以利和塔架连接;端部配置有导向滑轮及起升高度限制器。

(4)配重臂

配重臂也称平衡臂,臂长8m,尾端为配重斗,内装配重铁5t,臂上装有变幅卷扬机。

(5)塔顶

下端是方框形,上端是正方形锥体,锥体腰部装有可调节的八个拖轮,支承着塔帽下部的内齿圈,并随塔帽旋转而转动,滚动轴心为偏心轴,可以调节外接圆的直径,框架内装有旋转机构。

(6)塔帽

塔帽是支撑塔式起重机吊重的主干,它前接起重臂,后连配重臂。塔帽是一个锥形框架,顶端有压力轴承,下端有内齿圈,塔帽上装有三个滑轮,起重钢丝绳和变幅钢丝绳分别通过滑轮,一个引向起重臂,一个引向变幅卷扬机。

4.3 塔式起重机的工作机构

塔式起重机的工作机构主要由起升机构、变幅机构、旋转机构和运行机构组成,不同类型的塔式起重机,工作机构的结构不同。

5　思考题

(1)起重机按底盘结构分为几种？分别适用于哪些场合？
(2)起重机一般由几部分组成？每部分的作用有哪些？
(3)塔式起重机的型号是如何编制的？

项目 7

修建隧道

概　述

雅泸高速地处青藏高原与四川盆地结合部，最低海拔为620m，最高海拔为2450m，沿线山脉连绵起伏，沟壑纵横，山峦险峻，密林叠嶂。在这样的地区修建高速公路，势必要穿山而过，因此修建隧道是不可避免的。又因为它的地貌特征，使修建隧道工程技术难度非常大。全线设计25座隧道，其中特长隧道2座，长隧道13座，中隧道3座，短隧道7座。隧道的设计、施工，需要根据分段各区域的气候、地形、地质单元的不同，避虚就实、因势利导。位于荥经至泥巴山的大相岭泥巴山隧道，为潮湿多雨区，地质岩性主要为沉积岩，设计重点是关注隧道穿越层位的地质、地下水赋存情况，尽量避开软弱岩层和富水地区；而大渡河沿线则为少雨干燥区，地形陡峻；主要为岩浆岩，设计重点是关注隧道经济性，避免影响电站库区、景观等。大相岭隧道单洞长10.1km、最大埋深1650m，创世界隧道埋深之最。此类隧道适合于凿岩台车或盾构设备施工；石棉至泸沽，区间总长124km，坡总长51km，高差729m。如果按传统的缓冲坡度方法，驾驶员稍有不慎，就可能发生侧翻；如果直接修路通过，则太陡峭；如修建盘山公路，距离又会太长。为了克服124km长、729m的高差，绕避活动断层和季节性冰冻带的不良地质，雅泸高速公路创造性地设计了世界公路史上首创的干海子和铁寨子两条小半径双螺旋隧道，两隧道均为双洞单向交通隧道，图7-0-1和图7-0-2所示。

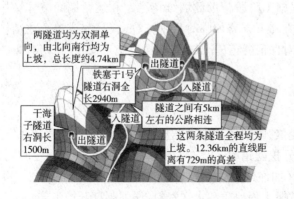

图7-0-1　干海子和铁寨子隧道

图7-0-2　干海子隧道入口

1 隧道施工方法介绍

隧道包括山岭隧道、浅埋及软土隧道和水底隧道。不同的隧道,所采用的施工机械和施工方法不一样。山岭隧道一般采用矿山法(钻爆法)和掘进机法(TBM),其中,矿山法又分为传统矿山法和新奥法;浅埋及软土隧道一般采用明挖法、盖挖法、浅埋暗挖法和盾构法;水底隧道一般采用沉埋法和盾构法,如图7-0-3所示。

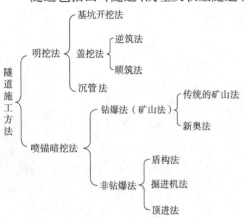

图 7-0-3　隧道施工方法

1.1 明挖法

在拆迁量小的情况下,此法的工程造价低、速度快,但交通干扰大,一般在市区不容易实施,只有在郊区、空旷区,有条件敞口开挖时方可采用。当土体稳定,需要时还应采取支护桩或地下连续墙作基坑支护;当工程结构物处于有地下水干扰的位置,还需采取降排水措施。明挖法施工隧道的工艺相对简单,受力明确,操作方便,但需做好地下管线拆迁或加固稳定、地面交通疏导、环境保护以及基坑安全稳定等工作。遇有基坑石方需要爆破时,必须事先编制爆破方案,申报主管部门批准后方可实施。

1.2 盖挖逆筑法

盖挖逆筑法是盖挖法的一种。该法施工是先修筑隧道(或车站)围护墙和支承柱以及结构顶板,然后利用出入口、通风道或单独设置竖井,用自上而下的逆筑法施工单层或多层地下隧道(或车站)结构。此方法介于明挖法与暗挖法之间,除其顶板为明挖施工外,其余结构均为暗挖施工。这种方法特别适合于城市市区,人口、交通密集繁忙之处。

此种方法大部分土方在顶盖及围护墙体结构之内的洞中开挖,适宜于软弱土质地层、地下水稳定在基底高程0.5m以下的地层条件,否则还需要配以降水措施。盖挖逆筑法施工,一般分两个阶段:地面施工阶段——围护墙、中间柱、顶板施工;洞内施工阶段——土方开挖、结构、装修和设备安装。土方和器材出入全靠竖井运输。在地面施工阶段,施工对地面交通、市民生活以及地下管道等有干扰,应该快速而细致地完成。顶板、围护墙、柱是施工期间以及运营期间主体结构的一部分;施工中完成的楼板是施工阶段帮助侧墙维持稳定和运营期间整体结构的组成部分,当侧墙稳定有需要时,楼板上方和下方需加临时水平撑;底板是完成整个主结构的最后部分,是实现结构闭合的重要环节,对保证隧道(车站)盖挖逆筑施工安全、稳定有重要意义。

1.3 喷锚暗挖法

喷锚暗挖法是边挖边支护、约束围岩变位、使围岩和支护结构共同形成支护环、实施稳定的人工掘进作业。在土层和不稳定岩体中开挖隧道时,工作面被扰动,为延长围岩稳定时间,必要时还需要采取超前预支护或加固措施(如注浆、冰冻等),然后再进行挖掘。隧道掘进沿线的地层和地表情况变化万千,因此详细掌握工程地质和水文资料,详细制订开挖工艺、方案,确保挖掘过程中围岩稳定、初期支护及时闭合,是十分重要的。用此法掘进施工中土和器材的进出一般也是通过竖井运输。初期支护结构一般采用钢拱架（拱形断面）加喷射混凝土。整个施工过程以人工操作为主，因此必须确保施工期间隧道内没有水。喷锚暗挖法施工自始至终处于暗挖土体与隧道结构施筑与置换的动态过程，隧道围岩始终处于稳定与失稳两种态势的交变过程之中。为确保施工过程中隧道围岩稳定，必须采用监控测量的方法，对围岩、支护结构的状态进行实时监测，及时反馈信息，指导安全施工。为使隧道顺利掘进并保证围岩稳定，施工中常需配以各种辅助工法。在需要采用钻爆开挖时，对硬岩宜用光面爆破，软岩中宜用预裂爆破。爆破前应进行爆破设计，按规范规定进行试验和修正，并将爆破方案申报公安部门，审批同意后方可实施。喷锚暗挖法也常用于地铁车站施工。

1.4 盾构法

采用盾构机进行隧道掘进施工的方法称为隧道盾构掘进法。盾构机具有开挖、支护、排渣和拼装隧道衬砌管片等功能。常见盾构机种类有敞口式、网格式、土压平衡式、泥水平衡式和气压式等。各种盾构机均有一定适用范围，应根据隧道外径、埋深、地质、地下管线与构筑物、地面环境、开挖面稳定和地表隆沉控制值等控制要求，经过技术、经济比较后进行设备选型，使施工质量高、造价低、安全性好。

任务27 认识盾构设备

1 任务引入

概述中介绍了隧道施工的方法和所需施工机械类型。在所有施工中，其他施工相对较简单，设备较常见。盾构虽然在国外投入使用时间较长，但在我国只有像秦岭铁路隧道这种特长大隧道才使用，公路隧道很少使用。而现在随着城市地铁的不断发展，盾构普遍用于城市地铁施工中，因此有必要将盾构引入教材，为迅速发展的社会培养急需的人才。

2 相关理论知识

2.1 盾构的总体结构

盾构机以其盾壳作保护，既支撑周围土体，又保护壳内机具设备和人员安全。在无地下水的地层中，可采用敞口式盾构，用手掘式或半机械方式挖掘正面土体；网格式盾构机在胸板上设有网格，由千斤顶顶进时正面土体受挤压后通过网格挤入胸板内侧，用刮板运输机将土运走；土压平衡和泥水平衡式盾构机属于闭胸式机械化盾构机，适用于有地下水、对地表隆沉有严格要求的地层。

为适应不同类型土质和工作方式，盾构机分为三种类型和四种模式，见表7-27-1。

盾构机类型和工作模式　　　　　表7-27-1

类型 \ 模式	软土盾构机		硬岩盾构机	混合盾构机
	土压平衡	泥水加压		
开胸式	★		★	★
半开胸式	★		★	★
闭胸式	★	★	★	★

(1) 盾构机的三种类型：软土盾构机、硬岩盾构机、混合型盾构机。

(2) 盾构机的四种模式：开胸式、半开胸式（半闭胸式、欠土压平衡式）、闭胸式（土压平衡式）、气压式。

软土盾构机适应于未固结成岩的软土、某些半固结成岩及全风化和强风化围岩；刀盘只安装刮刀，无需滚刀。

硬岩盾构机适应于硬岩且围岩层较致密完整的地层；只安装滚刀，不需要刮刀。

混合盾构机适应于以上两种情况，适应更为复杂多变的复合地层；可同时安装滚刀和刮刀。

气压盾构是在加气压状态下的施工模式，即可用于泥水加压式盾构机，也可用于土压平衡式盾构机。

(3) 海瑞克的总体结构

图7-27-1为海瑞克公司在广州地铁修筑中使用的典型土压平衡式盾构机的总体结构。盾构机总体外形尺寸为 $\phi 6280mm \times 75000mm$；总质量为520t；装机总功率为1744.6kW；最大掘进速度为80mm/min。它由刀盘、盾壳（前体、中体、尾盾）、螺旋输送机、皮带传输机、1~5号拖车等组成。

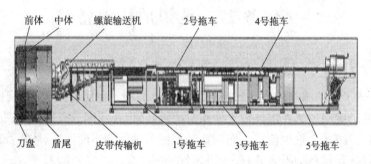

图7-27-1　盾构机总体结构

2.2　工作装置的组成及特点

2.2.1　刀盘

刀盘是盾构机的核心部件，其结构形式、强度和整体刚度都直接影响施工掘进的速度和成本，并且出了故障维修处理困难。不同的地质情况和不同的制造厂家，刀盘的结构也不相同，其常见的结构有：平面圆角刀盘、平面斜角刀盘、平面直角刀盘。

图6-27-2所示为海瑞克公司的平面圆角刀盘结构。刀盘前端面安装有8条辐板（开有8个对称的长条孔）；4根泡沫管分成8个出口，各口都装有单向阀；塔形超挖滚刀一套；双刃滚刀4把；单刃滚刀31把；正面齿刀64把；边缘齿刀16把。刀盘与驱动装置通过法兰连接，法兰与刀盘之间是靠四根粗大的辐条相连。为保证刀盘的抗扭强度和整体刚度，刀盘中心部分、辐条和法兰是采用整体铸造，周边部分和中心部分采用先栓接后焊结的方式连接（以前该件需从国外进口，现在已国产化）。为保证刀盘在硬岩掘进时的耐磨性，刀盘的周边焊有耐磨条，面板上焊有格栅状的Hardox耐磨材料。

(1) 刀具的结构

刀具的结构、材料及其在刀盘上的数量和位置关系直接影响掘进速度和使用寿命。不同的地层条件对刀具的结构和配置是不相同的。

(2) 刀具种类

刀具主要有单刃滚刀、双刃滚刀、三刃滚刀(双刃以上的一般都是中心滚刀)、齿刀、切刀、刮刀和方形刀(超挖刀)。为适应不同的地层,滚刀和齿刀可以互换,所以它们的刀座相同。

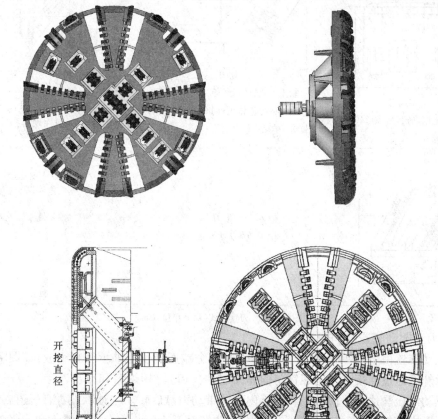

图 7-27-2 刀盘结构

(3) 刀具形式

刀具形式有双刃中心刀、单刃滚刀、中心齿刀、窄齿刀、切刀、弧形刮刀、仿形刀等,如图 7-27-3 所示。

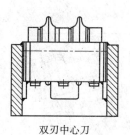	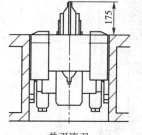	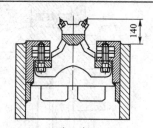
双刃中心刀	单刃滚刀	中心齿刀
用于硬岩掘进,在软土中可以换装齿刀	用于硬岩掘进,刀刃距刀盘面175mm,掌子面与刀盘面间渣土空间大,利于流动,可换装齿刀	用于软土掘进,替换滚刀,更换后可以增加刀盘中心部分的开口率

图 7-27-3

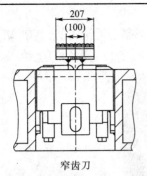

窄齿刀

用于软土掘进,其结构形式有利于渣土流动进入土舱

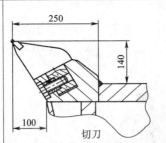

切刀

软土刀具,图示斜面结构利于软土切削中的导渣作用,同时可用做硬岩掘进中的刮渣

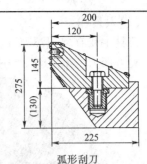

弧形刮刀

刀盘弧形周边软土刀具,斜面结构,利于渣土流动,同时在硬岩掘进下可用作刮渣

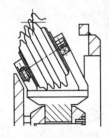

仿形刀

用于局部扩大隧道断面

图 7-27-3　刀具形式(尺寸单位:mm)

(4)刀盘驱动装置(主驱动)

主驱动装置由主轴承、8个液压驱动马达、8个减速器及主轴承密封组成,如图 7-27-4 所示。轴承外圈通过连接法兰用螺钉与前体固定,内(齿)圈用螺钉和刀盘连接。液压泵输出的液压油驱动液压马达,通过减速器、轴承内齿圈带动刀盘旋转。主轴承设置有三道唇形外密封和两道唇形内密封,外密封前两道采用永久性失脂润滑来阻止土仓内的渣土和泥浆渗入,后一道密封是防止主轴承内的润滑油渗漏。内密封前一道阻止盾体内大气尘土的侵入,后一道防止主轴承内润滑油的外渗。

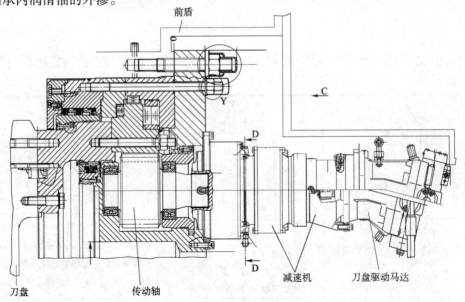

图 7-27-4　主驱动结构图

(5) 盾构刀具的更换

随着地质条件的变化,隧道掘进过程中需要对刀具进行更换,尤其是当岩石强度较高时,需要更换滚刀。滚刀一般是背卸式,以方便拆卸,但相对而言,滚刀重量大、四周光滑、没有固定点、搬运困难、安装和拆卸均要比刮刀、割刀难得多。刀盘内空间狭窄,不能多人同时作业,也很难借助机械,往往刀盘内湿滑,刀盘下部充满了泥土或者是泥浆,刀盘开口处还可能有不稳定岩土掉入,影响刀具更换。因此,进入刀盘内更换刀具是盾构施工过程中一项相对较危险的作业工序,许多施工单位在刀具更换时,时有轻重伤事故发生。

2.2.2 盾壳

盾壳的钢结构是根据具体的土压、水压和动载荷,存在的工作荷载和操作荷载在大气压 3bar 以上设计的。它是一个带有机加工密封面和轴承座的整块焊接结构件。所有土压平衡盾构操作所需的连接均连为一体。

盾壳由前盾、中盾和盾尾组成,如图 7-27-5 所示。

(1)前盾(图 7-27-6)又叫切口环,构成开挖土仓和挡土部分,位于盾壳的最前端,结构为圆筒形,前端设有刃口,以减少对底层的扰动。在圆筒的中部附近焊有压力隔板,隔板垂直于圆筒轴线;隔板上焊有安装主驱动、螺旋输送机及人员舱的法兰支座和四个搅拌棒,还设有螺旋机闸门机构及气压舱(根据需要);此外,隔板上还开有通气通水等孔口,安装了 5 个土压传感器,以测量不同水平高度的土压,这些压力值在主控室显示出来。不同开挖形式的盾构机前体结构有差异。

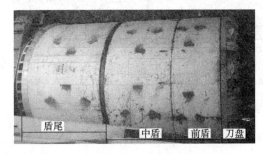

图 7-27-5 盾壳组成　　　　　　　图 7-27-6 前盾结构图

(2)中盾(图 7-27-7)又叫支承环,是盾构的主体结构,承受作用于盾构上的全部载荷。是一个强度和刚性都很好的圆形结构,地层力、所有千斤顶的反作用力、刀盘正面阻力、盾尾铰接拉力及管片拼装时的施工载荷均由中体来承受。中盾内圈圆周上布置有盾构推进油缸(图 7-27-8)和转向铰接油缸(图 7-27-9),中间还安装有管片拼装机和部分液压设备、动力设备、螺旋输送机支承、行人架及人员舱(图 7-27-8)等。中盾盾壳上焊有带球阀的超前钻预留孔,也可用于注射膨润土等材料。

(3)盾尾及盾尾密封

盾尾做成一圆筒形薄壳体(图 7-27-9),主要用于掩护隧道管片拼装工作及盾体尾部的密封(图 7-27-10),通过铰接油缸与中体相连,并装有预紧式铰接密封。铰接密封和盾尾密封装置都是为防止水、土及注浆材料从盾尾进入盾构内;减小土层与管片之间的空隙,从而减少注浆量及对地层的扰动。盾尾还要能承受土压和纠偏、转弯时所产生的外力。盾尾的长度根据管片的宽度和形状及盾尾密封的结构和密封道数来决定。另外,在盾尾壳体上合理布置了 8 根盾尾油脂注入管和 4 根同步注浆管。

图 7-27-7　中盾结构示意图

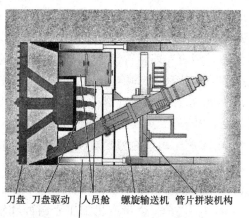

图 7-27-8　前盾、中盾内装备示意图

由于施工中纠偏的频率较高，盾尾密封要求弹性好，耐磨，防撕裂，能充分适应盾尾与管片间的空隙，盾尾密封结构示意图如图 7-27-10 所示。一般采用效果较好的钢丝刷加钢片压板结构。钢丝刷中充满油脂，既有弹性又有塑性。盾尾的密封道数要根据隧道埋深、水位高低确定，一般为 2-3 道。

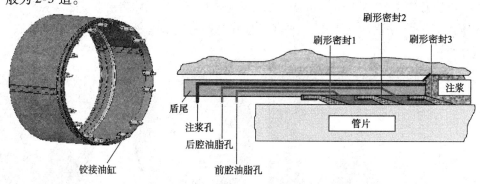

图 7-27-9　盾尾结构　　　　　图 7-27-10　盾尾密封示意图

2.2.3　推进机构

盾构的推进机构提供盾构向前推进的动力。推进机构包括 30 个推进油缸（图 7-27-8）和推进液压泵站。推进油缸在圆周上分四组布置，每组 8 个油缸（图 7-27-11）。通过调整每组油缸的不同推力来对盾构进行纠偏和转弯。油缸后端的球铰支座顶在管片上以提供盾构前进的作用力，球铰支座可使支座与管片之间的接触面密贴，以保护管片不被损坏。推进系统油缸的分组如图 7-27-11 所示，其中红色位置的油缸（编号 2,7,12,17）安装有位移传感器，通过油缸的位移传感器我们可以知道油缸的伸出长度和盾构的掘进状态。

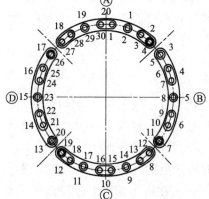

图 7-27-11　推进油缸布置图

2.2.4　铰接油缸

为了减少盾构的长径比，使盾构在掘进时能够灵活地进行姿态调整及小曲线半径掘进时顺利通过，海瑞克盾构采用中体和盾尾通过 14 个铰接油缸（图 7-27-9）和预紧式铰接密封相连接，铰接油缸处于浮动状态。直线掘进时，盾尾在推进油缸作用下被拖动前行；当盾构转弯掘进时，

盾尾可以根据转弯半径的大小自动调整位置。

2.2.5 螺旋输送机

螺旋输送机(图7-27-12)是土压平衡盾构机的重要部件。其作用是:将盾构机切削下来的渣土输送到皮带传输机上,通过拖车排出。螺旋输送机不仅要出土效率高,还要形成土塞,起到密封土舱的作用,建立并保持土舱土压平衡。所以螺旋输送机的结构有两种,即有心轴式和无心轴式。为达到土塞目的,在螺旋输送机叶片上设一段空段(图7-27-13)或设置反向螺旋叶片。螺旋输送机采用单侧轴承悬臂支承法,前端依靠渣土的悬浮力支承和平衡。螺旋输送机还设置了前、后端两个闸门,以控制其出土速度和形成土塞,建立、维持土舱内的土压平衡。为使前端闸门能够自由关闭,采用了螺旋输送机叶片可前后伸缩1000mm。螺旋输送机壳体上还设有4个孔,可注水、注泡沫和膨润土,以减少出土阻力。有的在排渣口设置渣土与泥水分离装置或容积式排放装置,尽量避免泥水掉落污染隧道。

图7-27-12 螺旋输送机结构示意图

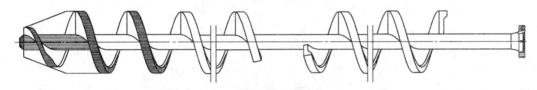

图7-27-13 螺旋输送机叶片

螺旋输送机由液压马达经减速装置驱动,驱动装置与螺旋输送机采用球形铰接,以适应螺旋轴的自由摆动(图7-27-14)。为防止渣土的侵入,其输出端采用了与主轴承外密封相同的结构,并自动注脂。螺旋机转速范围可以在0~22r/min内无级调速,方便控制出土量。调节螺旋输送机的出土速度是控制土仓压力的重要方法之一。

2.2.6 皮带传输机

皮带传输机用于将螺旋输送机输出的渣土传送到盾构后配套的渣土车里。皮带传输机由皮带机支架、前随动轮、后主动轮、上下托轮、皮带、皮带张紧装置、皮带刮泥装置和带减速器的驱动电机等组成,安装布置在后配套连接桥和拖车上面。为安全起见,其上设有3处急停开关。

2.2.7 人员舱

人员舱(图7-27-15)是在保养和检查工作期间,负责将人员和材料通过人员舱经压力平衡后进入开挖舱。工作人员进入土舱前加压或离开土舱后减压。为了保证作业面的稳定,需要给土舱和刀盘切削面提供一定的压缩空气,以平衡土体围岩的水土压力。当操作人员进入土舱检查、更换刀具及排除工作面异物时,需要在一定气压状态下工作。为了能够适应土舱的工作环境,必须先在人员舱加压,然后进入土舱;离开土舱时需要在人员舱减压后才能适应外界环境。人员舱分主舱和准备舱,两者通过法兰连接,中间由密封的压力门隔开,准备舱直接焊接在压力隔板上,安装位置如图7-27-8所示。身体健康并经培训合格的操作人员方可进入土舱操作。进土舱前,先进入主舱,经加压后进入准备舱,通过压力隔板上的压力门进入土舱。

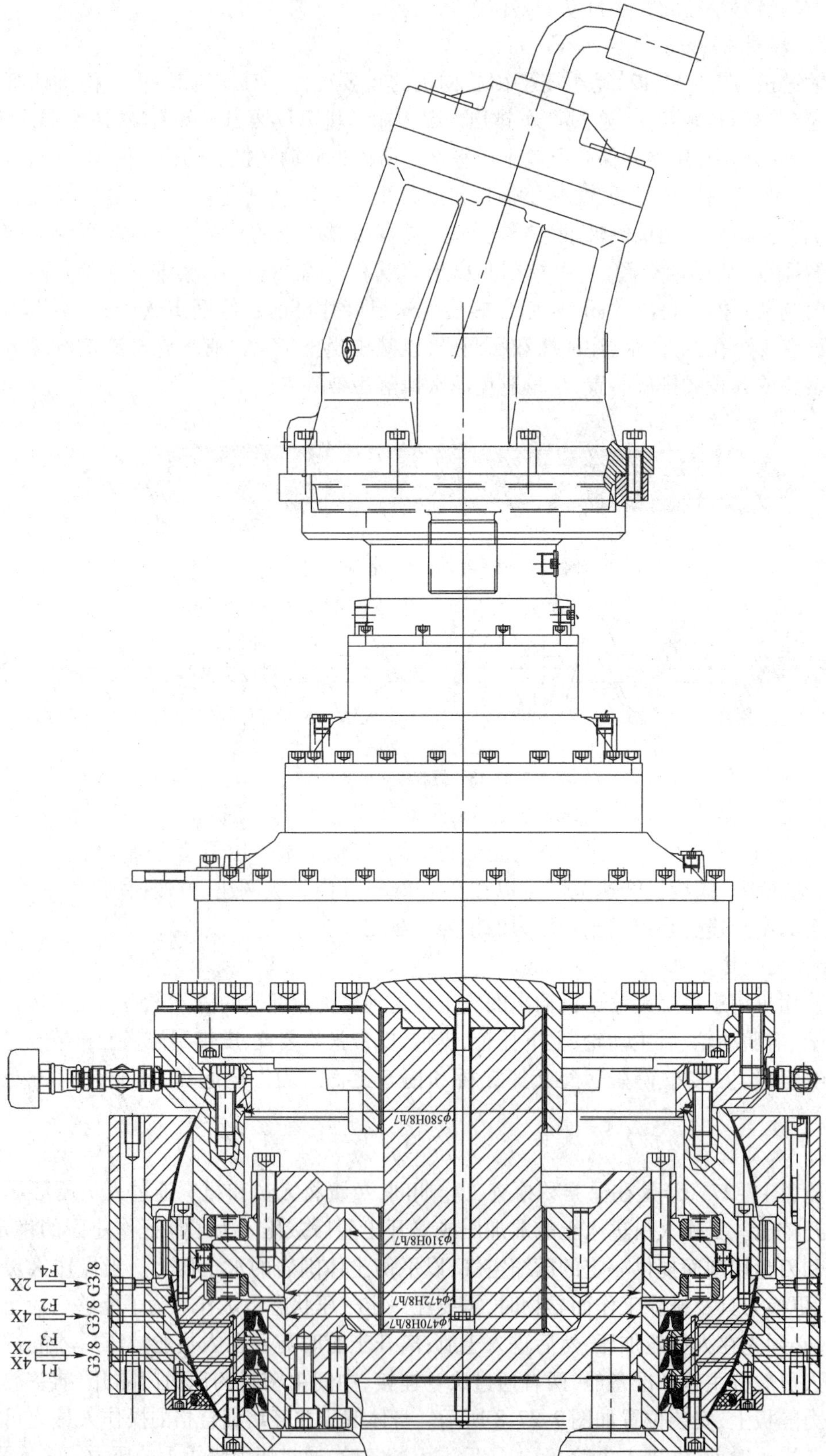

图 7-27-14 螺旋输送机驱动

2.2.8 管片拼装机构

管片拼装机构由大梁、支承架、旋转架及拼装接头组成,如图7-27-16所示。大梁以悬臂梁的形式安装在盾构中体上,支承架通过行走轮可沿大梁纵向移动,旋转架通过大齿圈绕支承架回转,旋转架上装有两个提升油缸以实现拼装接头的提升和横向移动,拼装接头铰接在旋转架的提升油缸上,拼装接头上装有两个油缸,用以控制拼装接头水平和纵向两个方向上的移动,其结构如图7-27-17所示。管片拼装机构的控制方式有遥控和线控两种,均可对每个动作进行单独、灵活的操作控制。管片拼装机构设置有单独的液压驱动系统,可实现管片前后、上下移动、旋转、俯仰六个自由度的调整,且各动作的快慢可调,从而使管片拼装灵活,就位准确。

图7-27-15 人员舱结构示意图

图7-27-16 管片拼装机钩组成

2.2.9 后配套系统

后配套系统总共包括6个独立的拖车,每个拖车上都装有盾壳前进所需要的辅助装置。另外,盾构机工作所需的冷却水、新鲜空气、压缩空气和高压电缆都通过拖车管线输送进去,而升温后的冷却水和脏水从盾构机的盾壳底部被运送出去。

拖车连接在管片安装机的托架梁上,随着盾构机的掘进沿掘进方向运动。拖车在铺设的轨道上行走。因拖车为门架结构,可在拖车门架内外铺设两条轨道,供运输管片、砂浆、备件和其他油料等的运输车辆使用。人员进出的行走平台位于拖车2~6的左右两侧。

(1)拖车

盾构的拖车属门架结构,用以安放液压泵站、注浆泵、砂浆罐及电气设备等。拖车行走在钢轨上,拖车之间用拉杆相连。每节拖车上安装的设备如表7-27-2所示。

每节拖车上安装的设备 表7-27-2

拖车号	主要安装设备
连接桥	皮带机随动轮及接渣支架装置、管片吊机
1	控制室、注浆泵、砂浆罐、小配电柜、泡沫发生装置
2	主驱动系统泵站、膨润土罐及膨润土泵
3	主配电柜、泡沫箱及泡沫泵、油脂站
4	两台空压机、风包、主变压器、电缆卷筒
5	内燃空压机、水管卷筒、通风机、皮带机出料装置

皮带机从五节拖车的上面通过,在5号拖车的位置处卸渣。绝大部分的液压管、水管、泡沫管及油脂管从拖车内(图7-27-17)顶部到达盾构主机;在拖车的一侧铺设有人员通道(图7-27-18)拖车和主机之间通过一个连接桥连接,拖车在盾构机主机的拖动下前行。

图 7-27-17　液压管、水管、泡沫管等布置图　　　　图 7-27-18　人员通道

(2) 注脂系统

注脂系统包括三大部分：主轴承密封系统，盾尾密封系统和主机润滑系统。三部分都以压缩空气为动力源，靠油脂泵油缸的往复运动将油脂输送到各个部位。

主轴承密封可以通过控制系统设定油脂的注入量(次/min)，并可以从外面检查密封系统是否正常。盾尾密封可以通过 PLC 系统按照压力模式或行程模式进行自动控制和手动控制，对盾尾密封的注脂次数及注脂压力均可以在控制面板上进行监控。

当油脂泵站的油脂用完后，油脂控制系统可以向操作室发出指示信号，并锁定操作系统，直到重新换上油脂。这样可以充分保证油脂系统的正常工作。

(3) 渣土改良系统

盾构机配有两套渣土改良系统：泡沫系统和膨润土系统。两者共用一套输送管路，在 1 号拖车处相接。

① 泡沫系统

泡沫调节特别适用于混合土层、高硬度土的土压平衡式掘进。盾构机的泡沫系统向挖掘面注入泡沫，用于开挖土层的改良，作为支撑介质的土在加入泡沫后，其可塑性、流动性、防渗性和弹性都得到了改进，改善了土壤，防止黏土结成泥饼，同时起到降低摩擦力，减少盾构机掘进驱动功率，还可起到润滑冷却的作用，从而减少刀具的磨损。泡沫系统主要由泡沫泵、高压水泵、电磁流量阀、泡沫发生器、压力传感器、管路组成，其工作原理如图 7-27-19 所示。

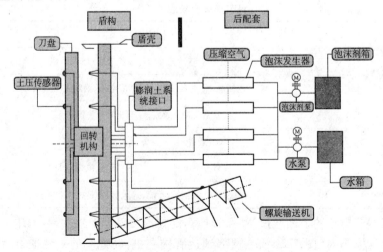

图 7-27-19　泡沫及膨润土系统示

②膨润土系统

盾构机加装了一套膨润土注入系统。膨润土具有良好的黏结性、膨胀性、吸附性、可塑性、分散性、润滑性和阳离子交换性。在隧道施工中,起到减少隧道内渗水、保护切削面、润滑钻头等作用。在确定不使用泡沫剂的情况下,关闭泡沫输送管道,同时将膨润土输送管道打开,通过输送泵将膨润土压入刀盘、渣土舱和螺旋输送机内,达到改良渣土的目的。

根据实际需要,可以把膨润土箱内装入泥浆注入土舱内。膨润土只应用在一些特殊的工程中。

(4)注浆系统

盾构机采用同步注浆系统,这样可以使管片后面的间隙及时得到充填,有效保证隧道的施工质量及防止地面下沉。

盾构机配有两台液压驱动的注浆泵,它将砂浆泵入相应的注浆点,通过盾尾的注浆管道将砂浆注入开挖直径和管片外径之间的环形间隙(图 7-27-10)。注浆压力可以通过调节注浆泵工作频率而在可调范围内实现连续调整,并通过注浆同步监测系统监测其压力变化。单个注浆点的注入量和注浆压力信息可以在主控室看到。在数据采集和显示程序的帮助下,随时可以储存和检索砂浆注入的操作数据。

(5)压缩空气系统

压缩空气分工业用气和人工用气。工业用气用于驱动气动油脂回转泵/盾尾密封油脂,驱动气动油脂回转泵/Condat HBW 密封系统迷宫密封,驱动气动驱动油脂回转泵/油脂润滑,供应空气保压系统,供应泡沫系统,盾尾注脂装置的气动球阀,软管和电缆卷筒的制动闸,盾尾可膨胀应急密封,排污泵,膨润土阀和膨润土注入等;人工用气主要是人员舱加压。

(6)二次通风系统

一次通风是通过风管将新鲜空气送到 5 号拖车;二次通风(安装在 4 号拖车上)负责从 5 号拖车到盾构之间的空气交换。

(7)SLS-T 导向系统

SLS-T 导向系统和隧道掘进软件全天候提供盾构机的三维坐标和定向的连续动态信息。由激光经纬仪发射出一束可见红色激光束,激光束照射到 ELS 靶,光束相对于 ELS 靶的位置已精确测定,水平角是由激光经纬仪照射到 ELS 靶的入射角决定的。在 ELS 靶内部安装有一个监测 ELS 靶倾角和转角的双轴传感器,可以分别测 ELS 靶的上下倾角(yaw angle)、左右倾角(pitch)和入射点相对于 ELS 靶的中心线旋转角(roll)。激光照射到 ELS 靶的间距由 TCA 全站仪的 EMD 测定。这样,当测站坐标和后视坐标确定后,ELS 靶的方位和坐标就确定下来了。根据 ELS 靶的中心和盾构机的主机轴线平面几何关系,就可以确定盾构机的轴线。再把隧道设计中心线(DTA)的坐标(米/个)输入隧道掘进软件,就可以全天候动态显示盾构机主机和隧道设计中心线(DTA)的关系。

2.3 液压系统

盾构机的掘进依靠液压马达驱动刀盘旋转,同时开启盾构机推进油缸,将盾构机向前推进。随着推进油缸的向前推进,刀盘持续旋转,被切削下来的渣土充满泥土仓,此时开动螺旋输送机将切削下来的渣土排送到皮带传输机上,然后由皮带传输机传输至渣土车的土箱中,再通过竖井运至地面。为改善切削环境和渣土质量(不结成团),可在切削过程中喷泡沫或膨润土。当盾构机掘进一环的距离后,管片拼装机操作手操作拼装机拼装衬砌管片,并在管片后注浆,使隧道一次成型。

海瑞克盾构液压系统包括刀盘(主)驱动、推进系统(包括铰接系统)、螺旋输送机、管片安装机及辅助液压系统。刀盘驱动系统和螺旋输送机液压系统共用一个泵站,安装在2号拖车上。刀盘驱动系统和螺旋输送机液压系统各自为一个独立的闭式循环系统,这样可以保证液压系统的高效率及系统的清洁。推进系统和管片拼装机构泵站安装在盾壳内。

2.3.1 刀盘驱动液压系统组成及原理

刀盘驱动液压系统主要部件有:主油箱、三个主油泵、一个补油泵、一个先导油泵,八个主驱动马达,一个主驱动控制阀块、一块主驱动马达两级变速和马达释放制动阀组、10L和2.8L蓄能器各一个等。三台主油泵为恒功率控制的斜盘式轴向柱塞变量泵,由315kW电机驱动,与八台斜轴式轴向柱塞变量马达组成闭式回路,八个马达一起驱动刀盘转动切削土体,马达减速机上设有制动器,制动器为弹簧制动液压分离;补油泵为螺杆泵,由7.5kW电机驱动;先导泵为斜盘式轴向柱塞泵,先导油通过电液比例伺服阀控制斜盘倾角,从而控制输出流量,达到调节马达转速的目的;10L蓄能器与补油路相连,以保证补油压力稳定;2.8L蓄能器与制动油路相连,使实施制动和解除制动动作平稳。因为每组泵和马达的控制方式一样,所以此处选择一组泵——马达组成的回路进行分析,图7-27-20所示。

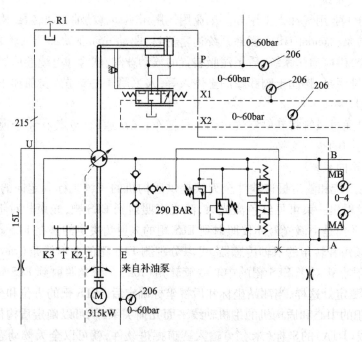

图7-27-20 刀盘驱动泵液压回路图

主油泵为恒功率控制的双向变量泵,当先导油从X1口进入液动换向阀右端时,推动阀芯左移,来自P口的油进入变量缸有杆腔,推动活塞右移,无杆腔的油回油箱;同时活塞杆通过杠杆机构带动液动换向阀阀体左移,使阀芯和阀体中位重合,斜盘倾角停留在某个位置;当X2口进控制油时,伺服阀左位工作,P口的液压油经伺服阀同时进入液压缸两腔,液压缸差动连接,活塞左移,通过杠杆机构带动伺服阀阀体右移,使泵斜盘倾角停留在某个位置。排量不变,工作压力由溢流阀调定,从而实现恒功率输出。补油泵输出的油经单向阀补充主油路的不足,多余的油经冲洗阀回油箱。

马达的排量调节(图 7-27-21)可以由马达入口的液压油调节,也可以从 X 口进油调节。刀盘启动时,马达排量处于最小值,随着系统压力升高,液动换向阀处于左位工作,马达排量增大,输出力矩增加,切削能力增强。

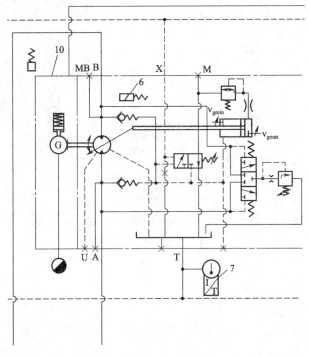

图 7-27-21 马达回路

2.3.2 推进液压系统组成及原理

推进油缸按上下左右分成 A、B、C、D 四组,每组油缸都由相应的一组控制阀控制,盾构机在掘进和拼装的过程中,控制阀的作用不一样。在掘进过程中,推力油缸杆上的掌靴向后顶在拼装好的管片上,在压力油的作用下,油缸杆向后伸出推动盾构机前进,四组控制阀可以分别控制每组推力油缸,使其各自具有不同的压力,从而实现盾构机的转向。

管片拼装时,在盾构机自动控制系统作用下,四组控制阀所有推力油缸提供最大压力 60bar 的压力油,这时每个油缸的伸缩都可以在推力油缸现场控制台控制,通过控制推力油缸杆向后伸出,使得推力油缸杆在压力油的作用下顶在管片上,给盾构提供一个向前的顶推力,这个力既可以起到稳定管片的作用,又可以用来平衡盾构机前部受到的来自泥土舱的压力,使得盾构不至于在此压力下后退。该油泵向铰接油缸供油,实现掘进过程中铰接油缸的拉紧、释放和保持三种功能,以保证掘进的顺利进行。

海瑞克盾构液压推进系统由液压泵站、调速、调压机构、换向阀及推进油缸组成。推进油缸为盾构提供推进力,30 个油缸分 20 组均匀地安装在中盾的内壁上(图 7-27-22),并分成 A、B、C、D 四个区域,每个区域压力可调,通过设置区域压力差,实现转向或纠偏。铰接系统的主要作用是减小盾构机转向或纠偏时曲率半径上的直线段,从而减小盾尾与管片、盾体与围岩的摩擦力。

推进系统的恒压变量泵和定量泵由 75kW 电机驱动。恒压变量泵输出的液压油经 A、B、C、D 四组换向阀到达四组推进油缸。因每组油缸控制方式一样,所以下面取 B 组油缸的液压系统进行分析,如图 7-27-23 所示。

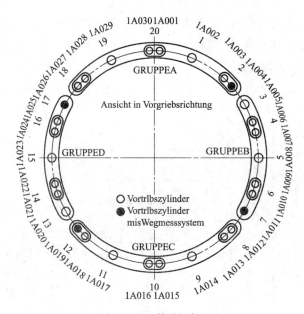

图 7-27-22 推进缸布置

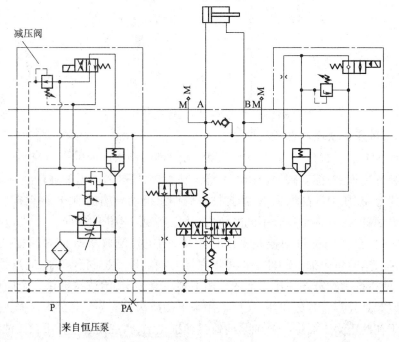

图 7-27-23 推进缸液压系统图

首先分析恒压泵的恒压调节：泵的排量在弹簧的作用下处于最大位置，当系统压力达到液动换向阀的调定压力后，阀芯右移，泵输出的液压油同时进入变量缸两腔，在两缸压力差的作用下，活塞左移，排量下降，从而达到恒压的目的。最大工作压力的大小由电比例溢流阀调定。

3 任务实施

3.1 准备工作

准备大量盾构设备图片和盾构工作视频或动画，准备相应的使用说明书、操作手册及教材并仔细阅读。

3.2 实施过程

（1）老师对照盾构图片讲解盾构的总体结构及其特点。

（2）老师播放盾构视频或动画，仔细讲解盾头驱动，盾体推进，管片拼装，泡沫、膨润土喷射，砂浆泵送等工作过程。

（3）学生分组讨论盾构施工隧道的成型过程。

（4）老师通过提问检验学生的理解和掌握情况。

3.3 实施过程中的注意事项

（1）认真听老师讲课(不可能对照设备讲)。

（2）仔细观察盾构施工视频或动画。

（3）注意刀盘驱动、盾体推进、管片拼装等过程。

4 知识拓展

盾构虽然适用于多种地质环境条件的施工，但由于盾构体积太大，价格昂贵，不适合于小型隧道施工。对小型隧道，或地质松散的隧道，则采用其他设备隧道施工设备，如凿岩台车，两臂、三臂、多臂台车等隧道施工机械。

大相岭隧道施工中使用的阿特拉斯353E三臂台车如图7-27-24和图7-27-25所示。台车主要用于钻炸药爆破孔、锚杆孔、超前灌浆孔，安装风管的掏槽孔等。如图7-27-26所示为多臂台车；图7-27-27所示为多用途台车。

图7-27-24 阿特拉斯3535E台车

图7-27-25 台车在大相岭隧道施工中

图7-27-26 多臂台车

图7-27-27 多用途台车

5　思考题

(1) 盾构的主要组成部分有哪些？
(2) 描述盾构施工隧道的过程。
(3) 盾构施工中,泡沫剂和膨润土的作用有哪些？
(4) 刀盘驱动系统有何特点？油缸推进系统有何特点？
(5) 怎样实现转向？
(6) 盾尾密封的作用有哪些？
(7) 人体舱的作用有哪些？更换刀具或维修前为什么要增压？
(8) 泵送砂浆采用什么方式？喷射膨润土采用什么泵送方式？
(9) 盾构排出的渣是什么类型的？

参 考 文 献

[1] 刘厚菊.压路机运用与维护[M].北京:北京大学出版社,2011.
[2] 祁贵珍.现代公路施工机械(2版)[M].北京:人民交通出版社,2011.
[3] 何挺继,展朝勇.现代公路施工机械[M].北京:人民交通出版社,1999.
[4] 周荸秋,易小刚,汤汉辉.现代压实机械[M].北京:人民交通出版社,2003.
[5] 祁桂珍.现代公路施工机械[M].北京:人民交通出版社,2011.
[6] 吴永平,姚怀新.工程机械设计[M].北京:人民交通出版社,2005.6.
[7] 冯忠绪.工程机械理论[M].北京:人民交通出版社,2004.1.
[8] 田流.现代高等级路面机械[M].北京:人民交通出版社,2003.
[9] 张超群,李民孝.浅谈摊铺机的现状及发展趋势[J].建设机械技术与管理,2004(17),25-28.
[10] 何挺继.筑路机械手册[S].北京:人民交通出版社,1998.
[11] 王涛.国内外筑路机械的技术水平及发展趋势[J].建设机械技术与管理,1997(1),32-35.
[12] 殷岳川.公路沥青路面施工[M].北京:人民交通出版社,2000.
[13] 戴强民.公路施工机械[M].北京:人民交通出版社,2000.2
[14] 何挺继.水泥混凝土路面施工与施工机械[M].北京:人民交通出版社,1999.
[15] 朱保达.工程机械[M].北京:人民交通出版社,1997.
[16] 颜荣庆.滑模式水泥混凝土摊铺机及施工技术[M].北京:人民交通出版社,1997.
[17] 郭小宏,曹源文,李红摘.公路工程机械化施工与管理[M].北京:人民交通出版社,2009.
[18] 顾迪民.工程起重机(2版)[M].中国建筑工业出版社,1988.
[19] 王金诺.起重运输机金属结构[M].中国铁道出版社,1984.
[20] 郑惠强.金属结构[M].同济大学,1990.
[21] 徐灏主.机械设计手册(2版)[M].机械工业出版社,2001.